Norbert Bolz

# DIE WIRTSCHAFT DES UNSICHTBAREN

Spiritualität – Kommunikation – Design – Wissen: Die Produktivkräfte des 21. Jahrhunderts

Econ

Der Econ Verlag ist ein Unternehmen
der Verlagshaus Goethestraße GmbH & Co. KG

ISBN 3-430-11466-7


Lektorat: Christina Seitz
Gesetzt aus der Rolis und Officina Linotype bei
Josephine Urban – KompetenzCenter, Düsseldorf
Papier: Papierfabrik Schleipen GmbH, Bad Dürkheim
Druck und Bindearbeiten: F. Pustet, Regensburg

Norbert Bolz

# DIE WIRTSCHAFT DES UNSICHTBAREN

# INHALT

# VORWORT

Wer glaubt noch an Patentrezepte? Natürlich gibt es sie noch: Konfuzius für Manager, die fernöstliche Kunst des Krieges für Mobbinggeplagte, Spielregeln für Sieger und Machiavelli für Frauen. Dort liest man dann, was man sich schon immer gedacht hat – und sich gerade deshalb als Lektüre hätte ersparen können. Nie wieder wird ein Hans Domizlaff sich zutrauen, »massenpsychologische Gesetzmäßigkeiten mit kaufmännischen Gebrauchsanweisungen darzustellen«. Denn das Bild der Wirtschaft heute ist ein Kaleidoskop, ein Fraktal, ein Flickenteppich. Wer sich von der »postkapitalistischen« Wirtschaft ein Bild machen will, stößt, erstens, auf die Unübersichtlichkeit der Märkte; er stößt, zweitens, auf die Individualisierung der Kunden; und er stößt, drittens, auf die Diversifizierung der Medien.
Multimediale Weltkommunikation, ökonomische Globalisierung und politische Supranationalisierung sind verschiedene Namen derselben Dynamik. Und die Folgelasten dieser »Innovationen« sind schon sehr deutlich zu spüren. Der Nationalstaat war segmentär – wie die Familie. Heute gehen beide unter. Der geniale Frogdesigner Hartmut Esslinger bilanziert: »Brands have replaced nations.« Marken ersetzen Nationen. Und er fährt fort: »One thing even economist Joseph A. Schumpeter couldn't imagine is the power of the non-tangible, or emotional.« Das Ungreifbare bewegt die Welt. Was heute zählt, ist unsichtbar. John Perry Barlow, einst ein Greatful Dead, jetzt ein Guru des Internets formuliert es so: »If you are making something you can touch, and doing well at it, then you are either an Asian or a machine.« Wenn du etwas herstellst, das man anfassen kann, und du hast Erfolg damit, dann bist du entwe-

der ein Asiate oder eine Maschine. Da wir beides nicht sind, liegt unsere Zukunft in der Wirtschaft des Unsichtbaren.
Die entscheidende Umstellung von Substanz auf Funktion, von Was auf Wie, steht der Wirtschaft des Westens jetzt bevor. Doch um sich neu zu orientieren, braucht man neue Unterscheidungen. Vor allem die folgenden:

- Erfolg auf dem Markt kann man heute auf drei ganz unterschiedlichen Ebenen haben. Die drei Attraktoren des Marktes sind: Preis – Service/Beratung – Event/Sinn. Und jedes Produkt muß sich einem, aber eben nur einem dieser Attraktoren zuordnen.
- Die Unterscheidung von Wunsch und Bedürfnis. Bedürfnisse kann man benennen. Wünsche dagegen sind unbewußt und unerfüllbar: *I can't get no satisfaction.* (Vgl. dazu Kapitel V. Die Kunden des 21. Jahrhunderts.)
- Die Unterscheidung von Mode und Trend. Mit dem Begriff Trend bezeichnen wir Kulturkomplexe, die nicht mehr räumlich, sondern zeitlich begrenzt werden. Ein Synergetiker könnte von einer »Versklavung« der Moden durch den »Ordner« Trend sprechen. (Vgl. dazu Kapitel IV. Marken – Medien – Mythen.)
- Die Unterscheidung von Erlebnisgesellschaft (sie ist orientiert am Event im Stil des »Feuerwerks«) und Sinngesellschaft (sie zielt auf den spirituellen Mehrwert durch eine Ersatzreligion des Konsums).

Vor allem die letzte Unterscheidung ist wichtig, um zu begreifen, daß unsere Kultur heute nicht nur handfeste Produkte, sondern Unsichtbares wie Bindung und Sinn anbietet, und zwar affirmativ in den Kultmarken, kritisch in den Protestbewegungen. Denn auch politischer Protest ist eine Form des Konsums. Vor allem die »Ökologie« zeigt ja deutlich, wie man aus der Unsichtbarkeit von Bedrohungen Kapital schlagen kann. »Schlechtes Gewissen« als Marktangebot – da ist Deutschland führend.

Um auf den heutigen Märkten mehr zu sehen als nur kaleidoskopischen Wandel, braucht man – und auch das können nur Unterscheidungen leisten – eine stereoskopische Optik: Man muß den Zeitgeist kennen – und die Tradition. Man muß versuchen, die Zukunft zu ertasten – und um die Herkunft wissen. Man muß die Trends beobachten – und den Mythos kennen, von dem sie zehren. Kurzum, Trendforschung, die etwas taugt, ist eine nichtantiquarische Kulturwissenschaft. Methodisch unterscheidet sie vier Ebenen der Analyse:

- *Structural Drift* – den muß man abstrahieren. Meine Diagnose lautet ganz schlicht: Kontrollschwund.
- Megatrends – die kann man nur beschreiben. Ich konzentriere mich auf: Globalisierung, Immaterialisierung, Wissensgesellschaft, Weltkommunikation/neue Medien.
- Trends – die kann man rückkoppeln. Szene-Marketing ist hier der erfolgreiche Feedback-Mechanismus.
- Moden – die werden gemacht bzw. »angesagt« von den »Trendsettern«, die eben nur Moden, aber keine Trends »setzen« können.

*

Jedes Non-fiction-Buch muß sich mit zwei Ärgernissen herumschlagen: einmal mit W. Thorngates Postulat der gleich großen Komplexität, zum anderen mit Murray Davis' Gesetz des Interessanten. Das klingt abschreckend wissenschaftlich, ist aber gar nicht sonderlich komplex und sehr interessant. Das Thorngatesche Theorie-Dreieck hat die Eckwerte »allgemein«, »einfach« und »genau«. Jeder Non-fiction-Autor muß sich nun irgendwo auf einem der Dreiecksschenkel plazieren. Da gibt es nun drei Möglichkeiten:

- Entweder, erstens, man schreibt allgemein und genau – und opfert die Einfachheit. Das ist natürlich kennzeichnend für wissenschaftliche Werke.

- Oder, zweitens, man schreibt einfach und genau – und opfert die Allgemeinheit. Das gilt zum Beispiel für eine Fallstudie oder prinzipiell für den Journalismus.
- Oder, drittens, man schreibt allgemein und einfach – und opfert die Genauigkeit. Damit sind wir in der Welt des Sachbuchs, aber auch der Formel und der Spekulation.
  Dieses Theoriedreieck selbst gehört, wie übrigens auch das nachfolgende Gesetz von Davis, natürlich zur 3. Abteilung, also allgemein und einfach.

Und nun das zweite Ärgernis, Murray Davis' Gesetz des Interessanten:

- Interessant ist nur, was den eigenen Annahmen widerspricht. Daß sich z. B. die Rate der Jugendkriminalität in den letzten Jahrzehnten nicht wesentlich verändert hat.
- Wissenschaft widerspricht den Annahmen der Laien; sie ist kontraintuitiv. Wenn etwa Soziologen behaupten, daß die Gesellschaft nicht aus Menschen besteht, sondern aus Kommunikationen.
- Was Wissenschaftler interessant finden, widerspricht den Annahmen der Wissenschaft – und bestätigt damit die Grundannahmen der Laien. Es ist also für Laien uninteressant. Wie zum Beispiel der mathematische Nachweis, daß langfristige Wettervorhersagen nie genauer werden können.
- Was Laien interessant finden, widerspricht den Annahmen der Laien – und bestätigt damit die Grundannahmen der Wissenschaft. Es ist also für Wissenschaftler uninteressant. Deshalb reagieren Wissenschaftler allergisch auf Sachbücher.

Ich hoffe auf Leser, die das, was folgt, interessant finden, weil es allgemein und einfach ist – und ich muß auf die verzichten, die es uninteressant, weil ungenau finden. Oder ist es doch nicht so einfach?

Norbert Bolz, im März 1999

# DIE MULTIMEDIA-GESELLSCHAFT

Karl Valentin hat einmal gesagt, es sei doch erstaunlich, daß genau soviel in der Welt passiert, wie in eine Zeitung paßt. Das liegt wohl daran, daß die Zeitung selbst bestimmt, was passiert ist. Im Idealfall geht es um ein Event, das *Bad News* bringt und in eine einfache Story zu packen ist. Plausibilität ist für die Massenmedien nämlich wichtiger als Genauigkeit. Das Medienpräparat eines Ereignisses ist charakterisiert durch strikte Personalisierung. Und die findet ihre prägnanteste Form im Skandal, der dann einen Streit der Meinungen auslöst: Soll Clinton wegen Monica zurücktreten?

Massenmedien lösen alle politischen und sozialen Beziehungen in Ereignisse mit *News Value* auf. Und diese Nachrichten müssen neu, kurz, sofort verständlich und zusammenhanglos sein. Sie können rasch aufgefaßt und rasch vergessen werden. Deshalb haben Weltnachrichten nichts mit unserer Erfahrung zu tun – sie sind »erfahrungsdicht«. Was wir in unserem eigenen Leben erfahren, läßt sich nicht mit den »Nachrichten aus aller Welt« vermitteln. Gerade weil wir die Informationen nicht verwerten können, sind sie reizvoll: Sensationen. Massenmedien informieren nicht, sie erregen. Und was man faktisch dann doch an Informationen ansammelt, bringt das hervor, was Arnold Gehlen einmal »reich unterrichtete Weltfremdheit« genannt hat. Das ist nicht kulturkritisch gemeint. Daß Goethe bei *MTV* nicht mitgekommen wäre, spricht nicht gegen *MTV*. Der Zeitpfeil des Fortschritts ist zersplittert, die »Großen Erzählungen« wie die orientierenden Weltanschauungen und mobilisierenden Ideologien sind vergessen. Wenn aber niemand mehr sagen kann, was wirklich wichtig ist,

ist es durchaus lebensklug, die Welt häppchenweise zu konsumieren. Aufmerksamkeit ist die knappste Ressource. Und wenn man zwischen Gründlichkeit und Geschwindigkeit wählen muß, spricht heute alles für – Geschwindigkeit.
Die eigentliche Botschaft der Massenmedien lautet: Die Ereignisse wechseln, der Senderahmen bleibt konstant. Auch der nächste Montag ist wieder *Spiegel*-Tag. Auch morgen wird um 20 Uhr die *Tagesschau* ausgestrahlt. So kann man beruhigt das Unerwartete erwarten. Die eigentliche Botschaft von Nachrichten ist also Allgegenwart, eine Art abstrakter Weltzeitgenossenschaft. Tag für Tag wird der Welthorizont für uns nach Schlechtigkeiten abgetastet – und damit Angstbereitschaft eingeübt. Leo Baumanns bemerkt hierzu: »Gleichsam mit Blaulicht rasen die Angst- und Schreckensmeldungen aus aller Welt durch das private Wohnzimmer und fordern zu einem kollektiven Zeit-Schmerz auf. Die Angst in unserer Gesellschaft ist objektlos. Der Mensch ist ›generell‹ verunsichert. Die veröffentlichte Meinung der Massenmedien spürt diese objektlose Grundangst des Menschen auf und sucht nach immer neuen Stimulanzien für weitere Beunruhigung.« Wie der Wunsch ist die Angst nicht zu stillen. Deshalb gibt es eine multimediale Angstindustrie, die einen Spiritualismus der Bedrohtheit kultiviert: die Unsichtbarkeit des Schädlichen (Radioaktivität, Gift, BSE). Früher begann der Tag vielleicht mit einer Schußwunde, heute auf jeden Fall mit einer Katastrophe. Massenmedien bieten so einen stabilen Rahmen für allgemeine Verunsicherung – ein »containment« des Schrekkens. Mit anderen Worten: Massenmedien funktionieren wie Mythen; sie geben uns ein Bild von den bedrohlichen Mächten der Welt und weben ein Sicherheitsnetz aus Stories.

## Lizenz zur Heuchelei?

Doch kein Mißverständnis, bitte: Es ist sinnlos, den Massenmedien Manipulation vorzuwerfen. Sie interessieren sich nämlich nicht für die Wirklichkeit »an sich«, sondern dafür, wie die Wirklichkeit von anderen gesehen wird. Massenmedien berichten nicht, was geschieht, sondern was andere für wichtig halten. Sie beziehen sich in erster Linie nicht auf die Welt, sondern auf sich selbst. Das gelingt gerade dadurch, daß sie Störungen von »dort draußen« verarbeiten. Man könnte sagen: Massenmedien ernähren sich von Katastrophen. Und gute Nachrichten haben offenbar keinen Nährwert.

Die Massenmedien treffen für uns eine Vorauswahl dessen, was der Fall ist. Sie leisten also das, was Soziologen »uncertainty absorption« nennen, und produzieren dadurch Fakten, Fakten, Fakten. Insofern könnte man sagen: Massenmedien sind die Wirklichkeitsindustrie moderner Gesellschaften. Und oft ist die Darstellung in den Massenmedien selbst das Ereignis, über das berichtet wird – ein »Meinungsereignis«, wie Niklas Luhmann das nennt.

Die Massenmedien konstruieren die Realität also mit Information, die irritiert und erregt. Aber auch mit Moral, die stabilisiert und beruhigt. Gerade die Wirklichkeit, die wir für »wirklich wirklich« halten, ist von Medien entworfen. Ein Extremfall dieses Medienkonstruktivismus ist die erfundene Prominentengeschichte. Sie gehört in den Kontext dessen, was Ph. Kotler »designing persons for stardom« genannt hat. Und wer sich hier bilden will, sollte noch einmal Shaws *Pygmalion* lesen; das ist der Schlüsseltext für »celebrity design«. Da Prominente ja selbst Erfindungen des »celebrity design« in den Massenmedien sind, handelt es sich bei der erfundenen Geschichte im Grunde um einen Kurzschluß im System.

Kann man daraus schließen, daß die Massenmedien eine Lizenz zur Heuchelei haben?

- Man liefert Gewaltberichte unter dem Vorwand der Abscheu vor Gewalt. In der ZDF-Sendung »heute« konnte man unlängst vom Nachrichtensprecher hören: »Wir entschuldigen uns schon im voraus für diese Bilder.« Es ging um Massaker in Afrika. Chronistenpflicht, wird man sagen – wie damals in Gladbeck.

- Man zeigt in Zeitungen pornographische Bilder mit der Unterschrift: »Solche Bilder wollen wir nie wieder sehen!«
- Man berichtet ständig über die Sex-Affären des Politikers, um die anderen zu entlarven, die so bigott sind, ständig über die Sex-Affären des Politikers zu berichten.

Doch der hier so naheliegende Vorwurf der Heuchelei geht für jeden, der auf Distanz zur Moral bedacht ist, ins Leere, weil er selbst moralisch ist; er unterstellt nämlich, man müßte meinen, was man sagt. Nüchtern betrachtet ist Heuchelei ein Übergangsphänomen – und zwar in doppeltem Sinn. Heuchelei kombiniert die Lust am Laster mit dem Anschein der Tugend. Sie entsteht immer dann, wenn Sein und Geltung auseinandertreten. Heuchelei wächst deshalb immer in Zeiten des Übergangs: Die offiziellen Werte decken sich nicht mehr mit dem Verhalten.

Gerade weil die Massenmedien süchtig nach Streit sind, brauchen sie als Kontrastfolie des Alltäglichen die Harmonie und das Einverständnis. Sie brauchen dringend, was zu fürchten sie vorgeben: den Streik, den Rücktritt, den Skandal. Konflikte können nämlich nur News Value haben, wenn sie nicht der Normalfall sind. Das hat nun einen faszinierenden Effekt, den man geradezu einer List der Vernunft zuschreiben könnte: Die Massenmedien tun so, als ob sie für Konsens und Versöhnung plädieren; doch tatsächlich fördern sie den Streit. Streit ist aber ironischerweise gerade das, was unsere Gesellschaft zusammenhält – und eben nicht: Konsens.

## Der Markt der Aufmerksamkeit

Einen Streit zu entfachen ist ganz einfach: Man muß nur moralisieren. Robert Michels hatte schon 1910 bemerkt: »Im Zeitalter der Demokratie ist die Ethik eine Waffe, derer sich jedermann bedienen kann.« Der wichtigste rhetorische Effekt des Moralisierens besteht darin, daß man mit Werten – wie etwa »Solidarität« – unlösbare Probleme unsichtbar machen kann. Wer nach Moral ruft, ist nicht bereit umzulernen und will sich das Denken ersparen. Statt nachzudenken, verteilt man Achtung und Mißachtung; man konzentriert oder entzieht Aufmerksamkeit. Ein Problem – z. B. Steuerreform oder Standortfrage – ist ein »attention-allocation device« (G. F. Smith), also ein Mittel zur Konzentration von Aufmerksamkeit.

Die Massenmedien regulieren diesen Markt für Achtung und Aufmerksamkeit. So besorgen sie die soziale Koordination moralischer Perspektiven. Wie unverzichtbar diese Leistung ist, wird deutlich, wenn man sich klarmacht, daß Medien wie Geld, Macht und Recht moralneutral funktionieren. Die moralischen Urteile sind in unserer modernen Welt heimatlos. Und daraus folgt: Moral flottiert frei. Ihrer nehmen sich nun die Massenmedien an; sie versorgen die Gesellschaft also nicht in erster Linie mit Information, sondern mit einem Moralschema. Der »Wertekonsens« muß aber unformuliert bleiben.

Wie gesagt: Massenmedien steuern die Aufmerksamkeit – so entstehen Mythen, Helden und Affären. Helden wie Kaiser Franz und die Queen of Hearts sind »Achtungskonserven« (Luhmann), mit denen man den düsteren Horizont der Weltnachrichten aufheitert. Viel dynamischer aber sind die Affären. Man könnte sagen: Der Skandal ist die Form der moralischen Selektion in den Massenmedien. Er hat einen Scheinwerfereffekt, der für Augenblicke Klarheit auf der gesellschaftlichen Szene verschafft und alles andere in wohltätigem Dunkel beläßt.

Doch welcher Wunsch wird so erfüllt? Schon Nietzsche hat vermutet, daß wir in einer Gesellschaft der Notsüchtigen leben – nichts ist uns nötiger als Nöte, sichtbare Unglücke: Überschwemmung in Bangladesch und islamischer Terror. Man konsumiert die Sensationen des Unheils und die Szenen des Protests. Überall wo Protest die Reflexion ersetzt, sind die Massenmedien zur Stelle – sie feiern die Sichtbarkeit der Gesellschaft im Ornament der

Protestbewegungen. »Empörungsgenuß« hat Niklas Luhmann das genannt. Der Konsument der Massenmedien ist demnach gerade als unglückliches Bewußtsein glücklich.
Bei Katastrophennachrichten geht es nicht um Information, sondern um den Genuß des Distanzgewinns gegenüber dem Schrecklichen. Man genießt nicht das Leiden der anderen, sondern die eigene Distanz dazu. »Leiden-sehen tut wohl«, sagt Nietzsche. Und gerade diese lustvolle Unbetroffenheit durch das Leid dort draußen fordert komplementär die »Betroffenheit« als Attitüde. Betroffenheit ist die Pathosformel der Massenmedien.
Die Massenmedien akkumulieren das Kapital »Unglück der anderen«. Die Fernethik der Weltkommunikation dient dazu, weit entferntes Unglück in unsere Nahwelt hineinzukopieren. Die ganze Welt wird so zum Gegenstand des Verantwortungsgefühls. Und dem entspricht dann natürlich kein konkretes Handeln mehr. Je unmöglicher aber ein wirklich eingreifendes Handeln ist, desto lauter das Pathos der Betroffenheit. Diese stereotype Welthaltung von »Wut, Trauer und Betroffenheit« ist aber nichts anderes als eine moralisch verhüllte Form des Voyeurismus.

## Moralunternehmer

Wie funktioniert das sozialpsychologisch? Die amerikanischen Soziologen Campbell und Brickman haben den modernen Wohlfahrtsstaat als »hedonic treadmill« beschrieben. Das bedeutet im Blick auf unser Thema: Die Beschwerdeinhalte ändern sich, die Jammerrate bleibt konstant. Nun muten die Massenmedien den Menschen heute nicht nur Pflichten gegen seinesgleichen, sondern gegen die ganze Menschheit und deren Zukunft zu; damit überlastet man aber das Moralgefühl. Die ganze Welt geht uns nun etwas an. Weltkommunikation erzwingt eine Fernoptik in der Ethik – und das macht unsicher. Daher die Konjunktur des Moralismus.

Das Zeitalter der Massenmedien ist das Zeitalter des »Entrüstungspessimismus« (Nietzsche) und der Angstrhetorik. In der Welt der Warner und Mahner wird die Apokalypse zur Ware. Die Bedenkenträger und Betroffenheitsdarsteller sind »moral entrepreneurs« (Howard S. Becker): Moralunternehmer. Als Angststellvertreter kommunizieren sie Betroffenheit über die Betroffenheit anderer. Gehandelt werden dabei empirische Apokalypsen wie Hautkrebs und Wasserkrieg. Wer sie kauft, spart sich die Mühe der Differenzierung. Massenmedien machen also auf dem Markt der Gefühle Geld mit der Angst der anderen: Ozonloch oder Aids. Angst erweist sich dabei als erfolgreichste Kommunikationsmode, denn die Angstrhetorik ist unwiderlegbar. »Ich habe Angst« – authentischer geht's nicht. So erfindet der Humanismus der Massenmedien die Menschheit als Gemeinschaft der Ängstlichen; er stiftet eine Ökumene der apokalyptischen Drohung. Wer dagegen Distanz zur Moral hält, gilt als Zyniker.

Die moderne Welt ist komplex – und deshalb nicht medientauglich. Man muß sie erst präparieren, indem man das jeweilige Problem personalisiert und Menschen für das, was geschieht, verantwortlich macht. Massenmedien moralisieren die Probleme, indem sie sie auf Entscheider und Betroffene, auf Täter und Opfer reduzieren. Man braucht Schuldige, um die Komplexität der Welt handhabbar zu machen. Wie etwa nach dem Malta-Spiel: »Berti, bitte geh jetzt!« Indem sie personalisieren, verschleiern die Massenmedien gerade mit der großen Gebärde des Entlarvens. Mit Nietzsches genauen Worten: »Der Entrüstungspessimismus erfindet Verantwortlichkeiten.« In der Komplementärrolle erscheint dann das Opfer als Held – ebenfalls ein Medienpräparat. Die Massenmedien nennen also Namen als Antwort auf die Frage, warum schiefläuft, was schiefläuft. Personifizierung vereinfacht die Welt bis zum Bild auf dem Titelblatt der Magazine: Saddam ist das Böse, Diana das Gute, Jelzin ist die Ungewißheit der Zukunft und Clinton (oder, je nach Geschmack, Gates) der Herr der Welt.

Und das ist ein wichtiges Zwischenergebnis unserer Analyse:

Die Massenmedien manipulieren nicht, indem sie Partei ergreifen, sondern indem sie Ereignisse kondensieren und dann auf Menschen zurechnen. In der Medienwirklichkeit machen Menschen Geschichte. Massenmedien versprechen die »secret consumption« des Menschlichen. Ereignisse und Persönlichkeiten sind aber selbst nichts anderes als Eigenwerte der Massenmedien, die dann das Chaos der Welt ordnen. Ihr Kontakt zur Welt »da draußen« ist hoch selektiv, und zwar in zweifacher Hinsicht:

- Zum einen gibt es eine Art Mediendarwinismus, auf den schon Walter Benjamin mit seiner Formel von der »Auslese vor der Apparatur« hingewiesen hat: Alles, was geschieht, wird daraufhin getestet, ob man eine Story daraus machen kann. Im Medium der lose gekoppelten Daten sind die Stories rigide Kopplungen. Sie haben eine sequentielle Struktur – und bieten schon damit Sinn. Um es mit den Worten von Karl Weick zu sagen: »What is necessary in sensemaking is a good story.« Massenmedien operieren demnach nicht mit exakten Informationen, sondern mit Plausibilität und Resonanz.
- Zum zweiten gibt es eine Art Ideendarwinismus in den Massenmedien: Nur die Ideen, die dem Menschen einen notwendigen Platz im Weltlauf anweisen, setzen sich durch. Sie beschwichtigen die Angst – etwa durch Mülltrennen oder die Mehrfachnutzung von Hotelhandtüchern.

## Die Ware Meinung

Dieser Mediendarwinismus hat seine sichtbarsten Spuren in der Politik hinterlassen. Politiker stellen sich nicht mehr im Parlament, sondern in den Medien dar; sie sind Stars im Sinne der Unterhaltungsindustrie – siehe Gerhard Schröder. Im Grunde reagiert Politik nur noch auf ihre eigene Übertragung in den Medien. Die Realitätskonstruktion der Massenmedien erspart den Politikern den Kontakt mit der Wirklichkeit. Statt die Welt

zu beobachten, beobachten Politiker, wie sie von den Massenmedien beobachtet werden. Die öffentliche Meinung ermöglicht den Politikern ihren Blindflug durch die Welt.
Unterm Beschleunigungsdruck der Massenmedien gilt auch politisch: Geschwindigkeit zählt mehr als Argumente. Deshalb wirken Inhalte und Programme immer mehr als störende Trägheitsmomente. An die Stelle von Argumentation treten deshalb in den Massenmedien Formeln, mit denen man ein Thema besetzt. Die provozieren dann Gegenformeln, und damit haben wir ein Differenzschema zur Weltwahrnehmung. Hinter der Lust am Streit steckt also auch das Bedürfnis, die Welt durch Meinungsunterschiede klar zu ordnen. Das Angebot einer politischen Partei besteht genau in diesem Sinne aus einem Set von Meinungen.
Damit sind wir beim eigentlichen Grund dafür, daß gerade auch gutgemeinte Gesprächsrunden zwischen Wissenschaftlern, Politikern und Journalisten immer nur Frustration produzieren. Sie haben nämlich ganz unterschiedliche Meinungen über die Funktion von Meinungen:

- Die Wissenschaft klammert Meinungen ein, um Themen stabil zu halten.
- Die Massenmedien sagen Themen an, um Meinungen streiten zu lassen. Sie erfinden also nicht die Themen, aber sie bestimmen ihre Karriere; sie setzen sie durch.
- Die Politik fackelt Themen ab, um Meinungen festzulegen. Man will schließlich Wahlen gewinnen.

Jede Demokratie organisiert die Beteiligung der vielen. Das setzt aber, da Demokratie ja die Herrschaft der Politiker ist, ein Interesse für deren Entscheidungen voraus. Und das setzt wiederum voraus, daß es Meinungen gibt. Die werden aber erst von den Massenmedien produziert. Sie stabilisieren die Nachfrage nach dem, was A.O. Hirschman »the good of having opinions« genannt hat.

Wenn man im Jargon der Synergetiker definiert, daß die öffentliche Meinung die »Versklavung« der eigenen Meinung darstellt, dann heißt das aber nicht, daß ich die Meinung der anderen übernehme; aber ich übernehme den Themenrahmen der Öffentlichkeit. Wie gesagt: Massenmedien setzen nicht Meinungen durch, sondern Themen. Und mit diesen Themen, zu denen man jede beliebige Meinung vertreten kann – aber eben: zu diesen Themen! –, orientiert man sich dann in der Welt. El niño, Neonazis oder Rentenreform. Es geht in der Medienwirklichkeit also nicht um Konsens, sondern um Themenstabilität, Agenda Setting.

## »Communities of choice«

Politik, Kirche, Wirtschaft und Massenmedien haben heute alle das gleiche Problem: »Die Masse« läßt sich nicht mehr ansprechen. Wachsende Markenuntreue, Wechselwählerei, Sektenreligiosität und Special-interest-Lektüre sind gleichermaßen Ausdruck einer radikalen Individualisierung. Massenmedien hatten es immer schon mit unkontrollierbaren Adressaten zu tun. Aber heute gibt es offenbar überhaupt keine gemeinsamen Medien mehr. Unterschiedliche Wertesysteme werden von unterschiedlichen Medien bedient. Demographische, politische und kulturelle Verwerfungslinien trennen verschiedene Informationswelten voneinander. Die bürgerliche Öffentlichkeit löst sich auf in die virtuelle Realität von Mediengemeinschaften. Jeder schaut heute in einen anderen Spiegel – z. B. in den *Focus*.
Das könnte zu der Diagnose verführen: Tod der Massenmedien. Denn Weltkommunikation vollzieht sich heute nicht mehr nach dem traditionellen Schematismus des Broadcasting. Vor diversifizierten, differenzierten Massenmedien, dem sogenannten Narrowcasting, verwandeln sich die Konsumentenmassen in einen Cluster von Nischenlesern und -zuschauern. Heute spricht man sogar schon von Pointcasting, also einer Eins-zu-eins-Bezie-

hung zwischen Sender und Empfänger. So drängt sich der Eindruck auf, daß sich der Informationsmarkt fortschreitend auflöst: von der Masse über die Zielgruppe zur Szene und schließlich zum Individuum.

Doch Individualisierung, die Auflösung der Zielgruppen in kaleidoskopische Marktsegmente, bedeutet nicht das Ende der Massenmedien, sondern eine enorme Steigerung ihrer Auflösungs- und Rekombinationsfähigkeit. Am Ende des Prozesses steht nämlich nicht der einzelne, sondern die Wahlgemeinschaft. Der Kunde, der Leser, der User – er ist heute »Mitglied zahlloser unsichtbarer, nicht erkannter Bruderschaften« (Stan Rapp/Tom Collins). Die bürgerliche Gesellschaft löst sich auf in eigensinnige Individuen und rekombiniert sich dann in Wahlgemeinschaften. »Communities of choice« ist eine treffende Formel Peter Druckers, die genau dies signalisiert: Gemeinschaft statt Gesellschaft. Solche Wahlgemeinschaften bilden postmoderne Stämme in der virtuellen Realität der Medien. Gemeinsame Mediennutzung schafft derart eine »organizational neighbourhood«.

Und nur in diesem neuen Kontext kann man dann erfolgreich Kunden ansprechen. Intelligente Designer wie Hartmut Esslinger haben das längst verstanden: »When design matters, it implies its transformation into a tribal affair that encourages each sub-culture to find its own story and symbology in the moral fabric of manufacture.« Gestaltung hat nur dann kulturelle Prägekraft, wenn sie sich in eine »Stammesangelegenheit« verwandelt; ein derartiges *Tribal Design* ermutigt die jeweilige Subkultur, in der Produktwelt ihre eigene Geschichte und Symbolik zu finden.

Gerade weil alle Zeichen auf Globalisierung und Weltkommunikation stehen, brauchen die Menschen kulturelle Reservate der Vielfältigkeit. Neue Tribalismen gleichen die Zumutungen der Weltgesellschaft aus. In diesem Sinne definiert Ted Polhemus den Streetstyle als »the gathering of tribes« – neue Stammesgemeinschaften kompensieren die Abstraktheit der Weltkommunikation. *MTV*-Chef Tom Freston sagt in einem Interview des *Spiegels* (42/1998) über das Kompensationsverhältnis von Globalisierung und Tribalisierung: »Viele Kids leben längst in zwei Welten, einer nationalen und einer internationalen. Dabei ähneln Hamburger Kinderzimmer denen in Mexico City. Hier wie dort hängen dieselben Poster an der Wand. Alle kennen Michael Jordan und Eros Ramazotti. Die Jugendlichen teilen diese dünne Patina von Oberflächlichkeiten. Aber während die Welt durch die Medien immer kleiner wird, wächst das Interesse an lokalen Identitätsstiftern.« Das ist sicher einer der Gründe für den spektakulären Siegeszug des *MTV*-Konkurrenten *VIVA*.

Vor allem die Differenzierung des Printmarkts ermöglicht Weltkommunikation als Gleichzeitigkeit des Ungleichzeitigen. Das Kaleidoskop der Zeitschriften inszeniert Wahlgemeinschaften auf Zeitinseln. Wer in dieser Welt erfolgreich sein will, muß auf die neuen Stichworte hören: Community, Gemeinschaft, Nachbarschaft, Stamm. Sie zeigen an, daß man heute Kommunikation als Kult und Information als Fetisch verstehen muß. Kommunikative Lust hat mit Information nichts zu tun. Es geht um Geschwätz, Dabeisein – »Hallo, ich bin's ...« Kein Mensch strebt, Aristoteles zum Trotz, von Natur aus nach Wissen. Und außer einigen Geschäftsleuten und Wissenschaftlern will auch niemand ständig Informationen abrufen. Informationen verunsichern nämlich. Kommunikationen dagegen verleihen Sicherheit, und zwar gerade durch das Gegenteil von Information: Redundanz, Resonanz – kurz: Geschwätz.

Das Internet, aber auch alte Medien wie das Fernsehen präsentieren Information als Fetisch und Kommunikation als Kult – man denke nur an Talk-Shows und Chatrooms. Nicht was, sondern daß geredet wird, zählt. »Information at your fingertips« ist kein Programm der Aufklärung, sondern Magie unter neuen Medienbedingungen. Die jüngste Kultformel lautet natürlich »Interaktivität«. Ja, man könnte sagen: Interaktivität ist ein Fetisch der Multimedia-Gesellschaft. Bei Lichte betrachtet handelt es sich aber meist nur um »multiple choice«. Und übrigens:

Echte Interaktivität ist, wie jede Aktivität, anstrengend. Daß wir Push- durch Pull-Medien ersetzen werden, ist wohl nur eine Illusion, die einer idealistischen Anthropologie entspringt.

## Evolution der Medien

Es ist wohl unstrittig, daß die beiden großen Themen unserer Zeit lauten: Globalisierung und Internet. Sieht man genauer hin, so zeigt sich, daß beide Themen im Kern identisch sind. Es geht jeweils um die weltweite Vernetzung von Wirtschaft und Politik, Medientechnik und Wissenschaft. Globalisierung heißt also eigentlich Weltkommunikation in verschiedenen Medien. Datenströme und Finanzströme lassen sich kaum mehr unterscheiden. Und die neuen Medien spielen in diesem Prozeß die Schlüsselrolle.
Alle sprechen deshalb von Informationsgesellschaft – und neuerdings auch von Wissensgesellschaft (so wohl erstmals der Management-Guru Peter Drucker). Bücher signalisieren das Ende der Gutenberg-Galaxis, Geisteswissenschaftler planen »humanities computing«. Und die Redaktionen von *Focus* bis *Wirtschaftswoche* präsentieren den noch zögernden Vertretern der Wirtschaft das Internet als Heilsversprechen. Der gemeinsame Nenner all dieser Konzepte und Verheißungen läßt sich leicht bestimmen:

- Die Medien sind das Geschäft der Zukunft.
- Kommunikation rückt ins Zentrum der Produktivität.
- Wissen erweist sich als wichtigste Ressource unserer Gesellschaft.

Wir haben es also nicht einfach nur mit einer neuen Technik zu tun. Mit anderen Worten: Beim Computer handelt es sich nicht einfach um ein neues Werkzeug, das es uns erlauben würde, das, was wir immer schon getan haben, nun schneller, effektiver und sicherer zu tun. Vielmehr wird immer deutlicher: Unsere Kultur sucht nach einer neuen Selbstbeschreibung vor dem Hintergrund neuer Kulturtechniken. Das ist im übrigen auch der sachliche Kern der kulturkritischen Kontroverse über den »Abschied vom Buch«. Und nicht nur die Gesellschaft ringt um eine neue Selbstbeschreibung – auch der Mensch muß sich angesichts der Universalmaschine Computer neu definieren, um zukunftsfähig zu bleiben.

Doch wer die Kommunikation der Zukunft und mit der Zukunft will, muß gerade auch die Herkunft unserer Fragen und Probleme verstehen. Und die Geschichte, die unsere Kultur im 20. Jahrhundert am nachhaltigsten geprägt hat, ist die Geschichte der Medien. Ein Blick in die Zukunft einer Multimedia-Gesellschaft kann deshalb nur im klaren Bewußtsein der Medienevolution gelingen. Mediengeschichte ist also nicht antiquarisch. Ihre wichtigsten Etappen lassen sich leicht benennen:

- Die erste und immer noch fundamentale Medienleistung war und ist das *Speichern.*
- Die Elektrifizierung der Medien ermöglicht dann das *Übertragen* (von Telegraph bis Fernsehen).
- Das neue Paradigma der Universal Turing Machine verwandelt alle Medienleistungen in Rechenprozesse (*Digitalisierung).*
- Computergestützt können alle Medienleistungen auf einer einzigen Darstellungsebene integriert werden (*Multimedia).*

Die entscheidende Zäsur in der Mediengeschichte ist die Digitalisierung. Und auch die Evolution der Digitalmedien ist bereits durch deutliche Etappen markiert:

- Zunächst steht die Computerevolution noch ganz im Bann der *Hardware* (die große Zeit der Mainframes von IBM).
- Mit dem revolutionären Gedanken eines Computers für jedermann (PC) rückt die *Software* ins Zentrum der Aufmerksamkeit (Apple, Microsoft).

- Schließlich wird das Kommunikationspotential des Computers entdeckt. Statt nur als Werkzeug und Rechenknecht begreift man nun den Computer als Medium. Die Bedeutung eines Computers bestimmt sich jetzt aus seiner Funktion und Stelle im *Netzwerk* der Weltkommunikation (Netscape, Java, Netz-Computer). An die Stelle des PCs, also des Computers für jeden, soll der »Personalized Computer« (William Kopp) treten, der sich den speziellen Eigenheiten und Interessen des Users anpaßt. Und auch das neue Konzept des »Interpersonal Computing« geht von der Erfahrung des Computers als Medium aus – das heißt: nicht mit Hardware oder Software, sondern mit einer kommunikativen Beziehung zu beginnen.
- Software wie Java und Marimba präzisieren eine mögliche Zukunft der Kommunikation durch die Synthese von Broadcasting und Internet – das sog. *Webcasting*. Im Klartext: Man muß nicht mehr suchen, sondern wird beliefert.

Man kann und muß aber noch feiner differenzieren, nämlich auf der Ebene der historischen Entwicklung von Benutzeroberflächen. Wir müssen das *Interface Design* als die Rhetorik der Medientechnologie verstehen; und da haben sich in wenigen Jahrzehnten dramatische Wandlungen vollzogen.

- Die Geschichte des Computer-Interface beginnt bekanntlich mit den *Lochkarten* der IBM-Angestellten.
- Den nächsten Schritt in der Entwicklung von Benutzeroberflächen markieren die *alphanumerischen Befehlsketten* der DOS-Wizzards.
- Schließlich gelingt Apple mit der *Desktop-Metapher* die große Wende zur Benutzerfreundlichkeit.
- Der nächste Evolutionsschritt des Interface-Designs führt dann in die *Virtuelle Realität* des Cyberspace.

Das Interface, die Mensch-Maschine-Schnittstelle des Computers, liegt also zunächst sehr nahe an der Maschine und ihrer

Sprache. Dann verschiebt sich das Verhältnis von Benutzeroberfläche und logischer Tiefe der Programme immer entschiedener zugunsten der »freundlichen Oberfläche«. Mit anderen Worten: Die fortschreitende Benutzerfreundlichkeit macht den Computer unsichtbar. Und genau das meint auch das Konzept des »ubiquitous computing«: Der Computer wird unsichtbar – und allgegenwärtig. Das Verschwinden des Computers in seiner Allgegenwart ist das wichtigste Kennzeichen zukünftiger Kommunikationsverhältnisse.

## Was ist neu an den neuen Medien?

Medien faszinieren das Bewußtsein. Das hat zur Folge, daß für uns die Wahrnehmung von Kommunikation einen ganz selbstverständlichen Vorrang vor anderen Wahrnehmungen hat. Schrift fasziniert mehr als Bäume. Deshalb ist es aber für eine moderne Kultur charakteristisch, daß Kommunikationswahrnehmung immer mehr an die Stelle der Weltwahrnehmung tritt. Oder anders gesagt: Was Welt ist, erfahren wir aus den Medien. Und deshalb müssen wir auch die Frage nach der Zukunft als Frage nach der Kommunikation der Zukunft formulieren. Was sind also die neuen Features der neuen Medien?

- **Multimedialität.** Ob man nun von Hypertext, Hypermedia oder Multimedia spricht – stets geht es um ein Kommunikationsangebot, das den sensorischen Reichtum des Fernsehens, die Informationstiefe der Zeitungen/Magazine und die Interaktivität des vernetzten Computers miteinander verknüpft. Multimedia ist also nicht einfach die Fortsetzung des Fernsehens mit digitalen Mitteln. Man könnte eher umgekehrt sagen: »The key to the future of television is to stop thinking about television as television« (Nicholas Negroponte). Vor allem Bilder werden immer wichtiger, weil sie schneller, kompakter und komplexer sind als Sprache. Unserer modernen Welt ist nur noch *Pattern Recognition,* das blitzschnelle Erkennen von Mustern, gewachsen; lineare Analyse ist viel zu träge. Text kann mit der Beschleunigung unserer Welt nicht mehr Schritt halten. Ein Blick muß genügen – wie im Straßenverkehr. Durch Computer gibt es nun erstmals exakte, errechnete Bilder; sie sind nicht mehr das Reich der Unvernunft.

• **Medienverbund.** Die Digitalisierung aller Daten hat es zum erstenmal in der Kulturgeschichte möglich gemacht, alle Darstellungsmedien miteinander zu verknüpfen. Die alten Medien werden deshalb von den neuen nicht verdrängt, sondern in übergreifende Funktionszusammenhänge eingefügt. Man darf deshalb vermuten, daß gerade die alten Medien in Zukunft ein neues Selbstverständnis entwickeln werden. Zu erwarten ist also kein Medienkannibalismus, sondern ein fröhlicher Medienmix. Man kann die Medien nämlich ganz anders nutzen, als Medienpädagogen sich das vorstellen – z. B. sich durch Zeitunglesen zerstreuen (*»Bild«*), in Büchern träumen und sich durch Fernsehen informieren. Vielleicht stimmte die alte Hackordnung noch nie. Der Mediengebrauch wird zur bedeutsamen Wahl, weil im Umgang mit Medien die »pull«-Elemente an die Stelle der »push«-Elemente treten können; man läßt sich weniger »berieseln«, sondern wählt ein »persönliches« Programm aus. Das ist wohl auch der Grund, warum Multimedia der Faszinationsbegriff unserer Gegenwart werden konnte. Hier geht es um einen Brückenschlag zwischen technischer Perfektion und Qualität des Inhalts.

• **Mobilität.** Mit dem Handy und den Laptops hat sich die fortgeschrittenste Kommunikationstechnologie zum erstenmal von festen Standorten emanzipiert. Das Büro ist nun überall, wo mein Modem ist. Mit Beginn der Moderne spalten sich Arbeit und Heim. Büro hieß bisher: Trennung von Leben und Arbeit, Aktenförmigkeit. Die Multimedia-Gesellschaft dagegen zielt auf das One Person Office. Früher ging man ins Büro –

heute loggt man sich ins Netz ein. Man arbeitet zu Hause und zwar @home – und man ist überall zu Hause: als Technonomade. So emanzipiert sich die Arbeit vom Arbeitsplatz – die soziale Umwelt der Face-to-face-Interaktion schrumpft. Mobilität heißt aber auch »availability«, allzeit bereit! In Amerika ist damit schon deutlich die ethische Forderung verknüpft, immer verfügbar zu sein. Hier deutet sich ein Stand-by-Modus der Existenz an.

• **Interaktivität.** Die uns durch Presse und Fernsehen vertrauten Formen der Massenkommunikation schließen jede Interaktion aus. Dagegen steht heute das Internet als Infrastruktur einer interaktiven Weltkommunikation. Das ist möglich, weil wir heute Anwesenheit durch kommunikative Erreichbarkeit ersetzen – also durch die reine, von allen Fesseln der Anwesenheit befreite Interaktionsmöglichkeit. Für eine Kultur, die sich selbst mit Begriffen wie »Informationsgesellschaft« beschreibt, steckt hier aber ein massives Problem. Denn je interaktiver ein Medium ist, desto marginaler wird die Information. Die Botschaft lautet im Extremfall nur noch: Wir kommunizieren. Michael Schrage vom MIT hat das Problem so formuliert: »Real interactivity isn't about giving people more content to choose from, it's about letting people create their own content. The new media challenge, then, is how do you create content that creates content?«

• **Virtualität.** Von der klassischen Telekommunikation bis zum Cyberspace gilt: Nur noch technisch vermittelte Kommunikation in die Ferne gelingt – dagegen wird der Nächste und die Nähe zum Problem. Virtuelle Nachbarschaft läßt sich offenbar leichter kultivieren und stabilisieren als der Kontakt mit dem »realen« Nachbarn im Mietshaus. William Knoke schwärmt zwar zu Recht von der unbegrenzten Flexibilität einer *Placeless Society,* aber das heißt im Klartext natürlich auch: Wir steuern in eine entortete Gesellschaft.

- **Mediengenerationen.** Es gibt keine gemeinsamen Medien mehr. Unterschiedliche Wertsysteme werden von unterschiedlichen Medien bedient. Zu welcher Generation man gehört, hängt heute davon ab, in welcher Informationskultur man aufgewachsen ist. Und daraus folgt: »Die Jugend« gibt es nicht mehr. Schlechte Zeiten also für das Targeting des Marketing! Mediengenerationen haben keine homogene Altersstruktur oder Sozialstruktur. Sage mir, welche Medien du nutzt, und ich sage dir, zu welcher Generation du gehörst. Die Zersplitterung »der Jugend« ist wohl der wichtigste Effekt des Medienpluralismus.

## Zeitdiebe

Ein leicht angegrauter, aber immer noch treffender Witz übersetzt WWW mit weltweitem Warten. Und das wird immer ärgerlicher, je mehr sich das Internet kommerzialisiert. Patienten läßt man warten – nicht Kunden. Den meisten fehlt dazu nicht die Geduld, sondern die Zeit. Und angesichts der Netz-Euphorie liegt doch die Frage nahe: Wer hat eigentlich soviel Zeit zum Surfen, Chatten und Spielen? Nun, Kinder und Singles. Hans Mustermann dagegen muß arbeiten, das heißt vor allem: kommunizieren. Und hier öffnet sich die Schere zwischen dem technisch Möglichen und meiner knappen Lebenszeit. Computergestützte Kommunikation ist nämlich die Büchse der Pandora, vollgestopft mit wunderbaren Möglichkeiten; Software-Geschenke, die zur Last werden. Sie eröffnen eine Optionsvielfalt, die in keinem Verhältnis mehr zu unseren Zeitressourcen steht.

Das führt zu interessanten Paradoxien. Man bekommt leicht das Gefühl: Je mehr ich mich mit der Computerwelt beschäftige, desto weniger »verstehe« ich sie. Hinzu kommt, daß die Beschleunigung der Software-Evolution und die Expansion der Computergemeinde so groß sind, daß immer mehr Neulinge, »Newbies«, produziert werden. Je mehr einige Leute wissen (und technisch implementieren), desto ignoranter wird der Rest. Der Soziologe Daniel Bell hat das auf die schöne Formel gebracht: »More and more we know less and less.« Um diese Paradoxien aufzulösen, braucht man Zeit und Mut. Im Klartext: Man muß immer mehr Lebenszeit dafür abzweigen, daß man auf dem laufenden bleibt. Und immer entscheidender wird der Mut, an einer bestimmten Stelle zu sagen: So genau will ich es gar nicht wissen. Wem dieser Mut angesichts der lawinenartigen Innovationen der Computerbranche zu sinken droht, sollte sich einfach erinnern: Wir sind weder Schüler noch Patienten, sondern Kunden.

Wer uns warten läßt oder überfordert, stiehlt uns Zeit. Das gilt aber auch für den, der gnadenlos die Möglichkeiten direkter Kommunikation nutzt. Jeder kennt das: Ständig klingelt das Telefon. Deshalb war die Erfindung des Anrufbeantworters ein technischer Segen. Nun kann man den anderen zwingen, »eine Nachricht zu hinterlassen«. Damit schafft man sich Zeitspielräume. Die aktive Variante davon ist E-Mail. Sie ist fast so locker und schnell wie ein Telefongespräch und überläßt dem Adressaten die Entscheidung über die »Kommunikationszeit«. E-Mail verliert keine Zeit, aber sie stört auch nicht – ideal. Das heißt aber nicht, daß die Schneckenpost am Ende ist. Denn je besser mich die Kommunikationstechnologien gegen den Diebstahl meiner Lebenszeit schützen, desto mehr Luxuszeit kann ich kultivieren. Ich vermute deshalb, daß der klassische Brief eine große Zukunft hat – als Zeitluxusartikel. Es wird sich ein Kult des Unzeitgemäßen entwickeln: Man schreibt mit der Hand und achtet auf Form und Komposition. Denn gerade hier ist das Medium die Botschaft. Die eigentliche Botschaft eines handgeschriebenen Briefs lautet heute: Ich nehm' mir so viel Zeit für Dich ... Mit anderen Worten, jeder Brief ist ein Liebesbrief.

## Der Mensch als Flaschenhals der Informationsgesellschaft

In unserer hochkomplexen modernen Welt bekommt man häufig diesen Eindruck: Immer wenn sich der Mensch in den Mittelpunkt stellt, steht er im Weg. Der Mensch erscheint heute vor allem als Flaschenhals des Kommunikationsdesigns – die Multimedia-Gesellschaft hat Probleme mit dem »Maß des Menschen«. Und ein nüchterner Beobachter der zahlreichen Podiumsdiskussionen und Talk-Shows über »Neue Medien – Chancen und Risiken« kann leicht den Eindruck bekommen: Vom »Menschen« redet man immer dann, wenn man die Technologie ignorieren will.
Der Mensch ist der Flaschenhals der Informationsgesellschaft, weil er Informationen nicht parallel prozessieren kann. Man schätzt, daß 98 % aller dargebotenen Informationen nicht bewußt verarbeitet werden. Und tatsächlich erscheint immer nur ein winziger Weltausschnitt auf dem Monitor des Bewußtseins. Es verarbeitet nur 40 bit pro Sekunde. Das Bewußtsein muß deshalb Information vernichten. Man kann es auch so sagen: Aufmerksamkeit ist die knappste Ressource.
Deshalb ist es sinnlos, die Zukunft der Multimedia-Gesellschaft nach dem Schema des Mensch-Maschine-*Wettbewerbs* zu entwerfen. Statt dessen brauchen wir ein mutiges Design der künftigen Mensch-Maschine-*Synergie*. Keine Angst also vor kybernetischen Organismen und Artificial Life. Nur vor diesem Hintergrund kann dann sinnvoll nach der Stellung des Menschen im Cyberspace gefragt werden, mit anderen Worten: *What Computers Can't Do*. Menschen haben die Kraft des Vergessens und der organisierten Ignoranz. Deshalb sind sie unverzichtbar als Relevanzfilter und Agenten der Selektion. Was Computer nämlich nicht können, sind die Intelligenzleistungen des Infomapping und des Wissensdesigns. Und wenn sich Menschen in Zukunft mythisch verklären, dann nicht mehr in der Gestalt des Prometheus (Produktion), sondern in der des Hermes (Kommunikation).

Alle wollen heute global denken, weltweit vernetzt und gleichzeitig mit dem Weltwissen sein – *information at your fingertips*. Dabei sind die konkreten, präsenten Körper nur noch Störfaktoren. So funktioniert technische Kommunikation meist viel stabiler und befriedigender als Dialoge oder Interaktionen zwischen Anwesenden. An die Stelle der Vertrautheit mit dem Nächsten tritt heute die virtuelle Nachbarschaft im Cyberspace. Wir leben in einer Welt, in der Orte kaum mehr eine Rolle spielen. So muß sich der erfolgreiche Geschäftsmann der Zukunft als Kommunikationsnomade und als Kommunikationsmonade entwerfen: Jeder einzelne wird zum Global Player und »entwirft« sich auf immer wieder neue Netzwerke; die eigene Identität gestaltet sich immer wieder neu in der Vernetzung mit wechselnden Partnern. Doch in der Euphorie solcher Perspektiven ignoriert man einen entscheidenden anthropologischen Sachverhalt: Die Grenzen individueller Informationsverarbeitung sind die Grenzen der Interdependenz in Organisationen und Netzwerken. Mit anderen Worten: Die Management-Gurus, die den neuen Menschen des Internets verheißen (die »permanente Revolution« des Business), ignorieren die anthropologischen Grenzen der Mobilität und Wandlungsfähigkeit.
Das größte Hindernis auf dem Weg zu einer Wissensgesellschaft scheint also der Mensch zu sein, dessen »Antiquiertheit« sich seit den Tagen von Günther Anders dramatisch verdeutlicht hat. Technische Kommunikation eröffnet eine Optionsvielfalt, die in keinem Verhältnis mehr zu unseren Zeitressourcen steht. Die Datenflut der Multimedia-Welt macht folglich Aufmerksamkeit zur knappsten aller Ressourcen. Unter solchen Bedingungen setzt sich – ähnlich wie McDonald's beim Essen – eine Art Fast food des Wissens durch. Der erfolgreiche Angriff des *Focus* auf den *Spiegel* ist dafür ein anschaulicher Beleg. Und auch Pädagogen vertrauen längst nicht mehr auf den von Aristoteles im ersten Satz seiner *Metaphysik* versprochenen »Willen zum Wissen«, sondern arbeiten an Mischformen von Lehre und Unterhaltung; längst spricht man ganz selbstverständlich von Info-Animation, ja von »Infomotion«.

Das humanistische »Maß des Menschen« reformuliert die Wissensgesellschaft heute in technischen Begriffen der Filterung und Selektion. Ein Filter reduziert ja Komplexität, indem er eine gewisse Informationsmenge als »Noise« disqualifiziert. Mit anderen Worten: Rauschen ist Information, von der man nichts wissen will. Bekanntlich leben wir in einer hochkomplexen, »unübersichtlichen« Welt, und diese Komplexität erzwingt kontingente und deshalb riskante Selektionen. Kontingent sind diese Selektionen – denn morgen ist es anders! Und weil niemand verbindlich sagen kann, was wichtig ist, sind alle Selektionen riskant. »You can't live without an eraser«, sagt deshalb Gregory Bateson zu Recht. Es handelt sich hier um das Problem der »intelligent discrimination«: Was wird nicht erforscht? Was kann ich vernachlässigen? Welche Bücher muß ich wirklich lesen? Das wertvollste Wissen ist heute: zu wissen, was man nicht zu wissen braucht. Welches Wissen ist für mich wirklich von Nutzen und welches kann ich gefahrlos ignorieren? Nützlichkeit ist aber ein anthropozentrischer Begriff, der sich nicht mathematisch formalisieren läßt.

*Understanding Media* hieß einmal ein berühmtes Buch Herbert Marshall McLuhans – die Medien verstehen. Diese Forderung ist unverjährt. Um zu verstehen, was hier geschieht, muß man von der vor allem in Deutschland so verbreiteten technikfeindlichen Romantik der Unmittelbarkeit Abschied nehmen. Das persönliche Gespräch funktioniert nicht besser als eine Telekonferenz. Im Gegenteil, je technischer die Kommunikation ist, desto sicherer schreitet sie fort. Medien können nämlich Sinn erfolgreich prozessieren, ohne ihn verstehen zu müssen. Derartige Technisierungen steigern also die Kommunikativität, denn sie machen die Annahme einer Selektion nahezu unabhängig von ihrem Inhalt. Das Geheimnis erfolgreicher Kommunikation ist deshalb nicht Konsensfähigkeit, sondern Medientraining. Und Konsens ist nichts anderes als die Vernetzung von Kommunikationen. Der kategorische Imperativ des Medienzeitalters lautet demnach: Kommuniziere so, daß andere daran anschließen können.

## Der Computer verschwindet

Im IBM-Zeitalter der Mainframes war der Computer kein Problem, sondern eine phantastische Erfindung – ein Phänomen der Wissenschaftswelt mit segensreichen Wirkungen für die Wirtschaft. Zum Problem wurde der Computer erst, als es der berühmtesten aller Garagenfirmen gelang, Größe und Preis so zu reduzieren, daß das Undenkbare denkbar wurde: Computer für alle. Und dann stand er plötzlich auf dem eigenen Schreibtisch. Das war der Sündenfall, der Biß in den Apfel des Wissens. Nun begann der endlose Kampf mit den Manuals, die Leidensgeschichte der abstürzenden Festplatten, der Ärger mit den ständig besetzten Hotlines. Und das Problem bekam bald einen schönen Namen: *Interface Design*. Wie gestaltet man die Schnittstelle zwischen Mensch und Computer, ohne den Laien abzuschrecken? Erst haben uns Douglas Engelbarts Maus und die Metaphorik des Desktop von den Zumutungen alphanumerischer Befehlszeilen entlastet. Dann hat der *Data Glove* das wichtigste Orientierungs- und Handlungsorgan des Menschen, die Hand, wieder in ihre Rechte eingesetzt. Und bald können wir mit Computern wie mit zivilisierten Menschen umgehen – nämlich im Medium des gesprochenen Wortes.
Wohin die Reise geht, hat Nicholas Negroponte sehr schön bestimmt: »The secret to interface design: make it go away.« Der beste Computer ist also der, den man gar nicht mehr sieht. Man kann sich diese Entwicklung am einfachsten vor Augen führen, wenn man die Filme *Space Odyssee* und *Toy Story* vergleicht: Der dämonische HAL, der die Macht übernehmen will, schrumpft zum putzigen Dämon animierter Spielzeugpuppen. Und wer die digitale Revolution verstehen will, sollte diese Spiele ernster nehmen als die Ernsthaftigkeit des Business. Denn wie Scott Kim richtig sagt: »Nothing locks in assumptions like seriousness.« Die Computerbranche ist deshalb gut beraten, wenn sie Spiele als Vorbilder des Interface-Designs studiert. Und nicht nur die Minesweeper spielenden oder im Internet surfenden Firmenmitarbeiter machen deutlich, daß Arbeitsplatz und Spiel-

platz immer schwerer auseinandergehalten werden können; die Schnittmenge wächst.
Werbung wie etwa von Ericsson preist heute unsichtbare Computer an – Computer, die als solche nicht mehr zu erkennen sind. Aber das ist nicht einfach nur eine geniale Marketing-Idee, sondern der Stand der Technik selbst. Man kann ja Computer funktional beschreiben, ohne auf Hardware Rücksicht zu nehmen. Und man kann Netzwerke in ihrem Verhalten charakterisieren, ohne auf Computer einzugehen. Unsere Lieblingsbegriffe wie Cyberspace, Netzwerk, Global Village sagen alle auch: nicht Maschine. *Interpersonal* Computing beginnt nicht mit einem Rechner, sondern mit einer Beziehung. Der *Netz*-Computer ist kein Hardware/Software-Paket, sondern ein Kommunikationsknoten im Internet. Der *Personalized* Computer, an dem William Kopp arbeitet, ist kein *Number Cruncher,* sondern ein Diener, der die Wünsche seines Herrn kennt. Die Zeichen der Zeit deuten also weg vom PC. Der Computer verschwindet – in seiner Allgegenwart. Doch vor kurzem ist der klassische Computer noch einmal ins Rampenlicht der Kulturgeschichte getreten.

## Rückblick auf einen Sieg

Oder war es doch eine Niederlage? Das kommt darauf an, ob man mit dem stolzen Produkt des Menschengeistes, hier also mit dem Schachprogramm *Deep Blue,* sympathisiert oder mit dem Restprogramm, das verschiedene Namen hat: Kreativität, Genie, Phantasie. Kurz: Kasparow. Einer jubelt immer. Siegt die Maschine, dann hat es die künstliche Intelligenz herrlich weit gebracht. Siegt der Großmeister, dann hat »der Mensch« noch einmal die Machtübernahme des Computers abgewendet. Und natürlich wurde die Fraktion der Menschen nach ihrer Niederlage nicht müde, auf die Primitivität des Computerprogramms und den »Blackout« Kasparows hinzuweisen. Doch das waren und sind Scheingefechte.

Ob *Deep Blue* genial oder trivial gespielt hat – wer von uns Hobbyschachspielern will das beurteilen? Aber das ist auch ganz nebensächlich. Die Lehre aus dem Sieg des Computers ist eine ganz andere (und sie wird auch nicht durch einen zukünftigen Sieg Kasparows widerlegt werden). Wenn Schachspielen eine Intelligenzleistung ist, dann bedeutet der Sieg von *Deep Blue* das Ende einer Legende. Ich meine die Legende, ein Computer sei immer nur so klug wie der Programmierer, der ihn zum Laufen gebracht hat – der Mensch hinter der Maschine. Der Programmierer von Deep Blue, der die Ehre hatte, die Züge des Computers auf dem Schachbrett auszuführen, hätte als »Mensch« natürlich nicht den Hauch einer Chance gehabt.

Gerade weil Schach für viele der Inbegriff des intelligenten Spiels ist, stellt der Sieg von *Deep Blue* für alle, die im Denken mehr sehen als Rechnen, eine tiefe Kränkung dar. Denn warum fällt es uns so schwer, stolz zu sein auf den in Software gegossenen Geist? Der Grund ist einfach: Wir wissen genau, was im Innern des Computers vor sich geht – Milliarden Rechenprozesse in Sekundenschnelle. Und wir wissen nicht, was in unserem Kopf, geschweige denn dem des Großmeisters vor sich geht. Deshalb träumen wir so gerne von Kreativität und Intuition. Nun besteht aber jede intellektuelle Technologie darin, Intuition durch Algorithmen zu ersetzen. Und genau das hat uns der Schachkampf vorgeführt. Wenn der *Number Cruncher,* der unelegante Rechenknecht, den besten Schachspieler besiegt, sieht alle Welt: Genie ist Mathematik. Leibniz und Hobbes hatten recht – Denken ist Rechnen.

Im 19. Jahrhundert war Mälzels Schachautomat ein Faszinosum der Zeit. Bald wurde aber klar, daß nicht die Maschine spielte, sondern ein in ihr versteckter Zwerg – seines Zeichens Schachgroßmeister. Heute sitzt der Großmeister nicht mehr *in* der Maschine, sondern tritt *gegen* die Maschine an. Doch das ist nicht unbedingt ein Fortschritt. Denn aus Mälzels Jahrmarktstrick ist heute eine metaphysische Veranstaltung geworden: die Inszenierung des Kampfes Mensch gegen Maschine. Natürlich schlagen da die Herzen höher, man denkt an Frankenstein oder doch wenigstens an HAL, der seinen ersten Auftritt ja nicht umsonst als Schachvirtuose hat. Doch ich meine, der Kampf zwischen Mensch und Maschine ist ein mythisches Bild, das uns gefangenhält. Nicht Kasparow in seiner Heraklesarbeit gegen das digitale Monster ist interessant, sondern die Mensch-Maschine-Synergie, an der er gescheitert ist. Das ist die wahre Tiefe des Blaus von IBM.

## Computer – Gehirn – Geist

Um nun noch weiter in die logische Tiefe der Computer und Netzwerke vorzudringen, müssen wir uns Auskunft bei den Wissenschaften holen, die im Grenzgebiet zwischen Computer und Gehirn forschen. Konnektionismus ist der Name für das Operieren in Netzwerken unterhalb der Schwelle symbolischer Logik. In solchen Netzwerken stellt sich Bedeutung als Funktion eines Systemzustandes dar. Entsprechend erfolgt die Speicherung nicht in einzelnen, genau adressierten Speicherplätzen, sondern in Netzwerken. Alle Regelmäßigkeiten in diesem Netzwerk sind emergente Qualitäten vor dem Hintergrund eines Chaos von Verknüpfungen. Damit gibt es im Netzwerk konnektionistischer Maschinen eine genaue Entsprechung zum Rauschen im Gehirn, d. h. zum zufälligen Feuern der Nervenzellen.

Wir können daraus prinzipiell lernen: Geist gibt es nur in Beziehungen, Interaktionen, Situationen und Kontexten. Mihai Nadin versteht den Geist als offenes Universum der Antizipation. Dieses Konzept von Geist orientiert sich nicht mehr an Turings universaler Maschine und ihren endlichen Zuständen, sondern an Modellen der Chaosforschung wie der Brownschen Bewegung. Solche Modelle haben den Vorteil, daß sie die unverwechselbare Persönlichkeit des Menschen genauso berücksichtigen wie den Anspruch der totalen Berechenbarkeit. Man könnte sagen: Persönlichkeit ist nichts als die Selbstähnlichkeit eines Geistes, dessen Dimension ein berechenbarer Parameter ist.

Die Wissenschaften beginnen also über den menschlichen Geist umzudenken. Wer wissen will, was Intelligenz ist, studiert heute nicht mehr den Experten oder die Software, die ihn ersetzt, sondern das lernende Kind. Die Kulturgeschichte genauso wie die Erziehung eines Menschen ist im wesentlichen eine Geschichte der Veränderungen im Gehirn. Diese hirnphysiologischen Veränderungen werden durch Verknüpfungen von Neuronen verursacht. Wie das im einzelnen zugeht, ist in der Hebbschen Regel des Lernens festgehalten. Donald Hebb hat gezeigt, wie das Neuronen-Netzwerk lernt, Muster zu unterscheiden. Auf der Grundlage einer ständigen Rückmeldung von Irrtümern verfährt das Neuronen-Netzwerk also nach einem »probabilistic learning algorithm«, das heißt nach einer Faustregel des Lernens im Medium von Wahrscheinlichkeiten: Einige Verknüpfungen wiederholen sich, andere bewähren sich nicht und werden vergessen. So baut sich die Dimension der Bedeutung auf. Die Hebbsche Regel der synaptischen Entwicklung demonstriert also eine erstaunliche Formbarkeit des Nervensystems. Man kann hier sehr sinnvoll zwischen Geist und physischer Realität des Gehirns unterscheiden. Mihai Nadin hat das auf die prägnante Formel gebracht: »Minds drive the brain and body.«

Indem sie lernen, Muster zu unterscheiden, machen Neuronen Fortschritte in der Selbstorganisation. Jedes sich selbst organisierende System stabilisiert eine Art »Eigenverhalten«. Entscheidend ist die dynamische Verknüpfung elementarer Bestandteile in einem nichtlinearen Netzwerk. Solche selbstregulierenden Kommunikationsnetze sind also lernfähig. Es handelt sich um Systeme, die durch Kommunikation in Feedback-Netzen gesteuert werden bzw. sich selbst steuern. Lernfähigkeit heißt in diesem Zusammenhang, daß sich Ziel und Strukturprinzip einer Organisation im Prozeß der Rückkopplung verändern können.

## Tools, Toys und die Schönheit der Netzwerke

Die Dynamik der vernetzten Gesellschaft ist so stürmisch, daß fast jeder, der sich heute im Internet tummelt, ein Neuling ist – ein Newbie. Niemand kann wissen, wohin die Reise geht. Oder anders gesagt: Die Netzwerke »wissen« noch nicht, was Vernetztsein bedeutet. Deshalb gibt es nur *trial and error.* Zugleich sind Netzwerke so komplex, daß man sich kaum ein Bild von ihnen machen kann. Oder wiederum anders gesagt: Netzwerke kann man leichter benutzen als erklären. Das gilt für alle *Gadgets* der Multimedia-Gesellschaft. »Probier's mal aus« ist deshalb ein guter Rat. Und man ist überhaupt gut beraten, wenn man die Angebote der Computerkultur nicht primär als Werkzeuge, sondern als Spielzeuge betrachtet. Das erklärt auch, warum Kinder mit den neuen Medien weniger Schwierigkeiten haben als Erwachsene. Spiel ist nicht das Gegenteil von Ernst (Business), sondern von Spaß (Fun).
Von Netzwerken kann man lernen, daß der Computer kein Werkzeug ist. Mit der Netzwerk-Metapher stellt die Theorie nämlich von Fundament auf Medium um. Die Sache wird dadurch sehr komplex, ja unübersichtlich. Und das hat zwei sehr bedeutsame Konsequenzen:

- Verständlicherweise reagieren viele Menschen auf die Unübersichtlichkeit der neuen Medienwirklichkeit mit Angst; und diese Angstreaktion setzt sich dann in den hilflosen Regulierungsversuchen des Staates fort. Die vernetzte Gesellschaft provoziert heute eine Überthematisierung von Sicherheitsfragen (Datenschutz, Hacker, gläserner Konsument). Dabei wird vergessen, daß in einer komplexen Gesellschaft nichts riskanter ist, als Risiken zu scheuen; denn dann riskiert man, nicht mehr mitzukommen. Der Sicherheitswahn opfert die Möglichkeit des Besseren auf dem Altar der Angst. Hier haben Medienimperien und Medienpolitiker eine durchaus »pädagogische« Öffentlichkeitsaufgabe; um es mit Freeman Dyson zu sagen: »We must learn to count the hidden costs of saying No.«

- Die hohe Komplexität der Netzwerke hat aber noch eine zweite bedeutsame Konsequenz. Bei Techniken, die man leichter benutzen als erklären kann, wird das Spielen zum Königsweg des Verstehens. Man denke an Computer oder aber auch an Fotoapparate. Sind das Werkzeuge oder Spielzeuge? Doch die Frage ist falsch gestellt. Man muß diese Medientechnologien *spielend* erkunden, um ihr *instrumentelles* Potential zu erkennen. Es handelt sich also um ein Steigerungsverhältnis zwischen »tool« und »toy«. Deshalb finden sich Kinder in der neuen Medienwirklichkeit auch so leicht zurecht.

Und das gilt eben auch für die Netzwerke. Was »vernetzte Gesellschaft« heißen kann, ist keine Frage, die man ingenieurstechnisch oder philosophisch beantworten kann. Nur die Gesellschaft selbst, die die neuen Medien als *tools and toys* in Prozessen des *trial and error* erkundet, kann sie beantworten. Für Politiker heißt das aber: Statt Regulierung – »organization by performance« (Aaron Wildavsky). Im Netzwerk gibt es keine zentrale Kommandostelle, sondern nur Regeln von Fall zu Fall, die aber so ineinandergreifen, daß sich ein Ganzes bildet. Entscheidend beim Prozeß der Selbstorganisation eines Netzwerks ist also das, was Francisco Varela den »Übergang von lokalen Regeln zur globalen Kohärenz« nennt. Bei Netzwerken gibt es nur ein Wissen vom Einzelfall und ein Wissen vom Nächsten, keinen Überblick über das Ganze. Teile des Netzwerks können andere Teile des Netzwerks beobachten – mehr an Überblick gibt es nicht. Jeder Knoten im Netz arbeitet gleichzeitig autonom für sich und für das Netz. Offene Netze und zumal Netzwerke von Netzwerken bilden keine einheitliche Struktur. Es handelt sich vielmehr um ein »Patchwork von Teilnetzwerken, die nicht durch ein klares, einheitlich geplantes System, sondern eher

durch einen komplizierten Prozeß des ›Bastelns‹ zusammengehalten werden« (Varela/Thompson).
Cyberspace ist ja, nüchtern betrachtet, nichts anderes als eine transnationale Datenlandschaft, die den Angeschlossenen aus aller Welt eine virtuelle Nachbarschaft ermöglicht. Netzwerke von Netzwerken bilden die Infrastruktur eines virtuellen Raums, in dem wir souverän zu steuern lernen müssen. Alvin Toffler bemerkt zu Recht: »Because they are largely invisible to the ordinary user, our civilization has radically underestimated the congealed brilliance and conceptual beauty of these hidden networks as well as their evolutionary significance.« Wer nicht hinter die sogenannten Benutzeroberflächen schauen kann, hat natürlich keinen Sinn für die konzeptuelle Schönheit dieser Kommunikationsnetzwerke; und er kann auch nicht begreifen, welche Bedeutung sie für die Evolution unserer Kultur haben.

## Netzwerk-Kultur

Das Internet ist heute – von der Technik einmal ganz abgesehen – die Schlüssel-Metapher für spontane Ordnung. Längst ist ja das offene Netz zur Projektionsfläche von Aufklärungsutopien geworden: Man spricht von elektronischen Rathäusern und virtuellen Parlamenten. Viel attraktiver aber ist vor allem für die Jugendlichen die Möglichkeit, in den offenen Strukturen des Internets ein Netzwerk der Minderheiten zu etablieren. Die Netzwerk-Kultur steht in klarem Gegensatz zur sozialen Hierarchie. In offenen Netzen treffen sich frei assoziierte Individuen – und sie bilden Gesellschaft als Hypertext, in dem sich jedes Individuum immer wieder neu »schreiben« kann. Das ist keine einheitliche Kultur, sondern ein Netzwerk von speziellen Interessen- und Wissensgruppen. Die Newsgroups erinnern an das ewige Gespräch der Romantik, das sich um sich selbst dreht. Man kommuniziert »Kommunizieren«. Die Diskussionen vieler *Usenet*-Fangroups sind so kurios, daß klar wird: Das Netz bezieht sich vor allem auf sich selbst. Das Hauptthema des Internets ist das Internet.

In offenen Netzen gibt es verschiedene Stufen der Anonymität. Die Vorteile liegen auf der Hand: Wenn man anonym bleiben kann, kann man ohne Gesichtsverlust seine Meinung ändern. Man kann aber auch Rollen tauschen, ja das Geschlecht wechseln. Die Netze sind voll von digitalen Transvestiten, die miteinander eine Art Turing-Test des Geschlechts spielen. Das ist das verlockendste Angebot der Netzkommunikation: Man darf ein anderer sein! Wir haben es hier mit einer kaleidoskopartigen Individualisierung durch Netzidentität zu tun. Sherry Turkle spricht in diesem Zusammenhang vom Cyrano-Effekt: Offene Netze erlauben es mir, mich selbst zu erfinden – immer wieder neu.

Auch die vertrauten Formen sozialer Hierarchie werden heute immer entschiedener durch eine »heterarchische« Netzwerk-Kultur verabschiedet. Und Heterarchie besagt: Dezentralisierung, Gewaltenteilung, Gemeinschaftlichkeit. Es ist die große kulturelle Verheißung der Zukunft, daß wir nach den Etappen der archaischen *Tribal Brotherhood* (Stammesgemeinschaft) und modernen *Universal Otherhood* (alle Menschen sind Brüder – aber als »andere«, Fremde) nun wieder vor einer neuen Gemeinschaftsform stehen: der von elektronischen Netzwerken getragenen *Organizational Neighbourhood*. Die eigentliche Bedeutung der Netzwerke liegt nämlich nicht in der Dimension des *Information Processing*, sondern in der Bildung von Gemeinschaften. Nicholas Negroponte spricht im Blick aufs Internet sogar von einer »global social fabric«. Damit verliert die »Nation« als identitätsbildende Instanz immer mehr an Bedeutung – zugunsten der globalisierenden, aber auch der tribalisierenden Kräfte. Noch einmal Negroponte: »As we interconnect ourselves, many of the values of the nationstate will give way to those of both larger and smaller electronic communities.«

## Push oder Pull? Ein Lob der Passivität

Es ist schon kurios: Die meisten User besitzen phantastische Software – und suchen nach den Problemen, die sie damit lösen könnten. Das Internet stellt eine gewaltige Schatzkammer von Antworten dar – aber uns fehlen die richtigen Fragen. Das ist die alltägliche verkehrte Welt, über die uns das Marketing der Computerfirmen mit dem Zauberwort »Interaktivität« hinwegtäuschen will. Der interaktive Internetsurfer war lange Zeit das strahlende Gegenbild zum degenerierten Couch Potatoe vor der Glotze. Doch das Bild hat einen Schönheitsfehler. Interaktivität ist nämlich die Zumutung, ständig aktiv zu kommunizieren, ja konstruktiv zu »gestalten«. Dahinter steckt die Marketingfiktion vom souveränen, nimmermüden Kunden, der weiß, was er will. Aber schon das, was sich hinter den meisten Interaktivitätsangeboten faktisch verbirgt, nämlich Multiple Choice, lehrt etwas ganz anderes: Wir können sagen, was uns nicht paßt oder langweilt, aber meistens nicht, was wir wollen und wie es besser sein könnte.

Beim Fernsehen scheint die Sache klar zu sein: Die Fernbedienung ist Zauberstab und Waffe der Kritik zugleich – mehr braucht man nicht. Und das Spottwort von *RTL*-Thoma bewahrheitet sich: Den Zuschauern genügt die Interaktivität mit dem Kühlschrank. Fragen Sie sich nur selbst. Wollen Sie wirklich während eines Europapokalspiels zwischen verschiedenen Kameraeinstellungen wählen oder gar zwischen tragischem und Happy-End des Liebesfilms entscheiden? Service und Bequemlichkeit fordern doch etwas ganz anderes. Ich will bedient und nicht mit der Wahl gequält werden.

Und damit sind wir beim *Webcasting,* also der neuen Synthese von TV und Internet. Die »Tätigkeit« Fernsehen wird hier zum Modell des Umgangs mit der digitalen Datenfülle – push statt pull. Man hat endlich begriffen, daß der »freie Zugang« zu den Daten, die Fülle der Optionen und die Designfreiheit des Users nicht nur verlockend und faszinierend, sondern auch anstrengend und desorientierend sind. Da bringt *Webcasting* die gewünschte Entlastung; ich muß nicht suchen, was mich interessieren könnte, sondern empfange maßgeschneiderte Daten-Sendungen aus dem Netz. Die Arbeit der Interaktivität überläßt das *Webcasting* also meinen Dienern, den Software-Robotern. Sollen doch Agenten für mich arbeiten; warum soll ich denken – meine Software ist ja intelligent. Dazu paßt die Invasion der Mikrocomputer auf dem Schauplatz der Alltagsgegenstände. *Things that think,* wie man am MIT sagt. Und ganz nebenbei umgeht der passive Internet-Zuschauer auch noch das ärgerliche Paradox des Wissens: daß wir nämlich schon wissen müssen, was wir wissen wollen, bevor wir danach suchen können. Nun genügt ein Abo. Machen wir also Schluß mit der Diskriminierung der Couch Potatoes. Auch im Cyberspace gibt es das Recht auf Faulheit.

## Leitmotiv Einfachheit

Bill Gates hatte auf die Frage, was denn der neue Trend des Computerjahres 1997 sei, eine einfache Antwort gegeben: Einfachheit. Das klingt nur harmlos. Denn die Entscheidung für Einfachheit verdunkelt die Welten der Hacker und Tüftler. Es gab ja immer drei digitale Welten, drei Stellungen zum Computer: Die Hacker operieren Aug in Aug mit der Komplexität. Sie leben davon, daß kein komplexes Programm fehlerfrei ist, und ihre Kreativität heißt *Debugging.* Die Tüftler sind die Reduktionisten mit dem Lötkolben in der Hand – fixiert auf Hardware, masochistisch verliebt in die Maschinensprache. Und schließlich die User, die Kunden der Einfachheit. Sie wollen nichts von Programmen und Prozessoren wissen, sondern auf der freundlichen Benutzeroberfläche bleiben. Das hat Folgen für unseren Lebensstil. »We have learned to take things at interface value«, sagt Sherry Turkle zu Recht. Wir akzeptieren es, nicht zu wissen, was in den schwarzen Schachteln vor sich geht. Das funktioniert bei Autos sehr gut, aber heute beobachten wir das eben auch bei der *Black box* Computer. Denn das Wissen, was in ihm vorgeht, ist unwichtig für das Verständnis seiner sozialen Funktion. Die Frage, wie ein Computer technisch funktioniert, hat also nichts mit der Frage zu tun, was er gesellschaftlich bedeutet. Man kann das eine verstehen, ohne von dem anderen einen blassen Schimmer zu haben. Wer macht schon noch die Motorhaube auf, wenn der Wagen auf der Autobahn liegenbleibt. Man kann nicht alles wissen, und irgendwo muß mit den Details Schluß sein. Das ist kein »Praxisdefizit«, sondern notwendige grobe Körnung. Und man darf umgekehrt vermuten: Praxis ist der Lieblingsbegriff der Begriffslosen. Wenn man den Computer als Medium verstehen will, hilft es nichts, ihn aufzuschrauben.

Wer sich also für den Computer als Kommunikationsmedium interessiert, kann die Hacker und Tüftler getrost vergessen. Oder anders gesagt: Wenn man soziologisch argumentiert, kann man das Element »Kommunikation« nicht mehr weiter auflösen. Aber auch in der Innenwelt der Software deuten längst alle Zeichen auf Einfachheit und grobe Körnung. Die neue Software-Ästhetik zwingt uns nicht mehr, Regeln zu lernen (Syntax), sondern läßt uns Umwelten erforschen (Gestalt). Auch das »Being digital« im Internet, die Homepage-Autorschaft, wird immer simpler; heute genügt zum es Web Authoring, statt des Druckbefehls die Option »Save as html« anzuklicken. Und schließlich scheint jetzt auch das Problem gelöst, daß wir angesichts all der wunderbaren Suchmaschinen im Netz nicht recht wissen, was wir suchen sollen. Denn Tim Koogle, der Yahoo!-Geschäftsführer, hat ja nur allzu recht: »Die Nutzer wissen erst, was sie suchen, wenn sie es sehen.«

Und deshalb gibt es Java, deshalb gibt es Marimba. Schon die Namen verheißen nicht mehr trockene Installationsarbeit, sondern reines Genießen. Im Klartext geht es um eine Synthese von Broadcasting und Internet – man muß nicht mehr suchen, sondern wird beliefert. Einfacher geht's nicht. Aber ist einfach auch gut? Das interessiert Business-Genies wie Bill Gates natürlich nicht. Da muß man schon tiefer loten. Vielleicht wird hier eine Formel des Philosophen A. N. Whitehead wieder aktuell: »Seek simplicity – and distrust it.«

# DIE WISSENSGESELLSCHAFT

Globalisierung, Vernetzung, Weltkommunikation – da kommt man leicht ins Träumen. Als ob alles zusammenwachsen würde zur *einen Welt,* zum digitalen Weltdorf. In der Tat fallen ja allerorten die Grenzen: zwischen den Staaten Europas, zwischen den Geschmäckern der Klassen, zwischen den Ebenen der Unternehmen. Überall strahlen die Sterne von Hollywood, überall gibt es McDonald's, überall herrscht Microsoft. Und zumindest in der Chance, arbeitslos zu werden, sind wir fast alle gleich. Doch wenn man aus diesem Millennium-Traum aufwacht, kann man schon recht deutlich neue Grenzen erkennen. Die schärfste Grenzlinie hat Benjamin Barber markiert: Dschihad gegen McWorld, also der Heilige Krieg des Fundamentalismus gegen eine westliche Netzwerk- und Medien-Kultur, die eben gar kein Fundament mehr hat. Ähnlich verläuft die Demarkationslinie zwischen den Angeschlossenen und den Ausgeschlossenen, den »linked« und »linked-nots«. Wer keine IP-address hat, fällt durch die Maschen des Weltnetzes. So weit, so einfach.

Schwieriger ist es schon, die Grenze zwischen Programmierern und Programmierten zu sehen und die Folgen dieser neuen Klassenspaltung abzuschätzen. Das ist vor allem deshalb schwierig, weil die Software-Industrie alles daransetzt, den User als lernunfähigen Konsumenten zu umgarnen. Der ideale Kunde soll nichts von der logischen Tiefe des Computers wissen – »nur vom Fachmann zu öffnen ...« Und auch durch den Cyberspace zieht sich heute eine klare Grenzlinie, nämlich zwischen Kapitalismus und Anarchie. Dazu liefert eine Anzeige von Lotus wunderbaren Klartext: »The great invisible guiding hand of capita-

lism has just smacked the Internet upside the head – now what?« Das Internet ist also ein anarchistischer Augias-Stall, angefüllt mit Geschwätz, Bildchen, Witzen und Wahn. Der wird nun endlich gereinigt und den Sicherheitsstandards des »serious business« unterworfen – alles andere ist »stupid stuff«, Blödsinn.
Wie gesagt: Das ist Klartext. Dagegen klingt es doch wie ein romantisches Märchen, wenn Jon Katz im Cyberkultmagazin *Wired* die Geburt der digitalen Nation aus dem Geist des Internets beschwört. Die Bürger der digitalen Nation sind jung, gebildet, ehrgeizig; sie arbeiten in den Universitäten, Telekommunikationsgesellschaften, Medienhäusern und Banken; sie sind tolerant, vernünftig, medienkompetent und – nein, nicht unpolitisch, sondern »postpolitisch«. Diese Netzbürger haben nur eine Leidenschaft: den freien Fluß der Information. Jeder soll sprechen und gehört werden können.
Doch das ist zu schön, um wahr zu sein. Gesellschaft an sich schließt nämlich absolute Informationsfreiheit aus – man denke nur ans Top-secret von Militär und Politik, ans wirtschaftliche Betriebsgeheimnis und Copyright, aber auch an die nur durch Verschlüsselungsfreiheit garantierte Privatsphäre. Deshalb wird es immer Firewalls, Gateways, Zugangsbeschränkungen und geheime Informationen geben. Und deshalb wird es wohl auch zu einer Verdoppelung des Internets kommen. Denn als radikaldemokratisches Kommunikationsmedium ist es für den Kapitalismus uninteressant. Internet I wird dann Tools für »serious business« bereitstellen – gegen gutes Geld. Und Internet II läßt den Rest der Welt surfen im »stupid stuff«. Eine neue Grenze.

## Business als Netzwerk – Business im Netzwerk

Wenden wir uns also dem »serious business« zu. Wie sieht die Wirtschaft der Multimedia-Gesellschaft aus? Man kann sie als eine Ellipse beschreiben, die um zwei Brennpunkte konstruiert ist: die Produktivkraft Kommunikation und die kommunikative Lust. Es geht also nicht nur um Information als Aufklärung und Datenprozeß, sondern auch – und das ist etwas ganz anderes! – um Kommunikation als Faszination. Von Kommunikation als Faszination der Multimedia-Gesellschaft war gerade die Rede. Benennen wir jetzt die objektiven Faktoren, die jeden Unternehmer und Topmanager heute zwingen, die Produktivkraft Kommunikation zur Chefsache zu machen:

- Globalisierung der Wirtschaft (Global Players, Placeless Society);
- Virtualisierung der Arbeitsverhältnisse (Telecommuter; Kommunikationsnomaden);
- Heterarchie der Organisationen (das Unternehmen als Konversationsnetz);
- Immaterialisierung der Produkte (wachsender Beratungsbedarf).

Für die Wirtschaft des Unsichtbaren ist Herbert Marshall McLuhans Vision Wirklichkeit geworden: das dezentrale elektronische Weltdorf, die geschrumpfte Welt der Satellitenkommunikation, in der räumliche Distanzen unwichtig sind, solange man ans Netzwerk angeschlossen ist. Es hat deshalb einen guten Sinn, wenn William Knoke die vernetzte Gesellschaft als »Placeless Society« charakterisiert. In der Wirtschaft kann das leicht zu einer emotionalen Abkopplung der Firmen vom Standort führen – zumal dann, wenn die Firmen an ihrem alten Standort auf Regulierungssüchtige treffen. Das meinte wohl auch Martin Herzog (VDA) mit seinem lapidaren Satz: »Wir sind zwar Patrioten, aber keine Idioten.«
Unternehmen sind komplexe Systeme. In einer turbulenten Welt stabilisieren sie ihre Identität gerade durch ihre Offenheit für Umwelteinflüsse. Mit anderen Worten: Komplexe Systeme wie etwa Firmen müssen sensibel für Irritationen sein. Das setzt voraus, daß man einen positiven Begriff von Störungen entwickelt.

So läßt sich die Selbsterhaltung komplexer Organisationen, also etwa das Überleben einer Firma, als Kommunikationsprozeß in einem Netz von Rückkopplungsschleifen beschreiben. Man kann prinzipiell sagen: Wenn eine Organisation sich auf sich selbst bezieht, wird sie Kommunikation. Im Feedbackprozeß werden die Irritationen und Turbulenzen verarbeitet. Das setzt voraus, daß ein Unternehmen das Chaos des Marktes nicht als Ausnahmezustand, sondern als Norm begreift. Und das gilt für alle Organisationen der Gegenwart, die in enger Markt- und Technologiebindung ständig zu raschen Entscheidungen gezwungen sind.

Die Stabilität und Flexibilität eines Systems zeigt sich an seiner Kommunikationsfreudigkeit. Sollte der Manager eines solchen Unternehmensnetzwerks aber versuchen, Führungsstärke durch Befehl und Hierarchie zu beweisen, so wird er allenfalls erreichen, daß ihm seine klugen Mitarbeiter vorspielen, die Geführten zu sein. Je mehr sich Wirtschaftsunternehmen in flache Netzwerke und nichthierarchische Rückkopplungssysteme verwandeln, um so mehr verlagern sich die entscheidenden Machtprozesse auf die Ebene der Angestellten selbst. Damit definiert sich aber die Aufgabe des Managers völlig neu: Er muß sich als Trainer und zugleich als Schiedsrichter im Machtkampf der Untergebenen verstehen. Der Manager ist selbst ein Element des Systems, das er steuert.

Man könnte deshalb mit Winograd und Flores das »Management als Sorge um die Artikulation und Aktivierung eines Netzwerkes wechselseitiger Verpflichtungen« definieren. Eine souveräne Führungspersönlichkeit wird in Zukunft nur noch einen Rahmen definieren, innerhalb dessen sich Prozesse evolutionärer Selbstorganisation vollziehen können – Führung zur Selbstführung, könnte man sagen. Hierarchie ist der Gegensatz von Kommunikation. Der technische Standard der Netzwerke erzwingt also auch tiefgreifende Veränderungen im Entscheidungsprozeß. Der Befehlsfluß verläuft nicht mehr von der Spitze zur Basis, sondern in kleinen Schleifen – Stichwort: Heterarchie.

Und so wie Netzwerke kleiner Rechner die Dinosaurier der Mainframes zum Aussterben bringen, so wird eine Modularisierung der Betriebe in Zukunft einen neuen Organisationsstil fordern – fraktales Management.
Auch dieses Zauberwort ist rasch erklärt. Das Großunternehmen der Zukunft zerfällt in flexible, »selbstähnliche« Unternehmensmodule, die quasiautonom operieren. Die Außenbeziehungen des Unternehmens nehmen den Charakter der Telekooperation an, seine Mitarbeiter werden zunehmend *Telecommuter* – mit dem Grenzwert eines virtuellen Arbeitsplatzes. Schon heute gibt es virtuelle Unternehmen, die überhaupt nur projektgebunden im Datennetz existieren. Ist das Projekt abgeschlossen, löst sich das Unternehmen in nichts – genauer gesagt: in vollkommen voneinander unabhängige Module – auf.
Wer im Business der Zukunft Erfolg haben will, muß deshalb Medienkompetenz und einen anspruchsvollen Begriff von Kommunikation haben. Denn Firmen und Unternehmen sind Organisationen, und »Organisationen existieren als Netze aus Direktiven und Kommissiven« (Winograd/Flores). Das klingt kompliziert, ist aber ganz einfach zu verstehen. Es geht ja bei jedem Geschäft um Angebote und Rückfragen, um Versprechen und Zusagen. Das Organisationsnetz ist also ein Konversationsnetz. Halten wir deshalb fest: Die nicht weiter auflösbaren Netzelemente von Business-Netzwerken sind Kommunikationen. Der Guru der Managementtheorie, Tom Peters, sagt deshalb zu Recht: »Knowledge output and the poetry of networks are part of a dramatic shift in the way we think about work – work as conversation.« Wenn aber Arbeit und Geschäft heute ein Gespräch sind, ist es von entscheidender Wichtigkeit, diesen Konversationsprozeß durch fortgeschrittene Medien zu stützen. Darin liegt die eigentliche Bedeutung der aktuellen Diskussion um Multimedia, Hypermedia und Hypertext.

## Netzwerkabhängigkeit: Business to Business

Für Friedrich von Hayek ist der Markt der Ort, an dem alle wichtigen Informationen der Wirtschaft konzentriert sind. Diese Theorie gewinnt für die Informationsgesellschaft unserer Tage einen neuen, prägnanten Sinn. Marketing ist die kommunikative Steuerung des Unternehmens vom Markt aus. Allerdings genügt heute nicht mehr die Information der Preise und das »Entdekkungsverfahren« des Wettbewerbs, um sich ökonomisch zu orientieren. An die Information der Konsumenten pirscht man sich bekanntlich mit den Techniken der Trendforschung und des computergestützten Direkt-Marketing heran. Doch wie muß sich das Marketing im *Business-to-Business*-Bereich einstellen?

Ganz sicher reicht es nicht mehr aus, auf der Homepage des Unternehmens »links« zu den Geschäfts- und Marktpartnern anzubieten. Aber das Internet ist ein bedeutsames Medium für die Optimierung des *Business-to-Business*-Marketing. Und *Business to Business* ist selbst ein unvergleichliches Medium des Vergleichs zwischen Unternehmen, der zur Entdeckung von Marktnischen, zum Out-Sourcing dessen, was andere besser können, zu Joint-ventures mit intelligenten Partnern oder auch nur zur Veränderung der eigenen Organisationsstruktur führen kann. Die Unternehmen stehen also keineswegs mehr nur in Konkurrenzverhältnissen zueinander, sie ergänzen sich und bilden Netzwerke.

*Interorganizational Networks* unterlaufen die Unterscheidung von Unternehmen und Markt. Immer häufiger kommt es in der vernetzten Welt zu Hybridbildungen und wechselseitigen Durchdringungen zwischen Markt und Organisation – »symbiotische Kontrakte«, wie Erich Schanze sagt. Das ist einfacher zu verstehen, als es klingt; man denke nur an Joint-ventures oder das Franchising. Antony Dnes sagt zu Recht: »Franchising is more like an integrated business than a set of independent firms.« Jeder Knoten im Netz arbeitet gleichzeitig autonom für

sich und für das Netz. Hier handelt es sich nicht mehr um reine Organisationsstrukturen, aber auch nicht um bloße Marktkontrakte, sondern um eigentümliche Mischgebilde, die für das Business der Zukunft charakteristisch sind. Sie sind rigider, also verläßlicher als der Markt, aber flexibler als die Organisation.
Digital vernetzte Organisationen lassen sich nicht mehr sinnvoll in einer Befehlshierarchie darstellen oder als klar abgegrenzte »Körperschaft« identifizieren. Ein Unternehmen ist heute nichts anderes als der Inbegriff seiner internen und äußeren Beziehungen, die im wesentlichen als Informationsprozesse gestaltet sind. Tom Peters nennt das »the intangibilizing of everything«: Weder die Organisation noch die Arbeit oder das Produkt lassen sich handgreiflich »fassen«. Kevin Kelly spricht in diesem Zusammenhang sogar von einem »neuen Spiritualismus« der Netzwerkökonomie.
Die Wettbewerbsposition eines Unternehmens wird also vor allem durch das Beziehungsgefüge bestimmt, in dem es zu anderen Unternehmen steht. Die Firmen treten gleichzeitig als Kunden, Konkurrenten und Partner zueinander in Beziehung. Alvin Toffler spricht in diesem Zusammenhang von »power-mosaics«, in denen es nur noch eine Form von Kontrolle gibt – nämlich Kommunikation. Der Wettbewerb wird zunehmend zum »Partnering Process«. Und Marktabhängigkeit heißt heute konkret: Netzwerkabhängigkeit.
Gunther Teubner hat in diesem Zusammenhang versucht, einen trennscharfen Begriff des Business-Netzwerks zu entwickeln: »Von Netzwerk sollte man dann und nur dann sprechen, wenn ein Handlungssystem sich zugleich als formale Organisation und als Vertragsbeziehung zwischen autonomen Akteuren formiert.« Diese klare, durchaus weiterführende Definition ist allerdings noch zu sehr auf Handlung fixiert und verliert dabei aus dem Auge, daß beim neuen Geschäft als Gespräch die nicht weiter dekomponierbare Letzteinheit eben Kommunikation ist.
Gunther Teubner diskutiert das Business-Netzwerk als Handlungssystem vor allem wohl auch deshalb, weil es ihm um die

Frage des »Kollektivakteurs« geht. Kann man etwa ein Franchising-Netzwerk als handelndes Subjekt begreifen? Wie soll man Handlungen auf Netzwerke zurechnen? Diese Frage ist nicht nur für die Jurisdiktion, sondern gerade auch für die Gewerkschaften von allergrößtem Interesse. Denn der Arbeitskampf wird ja sinnlos, wenn Unternehmensentscheidungen nur noch Emergenzphänomene des Netzwerks sind. Elektronische Verknüpfungen verwischen die Grenzen, Kampf- und Konkurrenzlinien in und zwischen Organisationen.

## Das Büroleben im Cyberspace

Wer von Globalisierung der Wirtschaft redet, muß auch von lokaler Selbstorganisation in den Betrieben reden; denn beide Prozesse sind komplementär. Deshalb fasziniert heute das Internet nicht nur als neue Infrastruktur der Weltkommunikation, sondern auch als Metapher für spontane Ordnung. Und beides hat massive Konsequenzen für das Büroleben. Man gewinnt den Eindruck, daß hierarchische Autorität zunehmend durch Kommunikation ersetzt wird. Früher war ja Information in Autorität fundiert – der Chef hat es gesagt. Heute ist Autorität auf Information fundiert. Und man begreift allmählich, daß sich die Effektivität einer Organisation nur durch den Wettbewerb der Informationsquellen steigern läßt. Das nennt man auch Heterarchie, zu deutsch: Die Organisation ist ein Konversationsnetz.
So entfaltet sich heute – gegen den Strich der sozialen Hierarchie des traditionellen Bürolebens – eine »flache« Netzwerk-Kultur. Technisch implementiert wird das durch eine Software, die man Meetingware nennt; sie untergräbt Hierarchien. Doch die Ersetzung von hierarchischer Autorität durch Kommunikation hat ihren Preis: Konsens kostet Zeit – während eben umgekehrt ein Befehl Zeit spart. Horizontale Kommunikation ist zeitraubend. Man kennt das ja von der *Face-to-face*-Kommunikation: Sie erzwingt Termine.

Und ein weiteres Problem des heterarchischen Bürolebens kommt hinzu. Kommunikation zu fördern heißt nicht auch schon, die Informationsverarbeitung zu fördern. Im Gegenteil: Geselligkeit tendiert zum Geschwätz. Aber gerade dieses Geschwätz, die sogenannte informelle Kommunikation im Büro, ist für dessen Funktionieren ja von unschätzbarer Wichtigkeit. Deshalb orientiert sich auch das Software-Design immer entschiedener an Kommunikation. Der IMB-Mainframe war der Inbegriff klassisch-autoritärer Informationsverarbeitung; der Personalcomputer versprach dann jedem einzelnen »information at your fingertips«; und heute zielt man auf einen *Interpersonalcomputer,* der das Büroleben nicht mehr mit einer Information, sondern mit einer Beziehung beginnen läßt.
Das Büroleben in der Netzwerk-Kultur steht zwar im Zeichen lokaler Selbstorganisation, macht damit aber Management nicht überflüssig. Die Frage ist nur, ob Management noch Sache von Managern sein wird. Unter dem Titel *Artificial Intelligence* wird heute die Anwendung von Taylors Scientific Management auf den Geist des Managements erprobt. Man könnte von einem permanenten Turing-Test für Manager sprechen: Welchen Teil ihrer Leistung kann man durch Software ersetzen? Wer diesen Test übersteht, d.h. nicht durch ein »intelligent agent based system« ersetzt wird, ist ein Meister der Paradoxien. Das Management steht heute nämlich vor allem vor dem Problem von Dezentralisierung und Kontrolle. Die Paradoxie liegt darin, daß man nur noch erfolgreich Kontrolle ausüben kann, wenn man die Kontrolle aus der Hand gibt. Das heißt, die Kontrolle der »core values« ermöglicht Dezentralisierung und *loose coupling.* Um es wiederum mit einer Faustformel zu sagen: Wer in einem Unternehmen die Hierarchie des Warum retten will, muß gerade die Heterarchie des Wie fördern.
Solchen komplexen Sachverhalten ist mit der naiven Vorstellung, der Computer sei ein neues Werkzeug der Büroarbeit, nicht beizukommen. Von den Netzwerken wie Inter- und Intranet kann man lernen, daß der Computer gerade kein Werkzeug ist;

die Bürokratie ist ja auch kein Werkzeug, sondern objektiver, geronnener Geist. Daß man heute so gerne mit der Netzwerk-Metapher operiert, hat also einen guten Sinn: Man stellt damit auf Medium um. Um es in aller Deutlichkeit zu sagen: Der Computer als Hypermedium ist kein Werkzeug, sondern der universale Arbeitsplatz. In diesem präzisen Sinne muß man den Cyberspace als Workspace verstehen. Er ist das elektronische Nervensystem der Weltwirtschaft.

## »Ich bin ein Business«

Der Computer auf dem Schreibtisch des Büros – das ist ein zwar vertrautes, aber viel zu einfaches Bild vom Büroleben in der neuen Medienwirklichkeit. Um den Paradigmenwechsel prägnant benennen zu können, ist es hilfreich, sich noch einmal daran zu erinnern, daß Büro traditionell dreierlei meint:

- Trennung von Leben und Arbeit;
- Aktenförmigkeit;
- Betriebscharakter.

Die Gewohnheit wird hier zum Eigenwert. Das Verselbständigte ist das Selbstverständliche, der Betrieb, »es läuft«. Und je besser es läuft, desto geringer wird die Fähigkeit, sich an das Unvorhergesehene anzupassen. Mit anderen Worten: Die traditionelle Welt des Büros ist rational, stabil und verläßlich – aber eben deshalb auch unflexibel und innovationsfeindlich.
Genau dagegen richtet sich heute das Konzept des *One Person Office*. Technisch konkret wird hier das Modem zum Widersacher des traditionellen Büros. Der Teleworker sagt: Mein Büro ist, wo mein Modem ist. Solche Kommunikationsnomaden erscheinen zumeist auch als Kommunikationsmonaden. Ob es der Laptop im Flugzeug oder das Handy im Intercity-Großraumwagen ist – ad hoc entsteht das *One Person Office*, und der Rest der

Welt versinkt. *Gadgets* wie der Nokia Communicator zeigen heute schon, wohin die Reise geht: Telefon, Fax, Computer, Internetanschluß – man trägt das Büro in der Hand.
Auch hier greift man zu kurz, wenn man *Gadgets* wie dieses als Werkzeug bezeichnet. Mindestens ebensosehr ist es ein faszinierendes, intelligentes Spielzeug. Und genau das ist für das Büroleben im Cyberspace charakteristisch: Arbeitsplatz und Spielplatz überschneiden sich. Das sei auch all jenen Chefs zum Trost gesagt, die ihre Angestellten beim Computerspielen erwischen. Problematisch ist nicht die Lust am Spiel, sondern etwas ganz anderes: Die Funktionslust und die Auslöserwirkung des Geräts führen dazu, daß wir im Umgang mit Computern beginnen, diejenigen Aufgaben zu bevorzugen, die sich mit Computern lösen lassen.
Der Computerfreak Peter Glaser hat zu unserem Thema einmal sehr schön bemerkt: »Man fährt nicht mehr zur Arbeit und kommt erledigt nach Hause, sondern die Arbeit kommt nach Hause und fährt erledigt in die Firma zurück.« Die Arbeit emanzipiert sich vom Arbeitsplatz – das klingt nach Freiheit. Aber sie hat ihren Preis: Die soziale Umwelt der *Face-to-face*-Interaktion schrumpft. Und hinzu kommt, daß derartige Jobs keinen »Beruf« mehr ausmachen, sondern nur noch Strategien zur Lösung von Organisationsproblemen darstellen. Doch nicht nur der Beruf zerfällt, sondern auch das Unternehmen. Philosophen könnten von einer Dekonstruktion der Firma sprechen: Jeder wird ein Unternehmer. »Ich bin ein Business.« Das ist der logische Grenzwert der Entorganisierung.
Das Layout des Büros bestimmt die Kommunikationsstruktur. Auf welche Kommunikationsform ist es angelegt? Face-to-face, Aktengang, Telefon und E-Mail sind nämlich nicht äquivalent. E-Mail, Anrufbeantworter und Fax sind ganz neue Formen, eine Nachricht zu hinterlassen. Sie sind dringlich und ersparen doch den Druck der Unmittelbarkeit und Präsenz. Ganz anders funktioniert der Brief oder – auf der entgegengesetzten Seite des Kommunikationsspektrums – das Telefon. Und mit all diesen

technisierten Formen von Kommunikation wiederum unvergleichbar ist, was Erving Goffman »face-work« genannt hat. Übrigens ist, entgegen einem weitverbreiteten Vorurteil, gerade *Face-to-face*-Kommunikation nicht einfach, sondern hochkomplex »multimedial«.

Deshalb braucht ein Manager heute Medienkompetenz, d.h. Sinn für den richtigen Medienmix im Büro. Management ist Kommunikationsdesign, und das Büro ist ein Labor der neuen Kommunikationsmedien. Die Experimente, die dort am »lebendigen Objekt« vorgenommen werden, beantworten Fragen wie die folgenden: Wie verändert sich die sozial basierte informelle Kommunikation unter neuen Medienbedingungen? Wie ertragen es Menschen, daß alle mit ihnen kommunizieren können? Kann man sich mit einem virtuellen Unternehmen identifizieren? Wir können vermuten, daß sich im Büro der Zukunft die Schere zwischen *Data Processing* und *People Processing* immer weiter öffnen wird. Unsere Gesellschaft macht gewaltige Fortschritte in Sachen Informationsverarbeitung, tritt aber »sozial« auf der Stelle. Und dieses Problem läßt sich durch kein »Management by xy« lösen. Vielleicht bildet es die Schlußfigur des Bürolebens.

Vernetzung und Interaktivität zielen ja auf eine Potenzierung des Zusammenhangs und der wechselseitigen Abhängigkeit in Systemen, auf höhere Verknüpfungsdichte also. Doch die Interdependenz in Organisationen findet ihre prinzipiellen Grenzen in der Kapazität individueller Informationsverarbeitung. Internet und E-Mail führen uns sehr rasch an diese Grenzen. Denn daß jeder mit jedem kommunizieren kann, überlastet die Aufmerksamkeit. Daraus können wir für das Büroleben im Cyberspace lernen, daß Aufmerksamkeit die knappste Ressource ist. Management ist deshalb immer »attention management« (Herbert A. Simon): Selektion, Filterung, Design.

Damit sind wir aber wieder bei der Notwendigkeit hierarchischer Strukturen, die der Heilige Geist der Informationsanarchie doch auflösen wollte. Gegen Information Overload hilft nämlich nur:

delegieren. In der Datenflut der Multimedia-Gesellschaft kann »Mehrwert« nur heißen: weniger Information. Aber *wie* weniger? Man kann Informationen, die da sind, *nicht nicht* prozessieren. Hier haben wir wieder den Punkt erreicht, wo deutlich wird, daß Menschen etwas können, *what computers can't do*. Was Informationen nämlich brauchbar und bedeutsam macht, ist die spezifisch menschliche Form des *Information Processing:* »Vergessen«.

## Das Unbehagen an der Information

Es gibt ein Unbehagen an der Selbstbeschreibung unserer Kultur als »Informationsgesellschaft«. Das wäre ja eine Gesellschaft, die nicht mehr von Prozessen der Materie und Energie, sondern von Unterschieden, letztlich Sequenzen von 0 und 1, angetrieben würde. Denn Information ist nach Gregory Batesons berühmter Definition nichts als ein Unterschied, der Folgen hat – nämlich einen Unterschied macht. Dann würde alles Wesentliche an Handgreiflichkeit verlieren. Und in der Tat spricht der Management-Theoretiker Tom Peters vom »intangibilizing of everything«.

Wer heute also von Wissensgesellschaft redet, artikuliert ein Ungenügen an der modischen Formel von der Informationsgesellschaft. Information unterscheidet nicht zwischen Sinn und Unsinn. Sie ist kein Maß für den Wert einer Botschaft. Der amerikanische Dichter Donald Hall kann deshalb sagen: »Information is the enemy of intelligence.« Weniger polemisch formuliert: Die digitale Information hat nichts mit der Welt der Intentionalität zu tun, also mit dem, was wir meinen, wenn wir von »Sinn« sprechen. Herbert Simon hat einmal zu Recht bemerkt: »Information doesn't have to be processed just because it is there.« Doch genau diese simple Einsicht hat unsere Multimedia-Gesellschaft aus dem Blick verloren. Unter dem Druck neuer Informationstechnologien neigt man dazu, alle Probleme als Pro-

bleme des Nichtwissens zu deuten. Doch Sinnfragen lassen sich nicht mit Informationen beantworten: »The problem is confusion, not ignorance« (Karl Weick).
Informationsübertragung hat nur sehr wenig mit dem zu tun, was menschliche Kommunikation ausmacht. Hinzu kommt, daß die Instantaneität der Datenprozesse uns keine Zeit des Nachdenkens mehr einräumt. Man könnte sagen: Instantaneität entmutigt die Reflexivität. Diese Unterscheidungen stecken wohl auch hinter der berühmten Formel des Philosophen Jürgen Mittelstrass, wir Menschen der westlichen Welt seien »Informationsriesen und Wissenszwerge zugleich«. Um Informationen nutzen (und: genießen) zu können, braucht man Vorinformationen: das Wissen der Kultur, die Redundanz der Bildung. Um es auf eine einfache Formel zu bringen: Information ist nicht Wissen, sondern Wissen ist Form im Medium Information.

## Die ultimative Ressource Wissen

Daniel Bell hat über die postindustrielle Gesellschaft gesagt: »Theoretisches Wissen ist zur Matrix der Innovation geworden.« Eine naheliegende, aber zu simple Lesart dieses Satzes würde lauten: Wissen ist Macht. Die Formel macht erst Sinn, wenn man den gemeinten Sachverhalt temporalisiert. Nicht Wissen ist Macht, denn Wissen ist universal. Aber Vorsprungswissen ist Macht. Effektives Wissen hat heute einen Zeitindex. Ich komme darauf unter dem Titel »Halbwertzeit« des Wissens wieder zurück.
Die Rede von der Wissensgesellschaft ist – im wortwörtlichen Sinn – »grenzenlos« optimistisch. Denn Wissen ist die Ressource, die sich scheinbar nie erschöpft – ja die sich durch Gebrauch sogar vermehrt. Die traditionellen Produktivitätsfaktoren (Grundbesitz, Kapital, Arbeit) sind demgegenüber heute nur noch »constraints« der einzigen Wohlstandsquelle: Wissen. Man kann das auf innovativen Märkten bereits beobachten. Das Pro-

dukt der Zukunft hat einen Intelligenz-Kern und eine Service-Hülle. Und daraus folgt auch: Je wichtiger die Produktivkraft Intelligenz wird, desto mehr konvergieren Wirtschaft und Bildung. So findet man neuerdings Probleme der Wissenschaft ganz analog in der Wirtschaft, zum Beispiel Gaston Bachelards »obstacles épistémologiques« – also die Blockade durch vergangene Erfolge.
Ressource Wissen; Konvergenz von Wirtschaft und Bildung – das heißt konkret: Jetzt wird erst eigentlich die Produktivität der geistigen Arbeit entdeckt. Die Wirtschaft des Unsichtbaren hat es vor allen Dingen auch mit unsichtbaren Kosten zu tun:

- Forschung und Entwicklung;
- Lizenzen, Patente;
- Marketing, Service.

All das sind Formen des Wissens. Robert B. Reich, der ehemalige Arbeitsminister der USA, spricht in diesem Zusammenhang von symbolanalytischen Dienstleistungen; gemeint ist der Service des Sinns, den Leute bieten, die mit Problemen handeln und Daten manipulieren. Der Job der Info-Elite besteht im Wissensdesign. Und der Begriff *Info Mapping* signalisiert in diesem Zusammenhang, daß es heute v. a. darum geht, zu wissen, wo das Wissen ist. Das Zugangsproblem hat sich von den Gütern auf das Wissen verschoben.

## Paradoxien des Wissens

In *The Education of Henry Adams* heißt es sehr schön: »The more he was educated, the less he understood.« Etwas positiver formuliert: Je mehr man gelernt hat, um so mehr muß man noch lernen. In der Moderne machen wir die enttäuschende Erfahrung, daß die Wissenschaft die Unwissenheit erweitert. Mit den präzisen Worten von Daniel Bell: »More and more we know less and less.« Je mehr einige Leute wissen, desto ignoranter wird der Rest. Der Soziologe Niklas Luhmann hat deshalb eine »Berufsrisikobereitschaft bei der Aneignung von Wissen« gefordert. Wer Zukunftssicherheit will, muß hohe Fremdselektion akzeptieren – das Unternehmen, in dem er arbeiten möchte, kann vorschreiben, was er zu lernen hat. Individualität durch Selbstselektion heißt demgegenüber: Unsicherheit auf dem Markt – ich bestimme selbst, was ich lernen und wissen will, riskiere aber damit, mich am Markt vorbeizuqualifizieren.

Diesem Problem ist nicht durch ein *Mehr* an Information beizukommen – im Gegenteil. Je mehr Information, desto größer die Unsicherheit und desto geringer die Akzeptanz. So zwingt uns die moderne Welt zur Kompensation des steigenden Nichtwissens durch Vertrauen – und Vertrauen heißt ja, die Information, die man von oder über jemanden hat, zu überziehen. Unser Vertrauen in das Wissen anderer ist ja nicht auf eigenes Wissen gestützt, sondern unvermeidlich »blind«. Vor allem vertraut man deshalb dem Selbstvertrauen der Experten, also jener wenigen, die in dem Maße mehr wissen, als wir ignoranter werden.

Neben die Nötigung zum Vertrauen in das Wissen anderer tritt die Nötigung zum Black Boxing des eigenen Wissens. Ich ziele mit dieser Formulierung auf eine Unterscheidung zwischen Strukturwissen und Funktionswissen, also zwischen Erkenntnis und Know-how. Sich *auf* eine Sache zu verstehen heißt nämlich noch nicht: eine Sache zu verstehen. Nun gilt für unsere moderne Welt: Es wächst das Wissen, das man nicht versteht und doch benutzen muß. Der Arbeitsteilung entspricht also eine Wissensteilung. Heute gilt das »divide et impera« auch im Bereich des Wissens. Und genau diese Arbeitsteilung des Wissens nennt man Black Boxing. Schon Georg Simmel hat das genau beobachtet: »Die ungeheure Ausdehnung des objektiv vorliegenden Wissensstoffs gestattet, ja erzwingt den Gebrauch von Ausdrücken, die eigentlich wie verschlossene Gefäße von Hand zu Hand gehen.«

Daß es heute mehr lebende als tote Wissenschaftler gibt, ist der prägnanteste Ausdruck für den *Big Bang* des Wissens, der unsere postindustrielle Gesellschaft von allen früheren Gesellschaftsformationen trennt. Und kompensatorisch zur Wissensexplosion hat dann die Einfachheit und Naivität der Weisheit Konjunktur. »Where is the wisdom we have lost in knowledge? Where is the knowledge we have lost in information?« fragt T. S. Eliot in seinem Gedicht »The Rock«. Diese schön formulierte Naivität macht deutlich, daß sich die Wissensgesellschaft in einer Zeit des Wissensüberdrusses formiert, den man nur aus der Tatsache heraus verstehen kann, daß die Wissenschaft ihren Gegner verloren hat. Und wie immer verwandelt sich der besiegte Feind in eine Hypothek.

## Lernen des Lernens

Was heute gilt, kann morgen Schnee von gestern sein. Schüler, Auszubildende und mehr noch die Pädagogen müssen begreifen: Man kann nicht mehr »für das Leben lernen«, sondern muß mit Wissenshalbwertzeiten kalkulieren. Deshalb übernimmt der Arbeitgeber immer häufiger die Rolle des Lehrers. Weil Erfahrung im Sinne von Tradition nicht mehr zählt, wird das Leben ein Prozeß permanenten Umlernens. Erwachsenenbildung heißt im Klartext: Das ganze Leben ist Prozeß der Erziehung. Im Konzept »lebenslanges Lernen« wird Erziehung sich selbst zum Endzweck. Und dieses lebenslange Lernen wird wieder situationsangepaßt und zeitelastisch erfolgen. Sowenig ich heute wissen kann, was ich morgen wissen muß, kann der Unternehmer wissen, was die Märkte von morgen fordern. Wie für das Lernen gilt auch für die Produktion der Zukunft: *Just in time.* Auf allen Märkten – auch auf dem Markt der Bildung – entscheidet die Schnelligkeit des Wandels, die Sensibilität für Zeitdifferenzen.

Vormodern wollte die Pädagogik perfekte Menschen schaffen; modern dann nur noch »gebildete«. Die Wohlstandsgesellschaft sprach schon nicht mehr von Bildung, sondern wollte – modernitätskritisch – »kritische« Menschen erziehen. Mit anderen Worten: Die moderne Gesellschaft ersetzte Bildung durch die neue Schlüsselqualifikation der »Kritikfähigkeit«. Doch »Kritik« ist dann selbst dogmatisch geworden und hat sich in den Paradoxien der Aufklärung sowie in den Stereotypien der Protestkommunikation verfangen. Seither, postmodern, propagiert unsere Gesellschaft Lernfähigkeit. Doch diese Entwicklung liegt ganz in der Linie des »Bildungsgedankens« selbst. Schon Schleiermacher und Humboldt forderten nämlich das »Lernen des Lernens« – eine autologische Formel also, in der ein Begriff auf sich selbst angewandt wird. Bildung wird damit selbstbezüglich und Lernen auf Dauer gestellt. Es geht also schon seit Schleiermacher um die Erlangung der »Fertigkeit, Fertigkeiten zu erlangen«. Was das Lernen beim Erlernen von etwas eigentlich lernt ist: das Lernen, also sich selbst. Das meint wohl auch Dennetts Definition von Lernen als *Self-Design.*

Was soll man eigentlich lernen: das Wissen oder das Lernen? Heute muß man wohl vor allem das Umlernen lernen, das positive Verlernen. Statt Bildung: das Management von Enttäuschungen im Medium der Lernfähigkeit. Luhmann und Schorr haben das einmal so formuliert: »Zu lernen ist die Dauerbereitschaft, Neuem durch Änderung von bereits gelernten Erwartungsmustern zu begegnen.« Also eigentlich: Entlernen. Es gibt offenbar kein Lernen mehr ohne Verlernen, also Revision, also Enttäuschung. Fritz B. Simon kann deshalb sogar behaupten: »Wissen und Lernen sind Gegensätze. Wo Wissen bewahrt wird, wird Lernen verhindert. [...] Lernen zerstört Wissen, indem es verhindert, daß alte Unterscheidungen weiter vollzogen werden. [...] Wissen macht lernbehindert, Erfolg macht lernbehindert. Ohne Mißerfolg – sei er aktuell oder nur für die Zukunft befürchtet – kein Lernbedarf.«

Deshalb vertragen sich Lernen und Macht so schlecht. Denn der Wille will sich durchsetzen – also nichts lernen. Aber auch mit der Ethik verträgt sich das postmoderne Lernen schlecht, denn Lernbereitschaft ist das Gegenteil von normativer Erwartung. Und das heißt positiv: Lernen als Umlernen und Entlernen ist ein Training der Unsicherheitsabsorption und Erziehung zur Kontingenz. Alles Lernen verarbeitet nämlich Irritationen, indem es das Störende, Neue in Redundanzen und vertraute Muster einspinnt.

Vor allem eine Unterscheidung scheint mir hier wichtig, nämlich die zwischen Lehre und Training. Während das Training aus dem Menschen eine triviale Maschine macht, die auf einen bestimmten Input mit einem ebenso bestimmten Output reagiert, dürfte Lehre eigentlich nur heißen, was an nichttriviale Maschinen gerichtet ist – z. B. offene Fragen. Abfragbares Wissen ist ja kein hinreichendes Kriterium von Intelligenz. Deshalb muß – wie das Lernen – auch die Pädagogik »autologisch«, also selbstbezüglich angelegt sein; sie muß das Lehren lehren – und zwar im Unterschied zum Training. Das Lehren vom Dressieren zu unterscheiden war ja ein zentraler Impuls der Aufklärung, und schon Kant hat in diesem Sinne den »Informator« vom »Führer« unterschieden.

## Unglückliche Bildung und das Ärgernis Selektion

»Bildung« war einmal die Formel eines Abwehrzaubers der Pädagogen gegen Politik und Wirtschaft. Doch heute ist das Bildungssystem unglücklich über seine Autonomie; deshalb ruft sein Establishment immer wieder nach »Politik« oder »Ethik«. Die Konjunktur der Ethik ist aber nur ein Symptom für die Hilflosigkeit der Pädagogik, die offenbar selbst nicht lernen will. Und fehlende Lernbereitschaft äußert sich meist als moralische Sollensforderung an die Realität. Normen sind ja lernunwillige Erwartungen, die gegen die Tatsachen durchgehalten werden. Und beim Kontakt von Politik und Bildung kommt es nicht zur Inspiration, sondern allenfalls zur Subvention. Staatliche Subventionen verzögern dann das Unvermeidliche. Damit betäuben sie die Betroffenen.

Ein weiteres probates Mittel zur Verdeckung der Bildungsparadoxien ist die Reformdiskussion, genauer gesagt: die Flucht ins Reformprogramm. Die Bildungsreformdiskussion scheint aber selbst die Krankheit zu sein, deren Heilung sie verspricht. Denn was Pädagogen dabei gerne – und zwar mit dem Begriff »Bildung« – verdrängen, sind Selektion und Zwang. Die Notwendigkeit der Selektion ist das Ärgernis der Bildungsanstalten. Denn alle Erziehung ist analog, d. h., sie fordert und beruht auf Allmählichkeit. Selektion dagegen ist digital; letztlich läuft sie auf Feststellungen hinaus wie »bestanden« oder »durchgefallen«. So kann man im Rückblick auf das gutgemeinte Projekt der Gesamtschule heute sehen: Politisch gewollt war Differenzierung ohne Selektion – und das konnte nicht gutgehen.
Das Dilemma der Politik ist klar: Einerseits sind die Ansprüche an Ausbildung genau wie die an Gesundheitsvorsorge unbegrenzt. Andererseits heißt jemanden fördern immer: andere zurücksetzen. Man kann nicht werten, ohne jemanden zurückzusetzen. Und deshalb gilt: Selektion schließt Konsens aus. Und deshalb ist die Verlockung fast unwiderstehlich, Selektion als »Schuld« der »Gesellschaft« zuzurechnen. Das war bekanntlich eine Spezialität der 68er. In den Bildungsanstalten heute scheut man die Information der Selektion – und ruft deshalb nach »Beratung«. Doch nüchtern betrachtet sind Bewertungen, Lob, Tadel und Zensuren die einzigen Gewißheitsäquivalente des Bildungssystems. Und jeder Universitätsprofessor (zumindest der Geisteswissenschaften) wird die Beobachtung von Luhmann und Schorr bestätigen können, daß ohne die Digitalität der Selektion die Prüfung »zu einer Prüfung der Prüfer im Hinblick auf ihre Fähigkeit, Unfähigkeit zu tolerieren«, entartet.
Vielleicht gibt es für das Bildungssystem hier aber einen Weg zurück in die Zukunft. Niklas Luhmann hat eine interessante Apologie des mittelalterlichen Systems von *Trivium* (als Kommunikationstheorie) und *Quadrivium* (als Welterkenntnis) angedeutet. »Es verzichtet auf ein direktes Hineinkopieren von Unterschieden der sichtbaren, erfahrbaren Welt in den Schulun-

terricht. Es nutzt die Möglichkeiten der Distanz« – und entlastet den Unterricht von Erziehung. Erst mit Beginn des 19. Jahrhunderts hat sich die Pädagogik dann mit der Idee des erziehenden Unterrichts überfordert. Daraus könnte man lernen, daß Schule und Universität, die sich – in den USA wegen des Rassismus, in Deutschland wegen der Nazis – zu lange als Sozialagentur verstanden haben, von sozialen Zielen zu Lernzielen zurückfinden müssen.
Doch das Ärgernis der Selektion verstört nicht nur die Pädagogen, sondern auch die Lernenden. »Bildung« wollte ja immer schon »autonome«, verantwortliche Menschen erziehen, und Verantwortung heißt im Kontext unserer Fragestellung eben Selbstselektion: Jeder ist selbst verantwortlich für seine Auswahl aus den Wissensformen und Bildungsmöglichkeiten. Ein gebildetes Individuum hat sich im Prozeß der Bildung selbst selektiert – und kann deshalb nicht sicher sein, ob das angeeignete Wissen im Berufsleben gerade nachgefragt wird. Wer dagegen große Zukunftssicherheit will, muß hohe Fremdselektion akzeptieren. Und diese Option unterstützt unser gegenwärtiges Bildungssystem schon dadurch, daß es das Selektionsproblem der Wirtschaft überläßt. Doch je unsicherer die berufliche Zukunft für alle wird, desto riskanter ist eine »praxisnahe« Ausbildung. Die an Neulinge adressierte Standardformel ist bekannt: »Jetzt vergiß erst einmal alles, was du an der Uni gelernt hast...« Das klingt zunächst einleuchtend. Der Vorrang der Praxis ist nämlich eine Folge der Überkomplexität, mit der sie umgehen muß; sie zwingt zur Verkürzung, d. h. zum Handeln »als ob« man Sicherheit hätte. Doch der Praxis-Schock fördert gerade nicht Lernfähigkeit. Im Gegenteil. Die Praktiker versteifen sich meist auf die eigenen Erfahrungen. Praxis ist dann oft nur ein Deckbegriff für Begriffslosigkeit. Hier sollte man sich nicht einschüchtern lassen. Praxis ist – gerade auch an Universitäten – der Lieblingsbegriff der Begriffslosen und »Praxisrelevanz« das Wort, mit dem man heute die theoretische Neugierde wieder in ein Laster verwandelt.

## Vom Umgang mit Black boxes

Bildung mußte ihre Formen immer schon in zwei ganz unterschiedliche Medien einprägen: einmal in die lose gekoppelten Vorstellungen des Lernenden, sodann in die Daten der technischen Medien. Unter Computerbedingungen stellt sich heute die Frage nach dem Verhältnis zwischen pädagogischer Technik und Medientechnik mit neuer Schärfe. Medientechnik hat es mit dem »data processing« zu tun – die Pädagogik stellt sich dem Problem des »people processing«. Beim *people processing* gibt es kein spezielles Kommunikationsmedium. Das Gelingenskriterium ist hier nicht Anschlußkommunikation, sondern die Veränderung von Menschen, z. B. in der Erziehung oder in der Therapie. Und wir wissen: Bildung und Heilung lassen sich nicht automatisieren.
Der Pädagoge steht heute zwischen zwei *Black boxes:* der *Black box* des Lernenden und der *Black box* des Computers. Der Lernende ist für den Lehrer eine *Black box,* denn wer weiß, kann nicht mehr wissen, wie es war, nicht zu wissen. Deshalb muß der Lernende von der Pädagogik immer wieder neu »erfunden« werden. Durchsichtiger als der Lernende ist der Rechner. Der Computer als *Black box* fasziniert durch Komplexität. Er kann der Pädagogik als konzeptionelle Brücke vom Einfachen zum Komplexen dienen. Der Computer ist nicht so simpel wie eine Uhr, aber auch nicht so undurchsichtig wie ein Mensch.
Es ist heute wohl unstrittig, daß man triviale Lernprozesse am besten mit Computern stützt. Doch Computer stellen schon als technische Medien eine lernfreundliche Umgebung dar; sie nehmen einem – Stichwort Benutzerfreundlichkeit – die Angst, etwas falsch zu machen. Aaron Wildavsky sagt: »Fear of failure inhibits learning.« Und genau da setzt computergestütztes Lernen an. Der Computer als pädagogisches Medium – Stichwort Hypertext – schenkt uns »freedom from fear of failure« (Sneiderman). Doch natürlich fällt es den Bildungsanstalten schwer, daraus Konsequenzen zu ziehen und Abschied von der Mensch-zu-

Mensch-Pädagogik zu nehmen. So konnte Reinhard Kahl (in *Die Zeit*, 26. 3. 1998) sarkastisch bemerken: »Langsam wird es Zeit, die Medienphobie der Pädagogen als Berufskrankheit anzuerkennen.«

## Wissensmanagement

Wir müssen uns mit dem Gedanken vertraut machen, daß es keine vorgegebenen »Bildungswege«, kein stabiles Wissen mehr gibt. Daraus ergibt sich als Hauptaufgabe der Bildungspolitik: einen wahrhaft freien und kompetenten Zugang zu den Archiven und *Data Pools* zu organisieren. Das Zugangsproblem hat sich von den Gütern auf das Wissen verschoben. Zu Recht spricht man in diesem Zusammenhang von Medienkompetenz; allerdings hat dieser Begriff in der öffentlichen Diskussion noch keine angemessene Komplexität. Wir müssen die Kunst des Fragens wieder lernen. Uns fehlt es ja nicht an Wissen, sondern wir suchen die Fragen, auf die unser Wissen eine Antwort sein kann.

Kenneth Boulding hat das zentrale Paradoxon des Wissens einmal so formuliert: »We have to know what we want to know before we can start looking for it.« Mit anderen Worten, wir suchen die Fragen, auf die unser Wissen eine Antwort sein kann. Und soweit Philosophie sich als die Kunst des Fragens versteht, hat sie in der Wissensgesellschaft eine Zukunft als Technik der Komplexitätsreduktion und als Metadesign von Wissen. Denn bloßes *Operations Research* hilft hier nicht weiter. *Operations Research* optimiert ja lediglich Problemlösungen. Aber war das Problem richtig gestellt? Hier können Philosophen einhaken – als Theoriedesigner.

Statt Bildung also: Wissensmanagement. Wie konnte es dazu kommen? Der Startschuß des abendländischen Wissenschaftsprozesses fiel mit der listigen Formel des Sokrates: Ich weiß, daß ich nichts weiß. Über zweitausend Jahre später war die entscheidende Frage immer noch die nach den Grenzen des Wissens (gegenüber dem bloßen Meinen) – in Kants Formulierung: Was können wir wissen? Erst der Historismus besann sich dann auf das Wozu des Ganzen: Was wollten wir wissen? Doch unsere postmoderne Situation läßt sich mit diesen Thesen und Fragen nicht mehr fassen. Wir müßten heute – am Gegenpol von Hegels »sich wissendem Wissen« angelangt und Sokrates parodierend – eher sagen: Wir wissen nicht, was wir wissen.

Die Anwendung des Wissens auf Arbeit hat vor hundert Jahren die Produktivität entdeckt. Heute arbeiten wir an der Selbstanwendung des Wissens. Wissen wird auf Wissen angewandt – und hier zeigt sich die Produktivität der geistigen Arbeit. Die eigentliche intellektuelle Leistung der Zukunft liegt also im Wissensdesign. Und je wichtiger die Produktivkraft Intelligenz wird, desto mehr konvergieren Wirtschaft und Bildung. Wissen ist die ultimative Ressource der zukünftigen Kultur. Und deshalb wird »Research into Knowledge« nicht mehr nur die Sache des an Erkenntnis interessierten Wissenschaftlers bleiben.

Robert B. Reich, der ehemalige Arbeitsminister der USA, hat in diesem Zusammenhang von symbolanalytischen Dienstleistungen gesprochen. Gemeint ist der Service des Sinns, den Leute bieten, die mit Problemen handeln und Daten manipulieren. Der Job der Info-Elite besteht im Wissensdesign! Und der Begriff *Info Mapping* signalisiert, daß es heute v. a. darum geht, zu wissen, wo das Wissen ist. Die symbolanalytischen Dienstleister bieten in der Welt des *Information Overload* den Luxus »Sinn«. Es handelt sich hier vor allem um das schon erwähnte Problem der »intelligent discrimination«: Was wird nicht erforscht? Was kann ich vernachlässigen? Welche Bücher muß ich wirklich lesen? Das wertvollste Wissen ist heute: zu wissen, was man nicht zu wissen braucht.

Wir sind davon ausgegangen, daß Bildung in der Postmoderne mit Wissenshalbwertzeiten kalkulieren muß; d. h., man kann nicht mehr für das Leben lernen. Schon Schleiermacher hat eben deshalb das »Lernen des Lernens« ins Zentrum der »Bildung«

gerückt. Das ist aber erst heute technisch implementierbar. Hypermedien präsentieren ein Wissen, das sich dem Lernenden anpaßt. Sie ermöglichen erstmals einen interaktiven und multimedialen Wissenszugriff. Hypermedien bringen die Simultanpräsentationsleistungen des Bewußtseins inmitten der sequentiellen Informationsverarbeitung von Kommunikation zur Geltung. »Man könnte Argumente genauso visualisieren wie Daten, indem man alle Standpunkte zu einem Problem als mehrdimensionale Figur darstellt und über Hypertext verbindet.« So Esther Dysons konkrete Utopie gleichsam begehbarer Wissensstrukturen. Heißt das: Bildung multimedial? Humboldts »Kosmos« im Cyberspace? Ich vermute eher: Der Computer ist das Holzpferd der Griechen im Troja der Bildung.

## Neue Universitätsmythen

Es gibt immer noch Professoren und Lehrer, die mit einer Art trotzigem Stolz darauf bestehen, von Computern keine Ahnung zu haben. Das kann als Kultmarketing des Geisteswissenschaftlers durchaus funktionieren: Er stilisiert seine technische Inkompetenz als philosophische Besonnenheit. Gegen Internet und Cyberspace bringt er Einsamkeit und Freiheit in Stellung. Und diese Attitüde ist in einer Gesellschaft, die wieder nach dem »Sinn« sucht, durchaus attraktiv. Dienst am Subjekt – das bietet das Serviceunternehmen »Geisteswissenschaften«. Doch die heroische Nachdenklichkeit als Pfeiler im Datenstrom hat die Zeitlogik der modernen Gesellschaft gegen sich.

Das ist rasch erklärt: Das einsame Nachdenken eilt nicht. Deshalb verliert es immer mehr an gesellschaftlichem Wert. Was nicht unbedingt jetzt gemacht werden muß, wird zurückgestellt. Und das heißt letztlich: Was nicht dringlich ist, disqualifiziert sich selbst. Dagegen führt alles Dringliche eine Wertvermutung mit sich. Deshalb spricht alle Welt von Teamgeist und Vernetzung. Denn Kooperation impliziert Terminierung, diese erzeugt

Dringlichkeit – und diese impliziert eben Wichtigkeit. Die terminbestimmte Zeitstückelung verunmöglicht Nachdenklichkeit. Gedacht wird nur noch, was in bestimmten Fristen zu Ende gedacht werden kann.
Seit die Pathosformel von Einsamkeit und Freiheit nur noch für das Marketing der Geisteswissenschaften taugt, schreibt die Universität denn auch an ganz neuen Mythen:

① Praxisnähe, also Fremdselektion. Und das heißt im Klartext: Andere (vor allem natürlich aus der Wirtschaft) entscheiden, was wissenswert ist.
② Teamgeist – statt Einsamkeit und Freiheit. Hier entfaltet sich der sanfte Wahn, irgendeine mysteriöse Eigenschaft der »Gruppe« könne beim Denken helfen oder »motivieren«. Ich denke, Gegenindikationen wären leichter zu erbringen.
③ Betreuung, also Mensch-zu-Mensch-Pädagogik. Studenten und Politiker scheinen sich einig, daß es die Professoren an Beratung, Betreuung und persönlicher Zuwendung mangeln lassen. Das ist die wohl unausrottbare »Der Mensch im Mittelpunkt«-Ideologie, mit der man Probleme der Technik, Selektion und Finanzierung unsichtbar macht.
④ Dienstleistung statt *People Processing.*

Dieser letzte, jüngste Universitätsmythos verdient besondere Aufmerksamkeit. Der Lehrberuf wird heute ganz selbstverständlich als symbolanalytische Dienstleistung begriffen. Und rollenkomplementär dazu versteht sich der Student als König Kunde. So halten die zentralen Marktmaximen der Benutzerfreundlichkeit und Kundenorientierung Einzug in die Universität. Doch hinter diesen schönen Formeln verbirgt sich wieder eine handfeste Paradoxie: Eine Routine soll als Nichtroutine erscheinen. Der Professor soll sich zum Studenten verhalten wie der Arzt zum Patienten und der Pfarrer zum Sünder. Wie der studentische Wunsch nach »Betreuung« nährt das Selbstverständnis des Professors als Dienstleister die Illusion der persönlichen Zuwen-

dung – als ob es keinen Zeitdruck gäbe; als ob es ein »Eingehen« auf den anderen geben könnte.
Inkompetente honorieren eher Performanz als Kompetenz. Deshalb sind Professoren beliebt, deren Bürotür offensteht und um die der Duft frisch gebrühten Kaffees ist – körperlich präsent und stets zu einem Gespräch bereit. Doch die Universität ist keine große Familie. Menschenfreundlichkeit macht hier die Probleme unbenennbar – und letztlich unsichtbar. Und eben deshalb ist ständig von Praxisnähe, Teamgeist, Betreuung und Service die Rede. All diese neuen Mythen verdunkeln das Selektionsproblem.

## The Navigator of Ignorance

In der Welt von Forschung und Lehre gibt es weder Technologie noch Erfolgskriterium. Man weiß nicht, warum nicht mehr Wahrheiten anfallen. Und man weiß auch nicht, warum Studenten *keinen Bock* haben. Ersatzrationalisierungen lauten dann: kein Geld, zu große Seminare, faule Professoren. Vor allem der periodisch wiederkehrende Vorwurf, Professoren seien faul, hätten fünf Monate Urlaub und müßten nur acht Stunden in der Woche arbeiten, macht ein Grundproblem intellektueller Arbeit deutlich: Sie ist weitgehend unsichtbar. Und gerade deshalb dreht sich in der akademischen Öffentlichkeit alles um Publikationsliste, Zitationsindex und Reputation. Man muß die eigene Rolle wirkungsvoll dramatisieren, um den sozialen Rang und die Unkosten der eigenen Leistung sichtbar zu machen. Vor allem Professoren, die eben heute als intellektuelle Dienstleister angesehen werden, haben das Grundproblem, daß der Kunde, also die Studenten, aber auch die Beobachter (Politiker und Journalisten) die laufenden Kosten des akademischen »Service« nicht sehen können. Man muß also das, was man leistet, zusätzlich vorführen, dramatisieren. Ich werde zitiert, also bin ich.
Nach dem zweiten Weltkrieg war vor allem ein akademischer

Selbstdramatisierungsstil erfolgreich: Man war »kritisches Bewußtsein«, das in Studenten und Gesellschaft kritisches Bewußtsein »produzierte«. Und das war durchaus eine Folgelast des Bildungsgedankens. Denn seit Parsons kennt man das Problem: Je mehr »Bildung«, desto stärker stehen die Menschen im Bann der unrealistischen Interaktionstypik des Unterrichts. Die Universität mit ihrem psychosozialen Moratorium, also der stabilen Möglichkeit, das Erwachsenwerden zu verweigern, war der Ort der unschuldigen Beobachtung von außen – gegen Vater und Staat. An diesem archimedischen Ort konnte man »Entlarvung« trainieren. Die unkritische Selbstbezeichnung als kritisches Bewußtsein verwandelte »Kritik« in ein Ornament der Jugendkultur und die wissenschaftliche Methode in ein Initiationsritual: »Welchen Ansatz hast du?« fragte man damals. Und gemeint war: Welcher Sekte gehörst du an?
Doch wie könnte es anders sein? Ich denke, es würde sich lohnen, einmal über Douglas Hagues Konzept einer neuen Universität nachzudenken. Dort gäbe es:

① Starakademiker, die sich ganz auf die Forschung konzentrieren, aber allen Universitäten als Vortragende zur Verfügung stehen;
② Medienberater, die für die jeweiligen Lehrinhalte und Lernprozesse die angemessene (heute natürlich: multimedial) technische Implementierung sicherstellen;
③ akademische Impresarios, deren Kompetenz in der Umsetzung von Forschungsergebnissen in lehrbares Wissen besteht;
④ »educational consultants«, die Studenten in allen Studienfragen beraten.

Über den Reflexionsstil, den eine solche Universität fördern würde, kann man natürlich nur Mutmaßungen anstellen. Schon organisatorisch stellt sie eine narzißtische Kränkung der »einen Vernunft« dar. Auch die Universität muß lernen, daß es in einer hochkomplexen Gesellschaft nur arbeitsteilige Rationalität gibt. Das könnte zu einer Kultur der ironischen Vernunft führen. Ihr »Geist« wäre bestimmt von souveränem Eklektizismus und organisierter Ignoranz. Ich meine das im Sinne von Henry Adams, der sich am Ende seines Bildungsweges als »the navigator of ignorance« beschrieb.

## Print im Medienmix

Und das Buch? Und das Lesen? Und die abendländische Kultur? Vor allem die deutsche Mediendiskussion geht von der eigentümlichen Voraussetzung aus, daß hinter einer Zeitung immer ein kluger Kopf, vor dem Bildschirm aber immer ein Dummkopf sitzt. Ganz selbstverständlich unterstellt man den Printmedien und der Kulturtechnik Lesen eine Affinität zu »Kultur« und Intelligenz. Deshalb scheint das Abendland bedroht, wenn Statistiken nachweisen, daß die Deutschen weniger lesen und sich statt dessen von den neuen Medien faszinieren lassen. Doch wer sich von derartigem Kulturpessimismus nicht kopfscheu machen läßt, kann etwas ganz anderes vermuten: Für Print als Medium stellen die neuen Medien keine tödliche Gefahr dar, zwingen es allerdings zur Neupositionierung, zur Besinnung auf die eigenen, printspezifischen Stärken. Printprodukte haben unersetzbare Materialqualitäten, die man optimieren kann: bequem zu handhaben, gut zu lesen, rascher Überblick, Tastbarkeit, man kann sie wegwerfen. Das werden Zeitung und Zeitschrift der Online-Welt immer voraushaben – und das läßt sie überleben. Dem »kritischen Bewußtsein« der »Aufklärung«, das sich in der ökologischen Nische von Buch und Zeitung so erfolgreich etabliert hatte, läutet allerdings das Totenglöckchen.
Das Internet ist ein sanfter Imperialist. Sich ihm zu entziehen wäre tödlich. Ich bin versucht zu sagen: Man kann *nicht nicht* online gehen. Bei Zeitungen und Zeitschriften kommt hinzu, daß sie ihre neue Funktion im Medienmix selbst bestimmen soll-

ten – im Idealfall als Kommunikationskontinuum zwischen traditioneller Hard Copy und Online-Auftritt. Und natürlich im Blick auf die eigenartigen Kulturtechniken der Jugendlichen. Navigation, Surfen und Channel-Hopping sind neue »Lesegewohnheiten«, die sich vom traditionellen, aufmerksamen, linearen Lesen radikal unterscheiden. Die Rezeptionsweise der Jugendlichen ist zerstreut, mehrdimensional, mosaikartig, folgt dem Lustprinzip und steht unter Zeitdruck. Aufmerksamkeit ist ihre knappste Ressource.

Das Überleben der Printmedien ist auch dadurch gesichert, daß die neuen Medien die alten brauchen, um zu sich zu kommen. Die Geschichte zeigt, daß neue Medien zunächst einmal alte Medienangebote wiederholen müssen, bis sie zu ihren eigentlichen, medienspezifischen Inhalten durchdringen. Das ist eine Frage der Evolution – und darum kaum zu beschleunigen. Der Inhalt eines Mediums ist immer ein anderes Medium, wußte schon Marshall McLuhan. Insofern ist es ganz sinnvoll, im uralten Medium über das brandneue zu berichten – so hat jede Zeitung heute ihre Medien- oder Software-Seite. Allerdings setzt das voraus, daß die Autoren nicht nur informativ, sondern vor allem auch gut schreiben können – und da hapert es in Deutschland. *Konr@d* etwa ist eine schöne Zeitschrift, der man Glück wünschen möchte. Aber es fehlt ihr doch die Kultqualität, die *Mondo 2000* und *Wired* zum Faszinosum der Cyber-Freaks hat werden lassen.

## Zukunftsmärkte in der Bleiwüste

Der Erfolg von Zeitungen wie *USA Today* oder Nachrichtenmagazinen wie *Focus* hat gezeigt, daß wir in eine neue Ära der Printmedien eingetreten sind. Der Vormarsch der bunten Bilder ist nicht mehr aufzuhalten. Und wer seit Jahren nicht mehr die *Times* gelesen hat, wird überrascht sein, welcher Blumenstrauß von Bildern und bunten Grafiken hier kredenzt wird. Besonders lehrreich war natürlich, wie der asketische *Spiegel* durch die Markteinführung des *Focus* (der ja weniger Fakten, Fakten, Fakten als vielmehr Bilder, Bilder, Bilder bietet) unter Anpassungsdruck geriet. Kein Zweifel: Der visuellen Kommunikation gehört die Zukunft. Und dennoch: Die klassischen Printmedien haben auch eine Zukunft auf dem Markt der Medien. Hier sind die Gründe:

Printmedien haben den Bonus der Glaubwürdigkeit – das kann man nur historisch verstehen. »Bleiwüste« lautet das böse, aber genaue Wort derer, die den klassischen Medien der Aufklärung Bilderfeindlichkeit vorwerfen. Der Vorwurf ist berechtigt, denn in der Tat haben die Geister der Aufklärung und Gesellschaftskritik in den Bildern immer nur Verblendung, Schein und Ablenkung gesehen. Gegen das magische Bild stand der Text als Werkzeug der Analyse – das ist noch heute das Pathos »seriöser« Zeitungen wie *Le Monde* oder *FAZ*. Ein Foto der AEG-Werke sagt nichts über die Wirklichkeit der AEG-Werke, lautete ein kritisches Bonmot von Bertolt Brecht. Und in der Tat konnte für Aufklärer nur das Schwarz auf Weiß des Gedruckten zum Medium der Wahrheit werden. Aus dieser Zeit stammt noch der Bonus der Glaubwürdigkeit, den bilderlose Texte genießen. Auch wer nicht (mehr) liest, vermutet die Wahrheit im Gedruckten.

Aber es gibt noch einen viel massiveren Grund, warum traditionelle Printmedien gerade auch in der Multimedia-Gesellschaft optimistisch in die Zukunft blicken können. Heute ist es zwar technisch möglich, Zeitungen auf Individuen zuzuschneiden, also maßgeschneiderte Special-Interest-Magazine zu vertreiben. Doch das setzt voraus, daß die Leser nur an den eigenen Interessen interessiert sind und daß sie sie zu benennen wissen. Aber das ist die Ausnahme. Im allgemeinen weiß ich nämlich nicht, was ich wissen will. Und diese Situation wird mit dem Anschwellen der Datenflut immer dramatischer. Wir haben kein Informationsproblem, sondern ein Orientierungsproblem. Was wir brauchen, ist eine tägliche Arche Noah in der Sintflut des Sinns – und genau das ist die klassische Zeitung. Anders gesagt:

Der Zeitungsredakteur ist der Vorreiter der zukünftigen Wissensarbeiter. Das sind menschliche Informationsprozessoren; ihre spezifische Dienstleistung ist das Infomapping – sie wissen, wo das Wissen ist. Informationen allein helfen uns bei Problemen nämlich nicht weiter. Sie müssen erst gefiltert, konfiguriert und strukturiert werden. Um Information intelligent zu machen, braucht man eben Wissensdesigner, Redakteure, Journalisten. Wie der Wissenschaftler, der Regisseur, der Marketing-Experte, der Finanzberater oder der Dichter gehört der Zeitungsmensch zu jenen Leuten, die mit Problemen handeln und Daten manipulieren. Robert B. Reich nennt sie »symbolanalytische Dienstleister«. Sie alle handeln mit Sinn und verkaufen Orientierung.
Die gegenwärtige Diskussion über die Zukunft der Printmedien steckt deshalb in einer Sackgasse, weil sie sich von einer technischen Möglichkeit computergestützter Kommunikation faszinieren und blenden läßt: der Interaktivität. Auch Interaktivität ist aber eine Aktivität, und nichts spricht psychologisch oder soziologisch dafür, daß Menschen immer aktiv sein wollen. Weder strebt der Mensch von Natur aus nach Wissen, wie uns Aristoteles einreden wollte, noch braucht der Mensch ständig *information at his fingertips,* wie uns Bill Gates einreden will. Ähnlich wie das vollständig passive Medium Fernsehen ist auch das Zeitunglesen ein Ritual. Man braucht die Zeitung wie den Morgenkaffee. Man sollte sich also vom Phantom des (inter-) aktiven Konsumenten, das die Software-Industrie beschwört, nicht den Blick für die trivialen Realitäten des Alltags verstellen lassen. Zeitunglesen ist nur in den seltensten Fällen *Information Retrieval,* fast immer aber: lustvolles Blättern; man läßt sich von den Neuigkeiten aus aller Welt berieseln.
Trivial, aber entscheidend ist auch, daß es unterschiedliche Bequemlichkeitsstufen des Lesens gibt. Und natürlich ist auf unabsehbare Zeit das Lesen am Bildschirm ein ergonomisches Ärgernis. Die Love-Story gehört ins Taschenbuch, die Hintergrundreportage ins Nachrichtenmagazin, der Sportbericht in die Zeitung. Diese Medien sind billig und handlich. Mit einem Griff

entledige ich mich der Kleinanzeigen oder des Feuilletons; den *Focus* lasse ich im Intercity liegen; das Taschenbuch erträgt klaglos den Sand am Strand. Das flüchtige Blättern ermöglicht im übrigen auch problemlos den Effekt, der im Internet als Surfen gepriesen wird – daß man nämlich zufällig auf Interessantes trifft. *Serendipity* nennen das die Amerikaner. Wie gesagt: Ich weiß nicht, was ich wissen will. Und was mich nicht interessiert, landet im Papierkorb. Nichts ist deshalb ferner als die Utopie des Maus-Erfinders Douglas Engelbart: *A life without hard copy.* Gerade um den Übergang in die neue, digitale Welt ertragen zu können, brauchen wir Vertrautes aus der alten Welt, das wir in die neue hinüberretten. Darin liegt die Zukunft des gedruckten Wortes.

## Zeit zum Lesen

Das Land, das die größte Buchmesse der Welt ausrichtet, meint seit Jahren Grund zu der Klage zu haben, seine Schriftsteller leisteten keinen Beitrag mehr zur Weltliteratur. Vielleicht haben uns die Goethe-Institute, die Pina Bausch, Günter Grass und Jürgen Habermas als Exportschlager der deutschen Kultur um die Welt schickten, aber schon seit Jahrzehnten in eine wohltätige Illusion gehüllt – daß man sich nämlich auch außerhalb Mitteleuropas für deutsches Denken und Dichten interessiere. In Zeiten knapper Kassen fallen dann die Hüllen. Was die Leute in Sofia und Litauen an deutscher Kultur interessiert, ist nicht Sprachkunst, sondern Wirtschaftsdeutsch. Wir sind als Handelspartner attraktiv, nicht als Kulturnation.

Martin Heidegger durfte noch glauben, daß man, um zu verstehen, was die Welt im Innersten zusammenhält, Griechisch und Deutsch können muß. Heute würden wir wohl sagen: Englisch und Computerchinesisch. Und wenn die Amerikaner, die die Weltsprache Englisch durchgesetzt haben, heute verstärkt Spanisch lernen, dann nicht, um Cervantes im Original zu lesen, sondern um die hispanischen Eigenkulturen der amerikanischen Metropolen in Schach zu halten und das Idiom der *emerging markets* zwischen Mexico City und Buenos Aires zu verstehen.

Die legitimste Frage eines Lesers lautet: Welche Texte machen Lust, welche Autoren gönnen mir Spaß am Lesen? Doch Lust wird immer mehr zum Zeitproblem. Ich bin ein Berufsleser – wie wohl auch einige Leser dieser Zeilen. Wir kultivieren einen Ausnahmezustand. Und das macht uns betriebsblind. Normal ist aber, daß Menschen mit Büchern gerade dann konfrontiert werden, wenn sie erschöpft sind. Am Abend im Bett, am Wochenende nach dem Rasenmähen, zwischen brüllenden Kindern. Und man wird fragen dürfen: Ist das, was unter solchen Umständen möglich ist, überhaupt noch Lesen? Wer hat noch Zeit zum Lesen, wer kann noch lesen? Hinzu kommt das Problem: Wer kann noch mithalten mit dem, was angesagt ist? Jochen Hörisch hat dieses Problem schon vor Jahren in einem Band über das schnelle Altern der neuesten Literatur exponiert. Zentral steht dabei die Erfahrung, daß, was veraltet ist, nicht alt sein muß. Die Beschleunigung des Veraltens heißt für unsereins vor allem: Man sieht mit den eigenen literarischen Erfahrungen schnell alt aus!

Uninteressant für unser Thema sind die ungelesenen Bücher, die aus Prestigegründen in den Ikea-Regalen gesammelt werden. Viel aufschlußreicher sind die Bücher, deren erste Seiten gelesen wurden – aber eben: nur die ersten Seiten. Der Leser war zwar geneigt, aber dann mußte er doch vor der Arbeit des Lesens kapitulieren. *Der Mann ohne Eigenschaften,* Johnsons *Jahrestage,* von *Ulysses* ganz zu schweigen – einmal aufgebrochen und dann für alle Zeiten geschlossen. So schmücken sie als weithin sichtbare Zeichen kultureller Resignation unsere Wohnzimmer. Deshalb können uns die Statistiken der Marktforschung und die Verkaufszahlen der Verlage nichts über die Lage der deutschen Literatur sagen. Man kann zwar feststellen, was gekauft wird, aber nicht, was gelesen wird. Mit dem Kauf signalisiert man vor

allem die kulturelle Wertschätzung des Mediums Buch. Man denke auch an die Bücherstapel auf den Schreibtischen der Berufsleser; was man eigentlich alles lesen müßte – aber natürlich dann doch nicht liest. Die *Niemandsbucht* von Handke zum Beispiel.
Was wir alle also dringend brauchen, ist Orientierungshilfe. Und hier spielt jene Marktforschung nun doch eine entscheidende Rolle. Denn wenn niemand weiß, was wirklich zählt, zählen die Zahlen. Das ist zutiefst demokratisch. Die Bestsellerlisten sind gerade auch für denjenigen wichtig, der gar nicht liest. Er weiß dann immerhin, was man lesen müßte. Man kann das entsprechende Buch mit großer Verhaltenssicherheit kaufen und verschenken. *Das Parfüm* etwa, oder *Sofies Welt*. Kurzum: Bestseller entlasten die Urteilskraft. Und wir können an dieser Stelle schon festhalten, daß die heutige Klage über den Niedergang der deutschen Literatur im Klartext lautet: Die Bestseller schreiben die anderen.

## Autoren und Kritiker als Kultmarken

Daß es Bestseller und Buchmessen gibt; daß wir jeden Herbst mit der Überraschung des literarischen Herbstes rechnen dürfen; daß seriöse Feuilletons von Kultbüchern berichten; daß es alle Jahre wieder zur Peinlichkeit des Literatur-Nobelpreises kommt; daß Kulturfunktionäre humanistische Literaturpolitik zu betreiben glauben, indem sie dem durch nichts mehr zu erschütternden Publikum Lyrik aus den Anden verschreiben – das alles sind deutliche Hinweise darauf, daß Literatur nicht auf dem Schauplatz der Kunst erscheint.
Deutlich erkennbar sind vielmehr die Grundlinien dessen, was man literarisches Kultmarketing nennen könnte, nämlich:

- Autorschaft ist Marketing;
- Bestsellerautoren sind Kultmarken.

Für literarische Kultmarken gilt wie für andere Marken auch, daß sie kaufbare Sicherheit präsentieren. Man kann nicht falsch liegen, wenn man einen Grünbein oder Goetz kauft. Und wie andere Kultmarken auch bilden Bestsellerautoren um sich herum Kommunikationswelten – vom sensiblen Hintergrundinterview in der *Zeit* bis zum skandalösen Auftritt in der Talk-Show.

Nun wird man sich fragen müssen, wie ein Schriftsteller heute Kultstatus erreicht, wenn denn zutrifft, daß die Leute nicht mehr lesen können? Wenn die gesellschaftliche Anerkennung als Kulturheros nicht mehr über das Lesen läuft, muß man – das legt die Logik der Massenmedien nahe – provozieren. Mit einem Bocksgesang (Botho Strauß) zum Beispiel oder einem Lob der Serben (Peter Handke). Nun haben aber Provokationen in der Postmoderne das prinzipielle Problem, durchgespielt zu sein, also nicht mehr zu provozieren. Deshalb sind die gerade genannten Texte von Handke und Strauß naiv provokativ. Man könnte allenfalls sagen, daß sie das Bedeutsamkeitspotential des Reaktionären ausschöpfen. Wahrhaft zeitgemäß ist demgegenüber ihre Selbststilisierung: der Autor als Held der selbstgewählten Einsamkeit. Von der Publikumsbeschimpfung führte ihr Weg zur kultivierten Öffentlichkeitsscheu. Handke und Strauß sind die Medienpräparate des »Unzeitgemäßen« – und nichts ist in einem Kultursystem, das die Massenflucht vor dem Mainstream inszeniert, zeitgemäßer.

Wer schreibt, möchte einen Bestseller schreiben, und die meisten, fast alle, müssen sich dann fragen, warum es nicht geklappt hat. Man kann sich zu Recht damit trösten, daß der Literaturmarkt Qualität und Erfolg entkoppelt hat – obwohl natürlich Erfolglosigkeit auch hier kein Qualitätssiegel ist. Doch wer besiegelt den Erfolg? Wer herrscht im Reich der deutschen Literatur? Um einen prägnanten Satz Carl Schmitts zu mißbrauchen: Souverän ist, wer über den Bestseller entscheidet. Und das ist zum Beispiel Marcel Reich-Ranicki, der Kritiker als Star. Und wenn Kritik in einem parasitären Verhältnis zur Literatur steht, dann muß man vom sichtbaren Wohlbefinden des Kritikers auf einen guten Gesundheitszustand der deutschen Literatur schließen dürfen.

Die kulturelle Funktion des Großkritikers besteht schlicht darin, gangbare Wege im Dschungel der Buchmessen, Frühjahrskataloge und Literaturbeilagen zu bahnen. In der Sintflut des Sinns, den die deutsche Literatur über uns ergießt, zeigt uns der Großkritiker die rettende Arche Noah: Das ist Prosa! Das literarische Urteil fasziniert, weil es unvorhersehbar ist und mit einem Zauberschlag Ordnung schafft. Hilflos wären wir geneigten, aber überforderten Leser vor der Lyrik Ulla Hahns ohne das Orakel aus dem Fernsehen.

Das Werturteil ist die argumentative Form einer Illusion, und mit ihr zaubert der Dezisionismus des Kritikers: Das ist ein schlechtes Gedicht! Es geht hier nicht um Kompetenz, sondern um Performanz. So gewinnt die wunderbare Inszenierung des *Literarischen Quartetts* ihren dezisionistischen Reiz vor allem auch daraus, daß mit Frau Löffler und Herrn Karasek abwägende Leser mit in der Runde sitzen, die die erstrebte Klarheit des Urteils kunstvoll unterdrücken – bis Reich-Ranicki zum apodiktischen Rundumschlag ausholt. Hier kann man in Sekundenschnelle berühmt werden. Und auch wer durchfällt, trägt seinen Teil zum Gelingen der großen Literaturshow bei. Wie Kandidaten für Gameshows rekrutiert das Fernsehen deutsche Dichter als Crash Test Dummies fürs *Literarische Quartett.*

Das funktioniert offenbar deshalb so reibungslos, weil Kritik wichtiger ist als Literatur. So sind die Rezensionen oft besser als die Bücher, die sie besprechen. Und so war es auch schon in der Frühromantik oder zu Walter Benjamins seligen Zeiten. Um es auf eine einfache Formel zu bringen: Literatur ist der Eigenwert der Literaturkritik. Dem *Literarischen Quartett* verdanken wir eine Art Reindarstellung dieser Autopoiesis der Literaturkritik. Das Werk dient hier nur noch als Auslöseereignis, zur erfrischenden Irritation einer völlig selbstbezüglichen Rede. Bei Gelegenheit von … wird die Entscheidung des Kritikers zum Ereignis. Reich-Ranickis Runde verwirklicht das unendliche Gespräch des Novalis. Und auch ein zweites Grundelement des literarischen Kultmarketing ist frühromantischen Ursprungs. Was Friedrich Schlegel »objektive Willkür« des Kunstwerks genannt hat, ist jetzt das Betriebsgeheimnis der Literaturkritik: beliebiger Anfang und Selbstkonditionierung. In den Massenmedien verschreibt der Großkritiker Literatur. Und am nächsten Morgen geht man in die Buchhandlung wie in eine Apotheke, um das einzig wirksame Medikament gegen »Sinnlosigkeit« zu kaufen.

Natürlich gibt es Menschen, die verstehen, was sie lesen. Doch hohe Literatur wirkt auch, wenn man nicht versteht – zumindest beruhigend. Man kann weitgehend Verstehen durch Kaufen ersetzen und sich die Namen merken. Wie andere Formen der Kunst ist hohe Literatur ein Placebo, das bekanntlich auch dann wirkt, wenn man weiß, daß es sich um ein Placebo handelt. Erkennbar ist sie für einen nichtprofessionellen Leser daran, daß sie keinen Spaß macht – wer hätte je seinen Spaß an *Finnegan's Wake* gehabt? – und daß das Lesen Arbeitscharakter annimmt. Das läßt sich natürlich auch einfacher sagen: Daß man sich langweilt, ist eine Kultqualität moderner Literatur. Wir schließen dann von Unverständlichkeit auf Tiefe und von Langeweile auf Bedeutsamkeit.

Die Klagen über den Niedergang der deutschen Literatur sind nur das Symptom dafür, daß wir in eine neue Etappe der Medienevolution eingetreten sind. Den massivsten Beleg für diese These sehe ich darin, daß die Klagen über den Verfall als Medienereignis inszeniert werden. Und über den Tod des Romans kann man viel Aufregenderes schreiben und sagen als über untote Romane. Vor allem wird es dann möglich, die Totsagung unter Hinweis auf die putzmunteren Autoren des eigenen Verlags zu leugnen. Nicht die Romane belegen dann diese Gegenthese, sondern der Auftritt ihrer Autoren in einem anderen Medium.

Gerade auch für den Autor gilt: Medienpräsenz ersetzt den Ruhm. Die Massenmedien ermöglichen dem Schriftsteller den

Auftritt als »unerschrockener Intellektueller« (Grass) oder als Dichter gegen den Strom der Zeit (Strauß), als Selbst- (Sloterdijk) oder doch wenigstens als Querdenker (Franz Alt). Und gerade dort geben sie oft ihr Bestes. Nicht nur *pro domo,* sondern auch zu Recht hat Marcel Reich-Ranicki das Fernsehen als rhetorische Schule der prägnanten Formulierung gewürdigt.

Das Medium ist die Botschaft, und der Inhalt eines Mediums ist immer ein anderes Medium – diese Kernsätze Marshall McLuhans finden hier eine einfache Anwendung. Literatur im Fernsehen ist nur die auffälligste Form eines neuen kulturindustriellen Angebots: Literatur im Medienverbund. Und gerade deshalb – nämlich um das eben dadurch provozierte *reproduction antique feel* zu bedienen – kann man dann auch die *Geschichte des Bleistifts* (natürlich wieder: Peter Handke) schreiben.

Wenn es überhaupt einmal eine bürgerliche Öffentlichkeit mit dem Anspruch gesellschaftlicher Allgemeinheit gab, so ist sie unter Bedingungen des neuen Medienverbunds längst in »kulturelle Kasten« (Enzensberger) zerfallen. Das ermöglicht ein Parallelprozessieren von Hochkultur, Popkultur und dem unterhaltsamen *White Trash* zwischen Glücksspirale und Musikantenstadl. Die Hochkultur hält sich dabei durch eine geschickte Ausbeutung unseres schlechten Gewissens am Leben. Hochkultur ist das, was mich eigentlich interessieren sollte (*second order desire*); und als eine Art Ablaß für die Sünden der Trivialität zahle ich dann gerne die Steuern, mit denen die Schiller-Theater und Goethe-Institute dieser Welt subventioniert werden.

# DESIGN: DER MARKT DER OBERFLÄCHEN

Ein kritischer Beobachter der Multimedia-Gesellschaft könnte leicht zu dem Urteil kommen: Unsere Kultur opfert literarische Bildung für technische Effizienz; alles wird schneller und kürzer. Davon sind alle schriftgebundenen Werte betroffen: Tradition, Bücher, Philosophie, Ethik usw. Schlechte Zeiten für die Geisteswissenschaften also. Aber das sind immer zugleich auch gute Zeiten fürs Design. Unsere Gesellschaft kann sich eine schriftgebundene Bildung als Leitmedium der Weltorientierung offenbar nicht mehr leisten. Wir haben im vorigen Kapitel ja ausführlich gezeigt, daß man nicht mehr fürs Leben lernen kann, sondern eine Reihe von Vermögen und Perspektiven entwickeln muß. Der Designer Mihai Nadin fordert deshalb den Wechsel vom »container model« der Bildung zur »heuristic education« und propagiert die *Civilization of Illiteracy.*

Das klingt kompliziert, ist aber leicht erklärt. Illiterate Zivilisation soll heißen: Denken und Arbeiten jenseits von Sprache – wie z. B. in der Mathematik. Nadin ist auf der Suche nach einer nicht in Sprache fundierten Rationalität, die Probleme nicht mehr Schritt für Schritt abarbeitet, sondern das Ganze der Konfiguration in den Blick bekommt. Die große Aufgabe der Multimedia-Gesellschaft lautet demnach: »To think *in* media other than natural language.« Es geht also darum, das Denken aus den Fesseln der natürlichen Sprache zu befreien, um es dann in anderen Medien zu entwickeln. Und hier gewinnt das Design geradezu den Status einer neuen Leitwissenschaft. Design ist nämlich eine wesentlich nichtverbale Aktivität und praktische Erfahrung mit den Zeichen. Im Designprozeß entwirft sich der

Mensch als Agent des Wandels – mit den präzisen Worten Nadins: »Future is insignation: putting into sign, i. e., design.«
Weil die neue Leitwissenschaft des Designs den Menschen von der Konditionierung, der Fesselung durch Sprache befreit, ist die Multimedia-Gesellschaft eine Civilization of Illiteracy. Die »Sprache« des Designs stellt nämlich zugleich dar und her, was sie ausdrückt; sie verkörpert die praktischen Erfahrungen und Erwartungen des Menschen. Noch einmal Mihai Nadin: »Designing is the virtual practical experience.« Zu deutsch: Der Designprozeß ist die virtuelle Realität der praktischen Erfahrung. Und in dieser allerneuesten Erfahrung des Designprozesses findet die Multimedia-Gesellschaft gerade Anschluß an die allerälteste, nämlich an die Erfahrung des Rituals.

## Gestaltung des Unsagbaren

Rituale entstehen aus dem Schiffbruch der Unmittelbarkeit. Es ist nämlich tödlich für den Menschen, sich für ein natürliches Wesen zu halten; er paßt nicht in die Welt. Und Riten kompensieren nun genau diesen Mangel an Umwelteingepaßtheit. Jedes Ritual produziert rein als Form Vertrautheit und Bedeutsamkeit. Die Vertrautheit des Rituals erklärt zwar nichts, aber sie macht das Unerklärliche der Welt erträglich. Heute lehrt uns das Ritual den Wert der Redundanz, also des Gegenteils von Information (Muster, Stereotypen, Schemata). Wir beginnen, das Kultische als Pfeiler im Datenstrom zu schätzen. Die rituellen, kultischen Elemente der Gegenwartskultur haben also vor allem eine Kompensationsfunktion. Sehen wir näher zu.
Zunächst einmal kompensiert die Ritualisierung die Mobilmachung, die Beschleunigung der Modernisierungsprozesse. Ganz selbstverständlich entwickelt sich heute ein Langsamkeitskult, der das Nichtmitgekommensein als Kulturleistung verklärt – und zwar gleichberechtigt neben dem spezifisch modernen Geschwindigkeitskult. Und in der Tat leisten extreme Geschwindigkeit und extreme Langsamkeit kulturell dasselbe: Sie machen

das Alltägliche reizvoll. Der brillante Marketing-Manager der Langsamkeit, Montblancs Norbert Platt, spricht in diesem Zusammenhang von »Zeit-Ankern«. Der Füller von Montblanc steht für den mit der Hand geschriebenen Brief, der diesseits allen Inhalts und Unsinns signalisiert: Ich nehme mir so viel Zeit für Dich ... Den Langsamkeitskult für Arme kultivieren die Tabakmarken für Selbstdreher. Wer sich seine Zigaretten selber dreht, genießt nämlich jedem ordinären Raucher gegenüber einen mehrfachen Mehrwert. Der Samson-Jünger gehört zur Sekte der Selbstdreher; er zwingt zur Intimität (»Darf ich mir eine drehen?«). Überdies beweist er eine Fertigkeit (Ritual). Und er macht es Schnorrern schwer.

Man muß sich klarmachen, daß Ritual vor allem heißt: das Bestehende nicht verändern, sondern sichern. Von »innen« betrachtet, leistet das Ritual eine kollektive Darstellung der religiösen Transzendenzerfahrung. Genau da, wo Worte versagen. Man könnte deshalb auch definieren: Riten sind die Praxis der Mystik. Das Mystische ist ja nach Wittgensteins schöner Formulierung das Unsagbare, das sich nur zeigt. Und genauso gibt es für das, was ein Ritual »sagt«, kein Äquivalent, keine Entsprechung in der Umgangssprache. Das bedeutet aber auch: Nur im Ritual kann man sich dem zuwenden, was »unendlich wertvoll« ist.

Das Ritual synchronisiert Stimmungen – es ist, um es mit den Worten des Biologen Portmann zu sagen, das »Organ überindividueller Gestaltung«. Wer also wissen will, was eine Gesellschaft im Innersten zusammenhält, muß ihre Kulte und Rituale beobachten. Der autonome Ritus funktioniert als soziales Band. An den Restbeständen von Manieren und Höflichkeit kann man noch heute beobachten, wie das Zeremonielle das Soziale stimuliert. Es gibt eben keine gute Gesellschaft ohne stabile Konventionen. Doch Kult, Ritual und Zeremonie sind nicht nur das Vollzugsmedium sprachunbedürftiger Kommunikation, sondern auch das Sicherungsmedium, in dem die Gesellschaft das Kommunikationsrisiko kontrolliert. Gemeint ist das Risiko, daß

Kommunikationsangebote abgelehnt, Aussagen negiert werden, Redeflüsse versiegen. *How do you do?* Wie war's im Urlaub? Das Wetter! Das Ritual versorgt uns also nicht nur mit dem transzendenzverbürgend Unsagbaren, sondern auch mit dem überlebenswichtig Nichtssagenden.

Und damit sind wir schon bei den therapeutischen, sozialhygienischen Effekten von Kult und Ritual. Der Vorrang des Rituellen ermöglicht den Placebo-Effekt. Hausmüll trennen, Wasser sparen, auf Plastiktüten verzichten, das Hotelhandtuch mehrfach benutzen – man tut was für die Umwelt. Das hilft vielleicht nicht der Natur, aber der Seele. Und wem es nicht genügt, die eigene Seele durch gute Umwelttaten zu retten, sondern sich auch noch »verwirklichen« will, dem werden heute konfektionierte Eigenformeln angeboten. Der Pseudoindividualist sehnt sich nach dem persönlichen Ritus – eine wunderschöne Paradoxie, die heute von Ritus-Beratern entfaltet wird; das erspart die Psychotherapie.

Marketing-Experten nennen dieses Angebot *Emotional Design;* es ist das Kommunikationsdesign des Rituellen. In diesem Zusammenhang wird auch Erving Goffmans Definition von Werbung als »hyper-ritualization« wieder aktuell. Es geht beim *Emotional Design* darum, den Menschen zu zeigen, daß sehr vieles möglich ist, und sie zugleich vor der Erfahrung zu schützen, alles sei auch anders möglich, also zufällig. Design und Marketing zielen deshalb nicht mehr auf das Bewußtsein, sondern auf dessen Immunsystem: die Gefühle. Und damit bekommt man Kunden viel besser in den Griff als durch »Dialoge« mit dem »homo oeconomicus«, der schon immer eine haltlose Fiktion der Wirtschaftswissenschaften war. Denn nicht Bewußtsein, sondern Gefühle fokussieren Aufmerksamkeit – sie bestimmen, was auf die Tagesordnung kommt.

Vielleicht kommen Gefühle aus dem Bauch – aber die Urteile über Gefühle sollten nicht aus dem Bauch kommen. Die Wissenschaften haben gerade in den letzten Jahren die Emotion als eine Form der Kognition gewürdigt und zeigen können, daß Gefühle Verhaltensmustern entsprechen, also in gewisser Weise erlernt werden. Um es mit James Lange zu sagen: Das Verhalten wirkt auf das Gefühlsleben zurück. Deshalb gibt es in jeder Gesellschaft eine verpflichtende Syntax der Gefühle. Und deshalb ist es auch möglich, Gefühle zu modellieren. In diesem Bewußtsein gestaltet das *Emotional Design* Gefühlsmuster und schafft damit einen Außenhalt für objektlose Gefühle. Hermann Schmitz spricht in diesem Zusammenhang sehr schön von »ortlos ergossenen Atmosphären«, mit denen man Objekte einfangen kann – nämlich die Waren, denen sie dann ihre Aura schenken. Gestaltet werden also nicht mehr Gebrauchsgegenstände, sondern Beziehungsmuster: Die Marke liebt dich! Um es auf eine Abschlußformel zu bringen: Kultmarketing und *Emotional Design* formen die Erlebnisse und Gefühle im Medium des Konsums.

## Die Tiefe der Oberfläche

Der Markt korrumpiert, Trends sind oberflächlich, und der Zeitgeist ist nur der Medienherren eig'ner Geist – wer die Welt so sieht, gilt als unbestechlicher Mahner, der natürlich einen Ehrenplatz im Feuilleton verdient hat. Die deutsche Tiefe will also nichts vom Zeitgeist wissen – und das kann ja wohl nur heißen, daß man immer noch an Geschichtsphilosophie, universalistische Prinzipien oder Werte glaubt. Wer dagegen kulturelle Trends beschreibt, also an den »Oberflächen« der Gesellschaft beobachtet, muß stets mit dem Vorwurf rechnen, seiner Darstellung fehle es an Stringenz, Zusammenhang und Begründung.
Man kann diese Unterscheidung von Oberfläche und Tiefe aber auch als zu naiv zurückweisen und fragen, ob es nicht endlich an der Zeit wäre, die Oberfläche zu entdecken, d. h. – mit Nietzsche und den alten Griechen –, »oberflächlich aus Tiefe« zu sein. Und damit sind wir beim Design. Es ist die organisierte Oberflächlichkeit aus Tiefe. Ähnliches – ich bemerke das hier nur in Klammern – gilt übrigens auch für die Fotografie. Sie hat ja

prinzipiell das Problem der Widerstandslosigkeit. Aller Erdenrest ist abgestreift. Diese Oberflächlichkeit, Widerstandslosigkeit und Glätte der Fotografie hat man aber schon in ihrer Geburtsstunde als ihre befreiende Kraft empfunden; sie schüttelt das Gewicht der Welt ab. So hat Oliver Wendel Holmes, ein Zeitgenosse Baudelaires, die Fotografie als Befreiung der Form von der Materie gefeiert. Die abgeschälten Oberflächen der Gegenstände sind ja billiger und mobiler als die Gegenstände selbst. Das heißt, Holmes begreift Fotografien analog zu Banknoten als »Wechsel auf feste Materie«. Geld und Fotos – sie lösen die träge Welt in unendlich flexiblen Medien auf. Klammer zu.

Um die überragende Bedeutung des Designs für die Wirtschaft und Kultur des 21. Jahrhunderts zu verstehen, ist es hilfreich, einen kurzen Blick zurück in seine Geschichte zu werfen und die ersten Ansätze zu einer Designwissenschaft zu rekonstruieren. Die erste Designbewegung bildete sich im Kampf gegen drei Mächte:

- erstens gegen den Stil des Empires, d. h. das bloß Dekorative, die Draperie, die Entwertung des Ornaments durch seine Inflationierung, die Auflösung des Raumes durch sich verselbständigende Möbel;
- zweitens gegen die Techniken der Mechanisierung wie z. B. den Jacquard-Webstuhl, die zu einer Schwächung des Materialbewußtseins geführt hatten;
- drittens gegen das Auftreten der Massen und der Massenprodukte auf dem Schauplatz der Geschichte.

Henry Cole hat in seinem *Journal of Design* eine Moral der reinen Formen durch eine Anwendung des Schönen auf die mechanische Produktion propagiert – *Select pure forms*, lautete die Parole. Man könnte sagen: Cole erfand den modernen Kunsthandwerker. Im gleichen Geist predigte dann William Morris künstlerische Moral. Material und Bearbeitung sollten wieder als ästhetischer Wert gewürdigt werden, und Handarbeit erschien als Heilmittel gegen den Qualitätsverfall. 1861 gründete er die Kunstgewerbli-

chen Werkstätten – und Werkstatt heißt eben: nicht Fabrik! In seinem Roman *News from Nowhere* forderte Morris dann die Produktion von Gegenständen für den »Nächsten« – und d. h. eben: nicht für den unbestimmten Markt!
Design formiert sich also zunächst scheinbar in polemischer Gegenstellung zur Modernisierung der Gesellschaft. Doch der Kunsthistoriker Alfred Gotthold Meyer bemerkt schon 1907, dem Jahr der Gründung des Deutschen Werkbundes: »Die Fermente, welche die Stellung des 19. Jahrhunderts in der Stilgeschichte bedingen, sind die Errungenschaften der modernen Technik.« Aber die technischen Formforderungen werden zunächst vom Kostüm- und Maskenzauber des Historismus verdeckt. Daraus erklärt sich die Faszination des Jugendstils. Um es auf eine einfache Formel zu bringen: Im Kampf des akademischen Künstlers und seiner Stilformen gegen den Ingenieur und seine konstruktiven Formeln suggeriert der Jugendstil erstmals eine Synthese. Es war der Augenblick des *Take off.* Design wird zur freien Formung. Der Jugendstil steht für den Ausbruch des Gestaltens aus dem Elfenbeinturm der Kunst. Ein schönes Symptom: Henry van de Velde gab das Malen auf.
Die Gründung des Deutschen Werkbundes markiert dann deutlich sichtbar den Anschluß der Gestaltung an die Industrie – man könnte von einer Geburtsstunde des *Industrial Design* sprechen. Kunst orientiert sich neu in der Welt der Maschinen. In der expressionistischen Frühphase des Bauhauses herrschte noch das Maß des Menschen; dafür steht Johannes Itten ein. Mit dem Erscheinen Moholy-Nagys tritt die Industrienorm an die Stelle des Humanum. Das Lebensgefühl der Handwerkergemeinschaft weicht der Präzision von DIN und Designwissenschaft.
Was das Bauhaus mit dem Futurismus und Konstruktivismus verbindet, ist das hohe Bewußtsein von maschineller Funktion, industrieller Konstruktion und neuen Materialien. Diese technische Ästhetik räumt mit allen kraftlosen Humanismen auf und entfaltet die Spielräume der technischen Konstruktion. Statt im Namen einer beschädigten Natur Abstinenz von der Technik zu

predigen, übt sie in eine Mensch-Maschine-Synergie unter neuen Medienbedingungen ein. Ästhetik orientiert sich weg von der Kunst und hin zu den Kommunikationsmedien. Konkret zeigt sich das in der multimedialen Gestaltung von Werbung. Grafikdesign entsteht genau in dem Augenblick, da Reklame zum Objekt von Wissenschaft wird. Und überhaupt tritt an die Stelle der traditionellen ästhetischen Theorie eine Designwissenschaft.

## Die Befreiung des Designs von der Kunst

Max Bill, Gründungsmitglied und bis 1956 Leiter der HfG Ulm, verkündet zunächst folgendes Programm: »Wir betrachten die Kunst als höchste Ausdrucksstufe des Lebens und erstreben, das Leben als ein Kunstwerk einzurichten. Wir wollen, ähnlich wie es seinerzeit Henry van de Velde proklamierte, gegen das Häßliche ankämpfen mit Hilfe des Schönen, Guten, Praktischen.« So soll neben dem Natur- und Kunstschönen eine neue Schönheit gepflegt werden: das »Technikschöne«, dessen Formen sich in den »Konfinien zwischen Kunst und Technik« (Max Bense) bilden.

Max Bill sieht die HfG Ulm also in klarer Kontinuität zum Bauhaus, und in der Tat haben einige Bauhäusler Gastvorlesungen in Ulm gegeben. Aber schon der Rektor der frühen 60er Jahre, Otl Aicher, grenzt das Ulmer Design klar von der Kunst ab. Aus einem Bericht über die Entwicklungsstufen der Hochschule für Gestaltung spricht ein ganz anderer Ton, den Max Bill mißbilligt hat. Wie in der Geschichte des Bauhauses wird das traditionalistische, kunstnahe Gründungsprogramm rasch verabschiedet. Aicher verkündet »ein auf Technik und Wissenschaft abgestütztes Modell des Designs. Der Designer ist nicht mehr übergeordneter Künstler, sondern gleichwertiger Partner im Entscheidungsprozeß der industriellen Produktion. Die letzten Relikte eines Werkbundkunstgewerbes werden preisgegeben.« Design wird kybernetisch verstanden als Gestaltungsprozeß mit Feed-

back-Schleifen – charakteristische Stichworte sind »Systemdesign« und »Modularanordnung«.
Otl Aicher fordert darüber hinaus eine »Industriearchäologie«, die dem Design eine theoretische und geschichtliche Grundlage gibt, und d. h. eben: einen »Theoretiker der technischen Artefakte« analog zum Kunstwissenschaftler. Neben den schönen Schein soll die technische »Designschönheit« treten. Die fundamentale Unterscheidung in Aichers Designtheorie ist also die zwischen Design und Kunst. Design verhält sich zur Kunst wie Wissen zum Glauben. Insofern ist Design theoriepflichtig und hat eine eigene Form der Schönheit: das Technikschöne. Und umgekehrt gilt: »Das Kunstschöne als das autonom Schöne hat in der Technik keinen Platz.« Der zweckgerichteten Entwurfsarbeit des Designers kann Kunst nur störend dazwischenkommen. »Die Nahtstelle von Artefakt und Hand ist mit Kunstvorstellungen nicht lösbar« – und Nahtstelle heißt natürlich *Interface*, Benutzeroberfläche. Es gibt also keine ästhetische Logik der Evolution technischer Formen. Aber umgekehrt kann man sagen: »Die Technik setzte eine Fülle neuer Ästhetiken frei.« In dieser Frage war auch das technisch orientierte Bauhaus noch nicht radikal genug; denn wer die Technik als Formenrepertoire begreift, steht noch unter der Herrschaft der Kunst.

## Lebensdesign

Für Otl Aicher ist der moderne Mensch in eine Welt geworfen, die ihm immer unbekannter wird. Vergangene Generationen konnten sich leichter in ihrem Leben orientieren als wir. Heute gibt es keine vorgegebenen Antworten mehr. Deshalb ist es entscheidend, das Fragen zu lernen und das Finden zu trainieren. Wir entwerfen uns auf ungewisse Möglichkeiten. Design formt das Leben, d. h., es ist eine Balanceleistung zwischen Dingen, Menschen und Umwelt. Aicher spricht ausdrücklich von »Lebensdesign«, von einer »Optimierung der Lebensform«. Das Design richtet sich also nicht mehr auf Einzelobjekte, sondern auf Systeme. Struktur, Raster, *Pattern*, Netzwerk – das sind Schlüsselbegriffe eines nichtlinearen Designprozesses, der den modernen Lebensbedingungen entspricht.

Formulieren wir die anthropologische Grundannahme dieses Designkonzepts etwas deutlicher: Nicht die Grenzen des Körpers, sondern die Grenzen meiner Geräte sind die Grenzen meiner Welt. Der Mensch ist kein Naturwesen, und deshalb vollzieht sich die Menschwerdung des Menschen in der Synergie mit seinen Techniken. Aicher begreift den Menschen also nicht biologisch, sondern systemisch: »Er ist nicht, er richtet sich ein.« In dem Essay *Erweiterungen des Ich* heißt es hierzu sehr klar: »Erst Geräte, solche des Machens oder solche der Kommunikation, vervollständigen uns und setzen uns in unsere Menschlichkeit ein. Der Mensch, jeder einzelne, entfaltet sich nach Maßgabe seiner richtigen Geräte.«

Um aber Geräte, also technische, organisierte Gegenstände zu verstehen, muß man sie im Gebrauch studieren. Aicher überträgt hier den berühmten Satz des Philosophen Ludwig Wittgenstein – »Die Bedeutung eines Wortes ist sein Gebrauch in der Sprache« – auf das Design. Der Designer hat es nicht mit künstlerischen Formen, sondern mit Lebensformen zu tun. Die Aufmerksamkeit auf den Gebrauch soll die Sprache der Sache selbst vernehmlich machen. »Design ist Umgang mit Dingen, bevor es Wissen sein kann. Design verzichtet auf den ästhetischen Absolutismus der Kunst und sucht die Ästhetik des Gebrauchs.«

Der Grundgedanke lautet: Gerade das Bekannte, Gebräuchliche ist uns unbekannt. Es geht für den Designwissenschaftler nicht darum, »in die Tiefe vorzudringen, sondern die Oberfläche zu entdecken«. Diese Designer-Logik der Oberfläche operiert nicht kausal, sondern spielerisch – in einer Art Darwinismus der Formen. Gerade für das Design gilt das *survival of the fittest:* Zweckmäßig ist, was im Spiel der Gebrauchsformen übrigbleibt, was paßt. Das ist das Selektionsprinzip der Bewährung im Gebrauch. Das heißt aber: Die Wirkungen sind die Ursachen der

Formevolution. Hier wird die Designtheorie kybernetisch: An die Stelle der Ursache-Wirkungs-Verkettung tritt der Regelkreis. »Feedback ist Lernen aus dem Machen« (Otl Aicher).

## Denkende Dinge

Von Technisierung spricht man immer dann, wenn man reflexionsfreie Vollzüge charakterisieren will. Hier herrscht der Geist der Mathematik, denn diese ist weitgehend prozedural, d. h., sie denkt für sich selbst. Und in ebendiesem Geist arbeitet man heute an intelligenten Technologien, die im Jargon amerikanischer High-Tech-Institute *Things that Think* heißen. Immer mehr von dem, was gedacht werden muß, wird von Dingen gedacht. Technik funktioniert ohne Konsens, und funktionierende Technik kann man nicht irritieren.

Das klingt zunächst bedrohlich, ist aber im Gegenteil die Überlebensbedingung fortgeschrittener Zivilisationen. Diese können nur funktionieren, wenn es die Menschen »so genau« gar nicht wissen wollen und sich damit begnügen, die Schlußfolgerungen aus schon Gedachtem zu ziehen. Gemeint ist der in Techniken und Institutionen geronnene Geist. Nur er macht uns in einer Welt, in der nur gewiß ist, daß die Zukunft ungewiß ist, überlebensfähig. *Uncertainty absorption* nennen das Soziologen.

Unsere Zivilisation könnte also zur Not auf intelligente Menschen verzichten, aber nicht auf denkende Dinge. Nicht das, was Menschen denken, sondern das, was man ihnen zu denken erspart, bringt den zivilisatorischen Fortschritt. Der Philosoph A. N. Whitehead hat das schon vor Jahrzehnten klar gesehen: »Civilization advances in proportion to the number of operations its people can do without thinking about them.« Die Zivilisation schreitet genau in dem Maße voran, als Menschen handeln können, ohne darüber nachzudenken. Das Soziale setzt also Technisierung voraus – gegen die »Natur«. Aber diese Technik verbirgt sich im Vertrauen der User. Man könnte es auch so sagen: Technik ermöglicht unschädliche Ignoranz.

Die Welt des Designs war noch in Ordnung, solange sich das Gestalten am selbstverständlichen Gebrauchen und die Form an der erkennbaren Funktion orientieren konnte. Doch im Zeitalter der Mikroelektronik sehen wir uns von Black boxes umstellt, zu denen es keinen intuitiven Zugang mehr gibt. Jeder Haushalt kennt die alltägliche Verzweiflung über die Fremdsprache der Gebrauchsanweisungen. Schon lange haben wir Abschied genommen von dem Objekt-, nein: Weltverhältnis, das Heidegger mit wunderbarer Präzision »Zuhandenheit« nannte. Zuhanden war, was in seinem Gebrauch aufging und eben deshalb niemals als Gegenstand auffällig wurde. Man vergleiche dagegen den Videorecorder.

Die *Gadgets* der Multimedia-Gesellschaft sind, mit Hermann Sturms präzisem Wort, »Prothesen des nicht mehr Begriffenen«, fröhliche Kapitulationserklärungen der Sachlichkeit. Mit dem Begriff *Gadget* wollen wir andeuten, daß es sich bei technischen Innovationen, zumal bei medientechnischen, nicht einfach um »Gegenstände« handelt. *Gadgets* werden wie Spielsachen libidinös besetzt und funktionieren vielfach wie Winnicotts »transitional objects«, wie Übergangsobjekte. Vielleicht führte hier auch Michel Serres Begriff des Quasi-Objekts weiter, mit dem er Dinge bezeichnet, die soziale Redundanz erzeugen; der Umlauf des Quasi-Objekts schafft das Wir – zum Beispiel der Fußball. Schon Mead hatte ja gesehen, daß der Sinn eines Objekts – und damit eigentlich: das Objekt selbst – durch kommunikative Anpassungsprozesse entsteht. All diesen Konzepten ist gemeinsam, daß sie das Objekt nicht als Gegenstand, sondern als Eigenwert kommunikativer und interaktiver Prozesse verstehen.

Das Gebrauchen ist in der Welt der *Gadgets* also längst nicht mehr souverän und selbstverständlich. Wir alle leben in der freiwilligen Knechtschaft der User. Weniger poetisch formuliert: Man unterwirft sich dem, was man nicht versteht, um es zu gebrauchen. Wie in den Welten von Wirtschaft und Politik muß man heute auch in der Welt der technischen Gegenständlichkeit Verstehen durch Einverständnis ersetzen. Gnädig verbirgt uns die Benutzeroberfläche die logische Tiefe der Geräte. Design ist heute nicht mehr das Gewissen der Dinge, sondern *user friendliness.*

## Gestaltung des Unsichtbaren

»Intel inside« – das ist eine nicht allzu gelungene, aber lehrreiche Werbung für das Immaterielle, für ein Schlüsselprodukt unserer Wirtschaft des Unsichtbaren. Nichts macht deutlicher als ein Mikrochip, wie sich das Entscheidende heute der Sichtbarkeit entzieht. Schon lange ist der Zusammenhang von Form und Funktion zerfallen, und die elektronische Miniaturisierung läßt die Gegenstände zur tiefenlosen Benutzeroberfläche schrumpfen. Die Unternehmen der Mikroelektronik, Nano- und Biotechnologie haben vor allem eines gemeinsam: Was sie produzieren, entzieht sich dem Maß des Menschen.
Wenn der Philosoph Hans Blumenberg bemerkt, »daß die Leute, die das Gesicht unserer Welt am stärksten bestimmen, am wenigsten wissen und zu sagen wissen, was sie tun«, dann gewinnt die alte Metapher vom Gesicht der Welt eine faszinierende Aktualität. Die Physiognomie der technischen Funktionswelt war schon immer ausdruckslos; und darauf war sie zumindest zu Zeiten einer Neuen Sachlichkeit unter dem Titel Scheinlosigkeit auch stolz. Heute aber entzieht sich die Technik zunehmend der Sichtbarkeit. Design kann deshalb nicht mehr auf funktionalistisch-sachliche Transparenz setzen, sondern muß Sicherheit und Weltvertrauen bieten.
Intelligentes Design, selbsterklärender Gebrauch und *online-help* sind Begriffe, die dem Kunden signalisieren wollen: Vergiß die Technik! Design versteht sich heute nicht mehr als Verpackungskunst eines Geräts, sondern als Animation einer *Black box.* Schwarze Schachteln machen angst, und es ist die vornehmste Aufgabe des Designers, uns diese angst zu nehmen. Der Chef von *frogdesign,* Hartmut Esslinger, hat wie kein zweiter die

Herausforderung des Designs durch ein »hyper-real, ›post-credible‹ media environment« verstanden: die Verunsicherung der Menschen in einer mediengetriebenen Wirklichkeit, in der es immer schwieriger wird, zwischen wirklich und künstlich, zwischen zufällig und geplant zu unterscheiden. Die Antwort auf diese Herausforderung ist ein postmodernes – oder wie Esslinger sagt: »post-credible design«, das den Kunden vor allem Vertrauen, Glaubwürdigkeit und Wert signalisiert; eine auch deshalb so schwierige Aufgabe, weil kaum mehr ein Konsument die technischen Fakten beurteilen kann. »What we need in design are translators of credibility.« Design muß Glaubwürdigkeit in Form übersetzen. Gelingt dies, dann heißt *Black box* positiv: Das Wissen darüber, was in ihr vorgeht, ist unwichtig für das Verständnis ihrer systemischen Funktion. Und *User* lautet dann der Ehrenname für den Kunden der Einfachheit. Er will nichts von Programmen und Prozessoren wissen, sondern auf der freundlichen Benutzeroberfläche bleiben.
Das hat natürlich Folgen für unseren Lebensstil. »We have learned to take things at interface value«, sagt Sherry Turkle zu Recht. Wir akzeptieren es, nicht zu wissen, was in den schwarzen Schachteln vor sich geht. Das funktioniert bei Autos schon lange sehr gut, aber heute beobachten wir das eben auch bei der *Black box* Computer. Denn das Wissen von seinen Schaltplänen ist unwichtig für das Verständnis seiner sozialen Funktion. Die Frage, wie ein Computer technisch funktioniert, hat also nichts mit der Frage zu tun, was er gesellschaftlich bedeutet. Man kann das eine verstehen, ohne von dem anderen einen blassen Schimmer zu haben. Wer macht schon noch die Motorhaube auf, wenn der Wagen auf der Autobahn liegenbleibt. Man kann nicht alles wissen, und irgendwo muß mit den Details Schluß sein. Das ist kein »Praxisdefizit«, sondern notwendige grobe Körnung. Wenn man die Multimedia-Gesellschaft verstehen will, hilft es nichts, einen Computer aufzuschrauben.

## Das Tier, das Hände hat

Was bin ich? So hieß eine vor Jahrzehnten erfolgreiche Fernsehserie, in der ein prominentes Expertenteam Berufe erraten mußte. »Machen Sie eine charakteristische Handbewegung«, sagte dann Robert Lembke, und an dieser berufsspezifischen Geste orientierte man die ersten Fragen. Das führte aber zumeist in Sackgassen, denn Gesten lassen sich offenbar nicht wie eine Sprache verstehen. Gesten muß man kennen, um sie zu verstehen; Sätze nicht.

Dennoch ist man sich unter Anthropologen heute einig, daß Gesten die Urformen der Kommunikation sind. Und in der Tat leuchtet es ja ein, daß menschliche Kommunikation aus dem Abtastverhalten entstanden sein soll. So spricht George Herbert Mead in einer zentralen Überlegung von »conversation in gestures«, um die gesellschaftsstabilisierende Funktion von Alltagskommunikation zu erläutern. Gesten ermöglichen die Symbolisierung von Erfahrung und die Anpassung an andere – und das ist ja die Bedingung jeder Handlungskoordination. Wenn man die Dinge so sieht, kann man gesellschaftlich angemessenes Handeln erklären, ohne auf so rätselhafte Phänomene wie »Bewußtsein« eingehen zu müssen.

Wittgenstein hat einmal gesagt, die Bedeutung eines Wortes sei sein Gebrauch in der Sprache. Und analog könnte man formulieren: Der Sinn einer Geste ist ihre Interpretation durch den anderen. Wir betrachten die Geste also funktionalistisch als Auslöser von Reaktionen und damit als soziales Radikal. Indem wir Gesten lernen, üben wir ein, was uns zu sozialen Wesen macht: das »taking the role of the other«, mimetische Rollenübernahme. Unser Ichkern entsteht in der Nachahmung der anderen. Oder, um es mit den nüchternen Worten Meads zu sagen: Identität ist die »individuelle Spiegelung der allgemeinen, systematischen Muster«.

Gerade die Persönlichkeitsfarbe eines Handlungsstils ist also das Resultat eines sozialen Selektionsprozesses, der Ausdruckstypen und Pathosformeln bereitstellt. Die Aura des Individuellen hängt einfach daran, daß es gelingt, die Handlung als Gebärde zu stilisieren. Individualität läßt sich nämlich in Gesten viel leichter auf Dauer stellen als in Sprache. Und das hat einen denkbar simplen Grund: Nonverbale Kommunikation kann man nicht zur Rede stellen. Während sprachliche Kommunikation immer wieder von Ablehnung bedroht wird, ist die ein Selbst darstellende Gebärde immun gegen Kritik. Niemand hat das genauer gesehen als der amerikanische Dichter Scott Fitzgerald: »Personality is an unbroken series of successful gestures.« Zu deutsch: Persönlichkeit ist eine fortlaufende Reihe erfolgreicher Gesten. Deshalb ist es leicht, als Fußballer oder Schauspieler zum Weltstar zu avancieren – für einen Wissenschaftler dagegen fast aussichtslos.

*Zoon logon echon,* das Tier, das die Sprache hat – so hat man den Menschen immer wieder in seiner biologischen Sonderstellung definiert. Doch ist er nicht sehr viel mehr noch das Tier, das Hände hat? »Die Hände des Menschen haben weitgehend dazu gedient, fixierte Instinkte aufzubrechen, indem sie ihn einer Welt mit einer Vielzahl von Objekten gegenüberstellten.« So G. H. Mead. Daß wir eine Welt haben, statt in einen Instinktkreis eingeregelt zu sein, verdanken wir den Händen, die, was sie greifen, begreifen lassen. Und wie bedeutsam dieser Zusammenhang von Hand, Greifen und Begreifen für das Weltverhältnis des Menschen ist, zeigt sich gerade heute, im Zeitalter der vollendeten Prothesen. Im unendlich dimensionalen Datenraum, der die Welt ersetzt, kehrt doch die Hand wieder, nämlich als metaphorische Navigationshilfe: *Data Glove.*

## Die Wissenschaft vom Künstlichen

Es ist heute wohl unstrittig, daß das Design der Schnittstelle von Telekommunikation, neuen Medien und Computertechnologien die wichtigste gestalterische Aufgabe der Zukunft ist. Designwissenschaft untersucht die Probleme eines kommunikationszentrierten Technologieeinsatzes. Ist es ein Punkt, eine Fläche, ein Raum, wo der User auf sein Gadget, der Mensch auf die Maschine stößt? Wo uns Design mit einem Zauberschlag die Angst vor den undurchsichtigen Artefakten nehmen soll? *Interface Design* muß das Problem der *Black box* und Sinn-Design das Folgeproblem des reinen Funktionierens lösen. Wir können daraus schließen: Design ist die Einheit der Differenz von Form und Funktion. Und diese Definition markiert auch deutlich, was eine Designwissenschaft von Kunst- und Naturwissenschaften trennt. Als Wissenschaft des Artifiziellen besiedelt die Designwissenschaft eine noch unerforschte Mitte zwischen Analyse und Ästhetik; ihre Maßstäbe bezieht sie bis auf weiteres von Technik und Rhetorik.

Natürlich haben die Menschen schon immer die Welt entworfen, in der sie leben konnten. Doch erst seit dies als Problem bewußt geworden ist, gibt es Design im eigentlichen Sinn. Designer wollen entwerfend Welt erschließen – sie besorgen Sinn. Und wenn wir heute Abschied vom Ding-Design nehmen, dann rückt diese Orientierungsfunktion des Designs nur um so deutlicher ins Zentrum der Aufmerksamkeit. Sinn-Design ist mit dem Seinsollen befaßt. Deshalb tritt an die Stelle von Objekt-Design zunehmend das Design von Wahrnehmung und Lebensstil. Paul Virilio hat in diesem Zusammenhang einen berühmten Titel von Kant ironisch entstellt und von einem »Metadesign der Sitten« gesprochen. Und tatsächlich: So wie Wissenschaft heute nicht mehr am Subjekt ansetzt, sondern an Beziehungen, so setzt das postmoderne Design nicht mehr am Objekt, sondern an einer Beziehung an.

Doch auch nach dem Ende der Sachlichkeit gilt: Sinn für Design haben nur Menschen, die Formgefühl haben, d. h. die Rhetorik der Technik verstehen; und das wiederum setzt ein prinzipiell positives Verhältnis zur Welt der Artefakte voraus. Oder, um es mit Franz Boas zu sagen: »A feeling for form develops with technical activities.« Umgang mit Technik fördert das Formgefühl. Gemeint ist die Selektion des dekorativen Effekts, die Meisterschaft des Virtuosen, die Lust an der komplexen Form. Design löst also das Problem der Einheit von Komplexität und Vertrautheit. Und doch wäre es verfehlt, die Geschichte des Designs mit der Geschichte technischer Artefakte überhaupt zu identifizieren. Prinzipiell kann man sagen: Design entsteht, wenn es keine geltenden Formen mehr gibt. Es schafft für die Menschen eine künstliche Umwelt, in der sie sinnvoll existieren können. Mit anderen Worten, Design stellt Sinn durch Unterscheidungen dar. Es ist das Medium der Welterschließung.

Designer sind die Meister der Vereinfachung. Ihre Aufgabe lautet stets: Reduktion von Komplexität – und zwar so, daß die Oberfläche des Gebrauchs ein sinnvolles Bild, ein Bild des Sinns anbietet. Schalte deinen Computer ein, und auf dem Bildschirm empfängt dich nicht die gefährliche logische Tiefe des Digitalen, sondern ein Schema wohlvertrauter Icons, das dir suggeriert, nach wie vor in der Menschenwelt des Analogen zu operieren. Ist das nun eine schreckliche oder eine wohltuende Simplifikation? Vielleicht gibt es schreckliche Simplifikationen überhaupt nur für den Aufklärer, der Oberflächen prinzipiell mißtraut. Der Designer dagegen will zum Gebrauch verführen, und deshalb muß er die Angst der Menschen vor der Technik, den undurchsichtigen Gadgets, wegarbeiten. Wie gesagt, Design zielt heute nicht mehr auf funktionalistisch-sachliche Transparenz, sondern auf Sicherheit und Weltvertrauen – und steht damit eher auf seiten der Religion als der Aufklärung.

Natürlich werden Designer auch in Zukunft Kaffeekannen und Zapfsäulen von Tankstellen gestalten, aber es wird selbst dabei immer deutlicher werden, daß Design die Ausarbeitung derjenigen Metapher ist, in der eine Kultur sich selbst versteht. Das läßt sich jedoch an ergonomisch gestalteten Sitzmöbeln weniger deutlich zeigen als etwa am *Interface Design* der digitalen Medienwelt. Hier formuliert die Multimedia-Gesellschaft ihre Schlüsselmetaphern – allerdings in einer Rhetorik, die sich nicht in Diskursen, sondern in Technologien formuliert. Design erweist sich also als die Ausarbeitung einer kulturellen Metapher.

## Kai Krause und Hartmut Esslinger – zwei Helden der intelligenten Märkte

Man muß heute schon bis nach Kalifornien reisen, um deutsche Designer zu treffen, die diese Lektionen der Wirtschaft des Unsichtbaren gelernt haben. Frog ist eine außerordentlich erfolgreiche Firma, die zwar vor dreißig Jahren im Schwarzwald gegründet wurde, doch heute den Stern des deutschen Designs von Silicon Valley aus strahlen läßt. Auch Hartmut Esslinger hat eine klare Formel gefunden, die das Sachlichkeitspathos des »form follows function« verabschiedet. Der neue Zauberspruch, der das *Emotional Design* in seine einprägsamste Fassung bringt, lautet: »Form follows emotion.« Esslinger kennt weder die ingenieurstechnische Angst vor dem Gefühl noch den intellektuellen Dünkel gegenüber dem Zeitgeist. Ja, Form ist für ihn nichts anderes als eine Übersetzung von Gefühl und Zeitgeist.

In einem faszinierenden Interview des *Spiegels* (35/1998) mit Hartmut Esslinger bestimmt er die Stellung des Designs in der Wirtschaft mit einer prägnanten Metapher: »Design hat nichts mit Kunst zu tun, es ist eine Dienstleistung. Es geht um die optimale Verbindung zwischen Mensch und Technik. Design ist wie ein Kapitän, der ein Schiff sicher in den Hafen bringt.« Esslinger selbst ist das von Apple-Computern bis zu Lufthansa-Schaltern so glänzend gelungen, daß Frog-Design längst eine Kultmarke ist. Und damit sind wir beim Betriebsgeheimnis der Wirtschaft des Unsichtbaren: »In der postindustriellen Gesellschaft braucht man keine Fabrik, sondern eine Marke, ein Image und eine Idee.«

Niemand hat das besser begriffen als der Essener Kai Krause, dessen Firma MetaCreations heute unter Grafikdesignern einen Kultstatus hat wie früher Apple. Auch wer Kai Krauses Firma – »Standort« natürlich: in Kalifornien – nicht kennt, ist doch täglich umringt und fasziniert von seinen Produkten. Er hat, von *MTV* bis *Star Trek*, die Ästhetik der Massenmedien und des computergestützten Designs ganz wesentlich geprägt. Ähnlich wie in den 70er Jahren Apple gegen den uninspirierten Giganten IBM stilisiert sich Kai Krause heute gerne als listiger David, der bald gegen den phantasielosen Goliath Microsoft antreten wird. Sein Produktversprechen lautet: Die wahre Mensch-Maschine-Synergie kann erst beginnen, wenn wir das Korsett von »Windows« gesprengt haben.

Und in der Tat ist das Grundkonzept des heutigen Interface-Designs schon über 20 Jahre alt – nach den Zeitmaßen der Software-Branche also: eine Ewigkeit. Doch nicht nur die Unübersichtlichkeit und notorische »Featuritis« stört den normalen Anwender. Wichtiger noch ist, daß die heute zur zweiten Natur gewordene Desktop-Metaphorik der Interfaces mit den komplexen Funktionen neuerer Software an unübersteigbare Grenzen gestoßen ist. Was Programme heute leisten, läßt sich nicht mehr mit Bildern aus der Bürowelt der 50er Jahre illustrieren. Statt die Software-Entwicklung immer nur im Stile des *Debugging* voranzutreiben, also schon geschriebene Programme auf Fehler und Optimierungslücken zu durchsuchen, setzt Krause immer wieder auf einen geistigen Neuanfang: »Let's reinvent everything from scratch.«

Aber es gibt noch ein zweites Grundproblem der Multimedia-Gesellschaft, an dem sich Kai Krause kreativ abarbeitet: Der Abstand zwischen Software-Designer und User wächst. Aller Bemühung um Benutzerfreundlichkeit zum Trotz scheinen die Computer nicht vertrauter und selbstverständlicher geworden zu sein. Krauses Lösungsvorschlag lautet: Der verständliche Computer ist der unsichtbare Computer; die Anwender sollen von Technologie weitestgehend verschont bleiben. Dieses Konzept hat einen eminent politischen Aspekt. Denn der verständliche, allgegenwärtige, unsichtbare Computer ermöglicht allererst Software für alle. Ausdrücklich fordert Krause in diesem Sinne eine »Demokratisierung der Programme«.

Krause hat verstanden, daß die wesentliche Aufgabe des Designs darin besteht, den Nutzern die Schwellenangst zu nehmen. Es ist deshalb ein Irrweg des Marketing, an den *homo oeconomicus*, die

Vernunft oder den preisbewußten Konsumenten zu appellieren. Kai Krause weiß: Spielen ist der Königsweg in die digitale Welt. *Computer Literacy* gewinnt man nicht durch Grundkurse oder die Lektüre von Manuals, sondern durch den Spaß am Programm. Jedes Erfolgserlebnis markiert eine überschrittene Schwelle in der Mensch-Computer-Interaktion: »Das habe ich gemacht!«

Holger van den Boom hat den engen Zusammenhang von Computer und Kreativität, um den es Kai Krause geht, sehr schön auf den Begriff gebracht: »Was ein Computer ist, wird stets durch die Phantasie seines Anwenders begrenzt, und dadurch auch das, was der Computer leistet. Nur unsere Phantasie setzt dem Computer Grenzen. An sich ist er der Idee nach eine grenzenlose Maschine, eine Maschine, die alles kann, eine Universalmaschine.« Ausgangspunkt für eine erfolgreiche Expedition in den Cyberspace ist also nicht die Nutzung des Werkzeugs Computer zur Lösung schon bekannter Aufgaben, sondern die Begeisterung über neue, ungeahnte Möglichkeiten der Gestaltung. Und je tiefer man in diesen Möglichkeitsraum eindringt, desto ununterscheidbarer werden Arbeitsplatz und Spielplatz. Nur wer mit dem Computer zu spielen weiß, weiß ihn auch als Werkzeug optimal zu nutzen – und das dann mit Spaß.

## Kommunikationsnomaden als Kommunikationsmonaden

Wer glaubt noch daran, daß technische Innovationen Antworten auf Bedürfnisse der Menschen sind? Umgekehrt wird eher ein Schuh daraus: Die Technik erzeugt selbst erst die Bedürfnisse, die sie befriedigen kann. Es ist deshalb sinnlos zu fragen: Braucht man das? Nämlich Handy, Inline-Skates, Internetadresse. Was man Zeitgeist nennt, ist nichts anderes als die aktuelle Lektion einer Kultur, die uns beibringt, was uns gerade noch gefehlt hat. Und damit sind wir bei der kulturellen Funktion der Technik. Mit dem Gebrauch technischer Geräte konnte man schon immer sozialen Status signalisieren. Heute haben wir es aber mit einer radikalen Verzeitlichung dieser Statusposition zu tun. Man muß zu den ersten Konsumenten einer technischen Innovation gehören, um daraus noch den Funken gesellschaftlicher Höchstwertung zu schlagen. Wer zu spät kommt, den erwartet die neue Technik mit einem sozialen Anschlußzwang. Erst war die Internetadresse das esoterische Erkennungszeichen einer High-Tech-Sekte; heute gilt jeder als Trottel, der sie nicht auf der Visitenkarte hat. Daß man die Jugend der 90er als @-Generation bezeichnet, ist kommentarunbedürftig.

Wie stark die kulturelle Prägekraft neuer Technologien ist, wird am Cocooning besonders deutlich: Ich und mein Magnum. Es geht hier um das Angebot einer maßgeschneiderten Schutzhülle, an der das Chaos der Welt abprallt. Seit der Geschwindigkeitsrausch immer mehr zum Traum verblaßt, verheißt das Auto vor allem eben dieses Cocooning – das Heimische als kontrollierte Insel im Chaos, z. B. im Stau. Im eigenen Wagen ist die Welt noch in Ordnung. Diese technische Simulation perfekter Empfindungsbedingungen funktioniert noch direkter beim Walkman, der den Lärm der Welt durch Eigenlärm verdrängt – der Nachbar in der U-Bahn swingt in sich, unansprechbar.

Doch erst im *cellular phone*, das die Deutschen mit souveräner Geschmacklosigkeit Handy getauft haben, proklamiert sich das Recht auf Eigenraum mit aggressiver Selbstverständlichkeit. Von Verrückten, die in aller Öffentlichkeit ganz selbstbezogen vor sich hin sprechen, unterscheiden sich die Handy-Nutzer nur durch ihr Gadget. Sie demonstrieren den Vorrang technischer Kommunikation durch eine vollständige Rücksichtslosigkeit gegenüber der sozialen Situation. Auch Verbotsschilder können die sonoren Handy-Stimmen in der Airport-Lounge nicht zum Schweigen bringen. Und wer etwa einen Vortrag hält, muß heute mit gewissen Pieptönen rechnen – und natürlich damit, daß der Angerufene den Saal verläßt.

Eine schöne D2-Werbung zeigt die Urgeste der Multimedia-Gesellschaft: drei Finger eingeklappt, Daumen und kleinen Finger ausgestreckt – das »archaische« Zeichen für Telekommunikation. Diese Urgeste versteht man offenbar auch im Urwald. Das soziale Ideal, immer und überall erreichbar zu sein, alles und weltweit leisten und senden zu können, wird in Kombigeräten wie dem Nokia Communicator handgreiflich. Telefon, Fax, Computer und Internetanschluß, also den kompletten Arbeitsplatz des postmodernen Menschen, hält man hier buchstäblich in einer Hand. Dem entspricht die zivilisationsethische Norm der *availability*, der Stand-by-Modus der Existenz; man muß immer auf Abruf bereitstehen. Diese Technik normalisiert die gesellschaftliche Erwartung ständiger Verfüg- und Erreichbarkeit. Die zeitgeistigen Kommunikationsnomaden erscheinen dann in der Öffentlichkeit als Kommunikationsmonaden.

## Die Welt als Computer

Unter Kulturanthropologen ist wohl unstrittig: Es gibt keinen direkten Weg des Menschen zu sich selbst. Er muß sich mit einem Nicht-Ich gleichsetzen, von dem er sich zugleich unterscheidet. Es gibt vom Totemismus der Urgeschichte bis zum Turing-Test des digitalen Zeitalters ein konstantes Problem menschlicher Selbstdefinition. Der archaische Mensch ist nicht identisch mit dem Totem – und ist es doch. Digitale Maschinen können nicht wie Menschen denken – und können es doch. Es ist ein Verhältnis von Identität und Differenz zugleich. Deshalb vergleichen sich Menschen immer wieder mit ihren Techniken, um zu sich selbst zu finden. Das geht bisweilen bis zur fetischistischen Besetzung.
Heute ist dieses Nicht-Ich des Selbstvergleichs der Computer, der sich ja seinerseits von Anfang an mit dem Menschen verglichen hat. Im Turing-Test ging es um die Frage, ob es spezifisch menschliche Intelligenzleistungen gibt, die man nicht technisch implementieren kann. Alan Turings Pointe war: Wenn man genau sagen kann, was Computer nicht denken können, dann kann man auch ein Programm schreiben, das sie ebendies den-

ken macht. Seither ist der Mensch auf dem Rückzug – oder er umarmt den Computer.

Doch ob in Gleichsetzung oder Unterscheidung: Der Mensch versteht sich über den Umweg seiner Führungstechnik. Und deshalb tauchen heute immer mehr Computermetaphern für menschliches Selbstverständnis auf. So begreift Daniel C. Dennett das Bewußtsein als die Benutzerillusion des Gehirns für sich selbst. Aber auch Technikängstliche, die der Turing-Test als permanente narzißtische Kränkung schmerzt, finden den Weg zum menschlichen Selbstverständnis nur noch in der Überlegung: *What computers can't do.*

Niemand kann sich der Faszination seiner »mittleren« Komplexität entziehen – der Rechenknecht ist nicht so simpel wie eine Uhr, aber auch nicht so undurchsichtig wie ein Mensch. Deshalb eignet sich der Computer besonders gut als Brücke vom Einfachen zum Komplexen. Und unausweichlich drängt sich uns eine neue Schlüssel-Metapher auf: die Welt als Computer. Materie und Energie sind die Hardware, auf der die Software der Naturgesetze läuft. Und Erkenntnis ist die algorithmische Komprimierung von Natur. Sein heißt Errechnetsein. Oder mit John Wheelers lapidarer Formel: »It from bit.«

Sehen wir näher zu. Wie funktioniert diese neue Schlüssel-Metapher »Die Welt als Computer«? Es gibt Fragen, die einem auch dann nicht loslassen, wenn man weiß, daß sie unbeantwortbar sind; etwa die Fragen nach dem »Menschen« oder der »Welt«. Das ist bekanntlich die ewige Marktlücke für »Philosophie«. Metaphysiker werden nie arbeitslos. Denn das Erfragte ist zu komplex für eine vernünftige Antwort – und gerade deshalb faszinierend. Wie muß nun aber die Antwort auf eine unbeantwortbare Frage aussehen? Ich meine, befriedigende Antworten müssen einerseits die Komplexität reduzieren und andererseits ein anspruchsvolles Erklärungsmodell anbieten.

Früher hat man die Welt mit einem Buch verglichen und den Menschen mit einer Uhr. Uns befriedigt das heute nicht mehr – die Modelle sind zu simpel. Und hinzu kommt: Die zarten Seelen der literarischen Bildung haben den Maschinenmenschen der französischen Aufklärung oder die Megamaschine Staat, die Thomas Hobbes konstruiert hat, nie akzeptiert. Vor allem in humanistisch geprägten Kulturen wie der deutschen hat man sich beharrlich geweigert, Maschinenmetaphern für den Menschen und seine Welt zu akzeptieren. Das kommt offenbar daher, daß Humanisten bei dem Wort Maschine sofort an die Mechanik von Kolben und Zahnrädern denken – Charlie Chaplin in *Modern Times*.

Mit anderen Worten: Mit einem Humanisten konnte man bisher nicht über Maschinen reden, weil ihn ein Bild des Mechanischen gefangenhält. Davon könnte uns heute der Computer befreien. Er ist die Maschine aller Maschinen – und deshalb kann man ihn verstehen, ohne einen Blick auf die Hardware zu werfen. Das macht ihn zum intellektuellen Faszinosum unserer Zeit, zur Schlüssel-Metapher unserer Weltorientierung. Ich sagte schon: Der Computer fasziniert als System *mittlerer* Komplexität – nicht so simpel wie eine Uhr, aber auch nicht so undurchsichtig wie ein Mensch. Anders gesagt, der Computer ist die geistige Eselsbrücke vom Einfachen zum Komplexen. Deshalb wird man immer wieder versuchen, »die Welt« zu simulieren. Und deshalb werden immer mehr Menschen Computermetaphern benutzen, um sich über sich selbst ins Bild zu setzen.

## Die Rhetorik des Cyberspace

Wer sich einen Computer anschafft, kauft damit nicht nur ein Stück Hardware, sondern vor allem auch ein Paket Software – mit dem Versprechen der Benutzerfreundlichkeit. Damit ist ja nicht gemeint, daß der Nutzer verstehen soll, was er tut, sondern daß man ihm jede Irritation erspart. Wer es gut meint mit den Menschen, schützt sie vor Digitalität. Der Mensch ist ein analoges Wesen – er wünscht sich Werte und Qualitäten, Ähnlichkeit und Evidenz. Und das, was am Menschen selbst digital funktioniert, hat die »Natur« bisher gut versteckt – nämlich die Gehirnfunktionen und die Erbinformationen. Man kann offenbar das, was im Zentralnervensystem passiert, gut analogisieren (analogisieren!) mit der Funktionsweise eines Computers.

Ein benutzerfreundlicher Computer läßt mich deshalb vergessen, daß ich es mit einem Rechner zu tun habe; sein *Interface Design* schirmt mich ab gegen die posthumane Technologie des Digitalen. Im Klartext heißt das: Man kann sein ganzes Leben Auto fahren, ohne auch nur ein einziges Mal unter die Motorhaube schauen zu müssen. Und man kann eben auch sein ganzes Leben am Computer arbeiten, ohne auch nur ein einziges Mal unter die Benutzeroberfläche, das *User Interface,* schauen zu müssen. Benutzerfreundlichkeit ist also genau das, was der Soziologe Schelsky einmal als »Vertrautheitsselbsttäuschung« bezeichnet hat.

Das Geheimnis des Erfolgs der Computerindustrie muß ein Geheimnis bleiben. Deshalb verkauft sie das Digitale, als ob es analog wäre. Vertraut sind uns die analogen Bildchen, fremd bleibt uns die digitale Codierung. Die seit Apples Macintosh so beliebte »Desktop-Metapher« ist ja bei Lichte betrachtet nichts anderes als maskierte Digitalität. Auch *Virtual Reality* ist eine digitale Simulation des Analogen. Benutzerfreundlichkeit heißt also im Klartext: funktionelle Einfachheit bei struktureller Komplexität – leicht zu bedienen, aber schwer zu verstehen. So bekommen Computer etwas Magisches.

Die Intelligenz der Produkte besteht gerade darin, den Abgrund des Nichtverstehens zu verdecken. So löst sich das Gebrauchen vom Verstehen ab. Wer heute von intelligentem Design spricht, meint, daß der Gebrauch eines Geräts selbsterklärend ist. Doch diese Erklärung führt nicht zum Verständnis, sondern zum reibungslosen Funktionieren. Man könnte deshalb formelhaft sagen: Benutzerfreundlichkeit ist die Rhetorik der Technik, die unsere Ignoranz heiligt. Und diese designspezifische Rhetorik, die sich eben nicht in Diskursen, sondern in der Technik des *Interface Design* ausprägt, verschafft uns heute die Benutzerillusion der Welt.

Wir müssen das *Interface Design* demnach als die Rhetorik der Medientechnologie verstehen; und da haben sich in wenigen Jahrzehnten dramatische Wandlungen vollzogen. Die Geschichte des Computer-Interface beginnt bekanntlich mit den Lochkarten der IBM-Angestellten. Den nächsten Schritt in der Entwicklung von Benutzeroberflächen markieren die alphanumerischen Befehlsketten der DOS-Wizzards - eine neue Geheimwissenschaft. Douglas Engelbarts Maus und Apples Macintosh machten es dann möglich, Programme durch schlichtes Anklicken von Icons zu bedienen. Und mit der Desktop-Metapher gelang die große Wende zur Benutzerfreundlichkeit. Der nächste Evolutionsschritt des *Interface Design* führt schließlich in die virtuelle Realität des Cyberspace. Im Cyberspace können wir den Computer schließlich mit »natürlichen« Gesten bedienen - wir müssen keine Programme mehr schreiben, sondern bewegen uns in einem anschaulichen Datenraum. Es genügt jetzt, mit dem Finger zu zeigen. Man könnte also sagen: Im unendlich dimensionalen Datenraum, der die Welt ersetzt, kehrt die Hand wieder, nämlich als Navigationshilfe: der Datenhandschuh.

Jean Paul hat eine unüberbietbare Metapher der Metapher geprägt: »Sprachmenschwerdung«. Im Blick auf unser Thema heißt das: *Interface Design* ist die Menschwerdung der digitalen Maschinensprache, die Verpackung der mathematisch kalten Algorithmen in einer Art *Emotional Design.* Offenbar können wir uns die kulturelle Versöhnung von Mensch und Rechner nur als Anthropomorphisierung der Computertechnologie vorstellen - von HAL aus Stanley Kubricks Space Odyssee bis zur vollständig computergenerierten Toy Story. Und prinzipiell scheint zu gelten, daß wir Gefühlsmuster zur Entlastung von der Datenflut brauchen - bis hin zu den peinlich witzigen »Emoticons« der E-Mail-Kultur.

Die Rhetorik des *Interface Design* schützt uns, erstens, vor der Wahrnehmung der ärgerlichen Tatsache, die Alan Turing für das Jahr 2000 vorausgesagt hatte: Die Computer übernehmen die

Macht. Sie schützt, zweitens, vor der logischen Tiefe und Komplexität der Programme. Und sie schützt, drittens, gegen die menschenferne Digitalität, die sie nämlich durch Bilder und Icons maskiert. Was aber sind die technischen Bedingungen der Möglichkeit dieser Rhetorik? Auch das läßt sich klar sagen: Man kann, erstens, Computer funktional beschreiben, ohne auf Hardware Rücksicht zu nehmen. Und man kann, zweitens, Netzwerke in ihrem Verhalten charakterisieren, ohne auf Computer einzugehen.

Die prominenteste Metapher aus der Rhetorik des Cyberspace ist zweifellos das Surfen. Wie beim Skifahren ist es auch beim Surfen so, daß man nicht an ein Ziel kommen, sondern die Fahrt genießen will. Deshalb ist die Metapher vom Surfen im Internet gut gewählt. Denn es geht hier gar nicht primär um Information und Wissen. Wir genießen uns selbst, indem wir unsere Sinne in den Medien baden. Wenn Menschen im Internet surfen, geht es ihnen also nicht vorrangig darum, Informationen aufzunehmen oder auszutauschen. Sie wollen gerade in der Redundanz der Botschaft »mitschwingen«, oben auf der Welle bleiben. Es geht nicht um Kommunikation, sondern um Faszination. Deshalb meine ich, daß Marshall McLuhans Satz: Das Medium ist die Botschaft, heute aktueller ist denn je.

New-Age- und Gaia-Träumer verheißen die Spiritualität des Cyberspace und zelebrieren Weltkommunikation als Religion. So beginnt Stephen L. Talbotts trotziges Buch *The Future Does Not Compute* zu Recht mit dem Satz: »Social healing, it seems, approaches us from the Internet.« Surfen im Internet ist also sehr viel mehr als ein Spiel – es ist ein Glückszwangsangebot. Dabeisein ist hier fast alles, denn wer will schon von gestern sein. Doch wohlgemerkt: Dabeisein ist zwar fast alles, aber nicht jeder kann alles. Inklusion im Internet heißt: Nicht jeder kann Designer sein, aber jeder muß User sein können. Ein Soziologe würde sagen: Das Zugangsproblem wird konsequent auf die Komplementärrolle reduziert. Es gibt also keinen gleichen Zugang zur Leistungsrolle. Software-Design bleibt eine Arkandisziplin, eine

Geheimwissenschaft der neuen Mönche aus Silicon Valley und Bangalore.

## Design zwischen Identität und Differenz

Die Menschen der postkapitalistischen, postmaterialistischen, postmodernen Gesellschaft wollen einen Unterschied machen und fordern Dinge, die einen Unterschied machen. Entscheidend für den wirtschaftlichen und politischen Erfolg ist deshalb: *Draw a distinction that makes a difference!* Design ist die Technik der Differenz, die zählt. Das Design der Differenz operiert als Selektion aus einem Repertoire. Und dieses Repertoire ist heute größer denn je. Henry Fords alte, böse Weisheit »History is bunk«, also: Geschichte ist Blödsinn, hat nämlich eine spannende Zweitbedeutung: Die ganze Geschichte dient uns heute als Repertoire modischer Selektion. Man kann das auch Posthistoire nennen: die Zitierbarkeit aller Zeiten nach dem Ende der Geschichte. Designer und Modemacher verkünden deshalb heute ein »friendly chaos« der Lebenswelt: heteroklite Möblierung, chaotisches Design, fröhliche Stilbrüche. Das hat man wohl gemeint, als man unsere Kultur der letzten beiden Jahrzehnte als »postmodern« bezeichnet hat.

Darauf müssen sich die Unternehmen in der Wirtschaft des Unsichtbaren einstellen. Aber wie? Ein Unternehmen muß zwischen Kunden und Konkurrenten unterscheiden – das ist trivial. Es muß aber auch zwischen Wirtschaft und Gesellschaft unterscheiden – und es muß sich auf beide Umwelten beziehen. Deshalb genügt es nicht, den Markt zu erforschen. Das Unternehmen muß sich auch im Blick auf Gesellschaft profilieren. Und dazu dient die Definition einer Corporate Identity. CI ist die »Eigenkultur« der Selbstdarstellung eines Unternehmens; und Otl Aicher bemerkt ganz nüchtern: »Design ist konkretisierte Firmenphilosophie.« Corporate Identity besagt, daß eine Firma heute ganz wesentlich Inszenierung ist; die Produktleistung verschwindet zunehmend hinter »Informationsbesetzungen«; die Darstellung wird dann wichtiger als die Herstellung. Man könnte heute geradezu von einer Designpolitik großer Unternehmen sprechen. Sie signalisiert: Wir übernehmen als Organisation soziale Verantwortung. Das heißt aber im Klartext, daß der Produzent als Publizist auftritt. Dem entspricht auch, daß sich Firmen neuerdings als Schauplatz von Bürgersinn inszenieren – Stichwort: *Corporate citizenship.*

Man kann prinzipiell sagen, daß die Corporate Identity eines Unternehmens um so wichtiger wird, je mehr sich die Wirtschaft insgesamt in ein Kaleidoskop verwandelt. Doch was nötig ist, ist nicht auch schon möglich. Es ist sehr schwer geworden, eine CI zu gestalten, denn es wird immer undeutlicher, wo die Grenzen eines Unternehmens eigentlich verlaufen. Wir können heute nämlich beobachten, daß die digitale Kommunikation der neuen Medientechnologien die Grenzen der Organisation verwischt. Und deshalb meine ich: Nur Kommunikationsdesign kann noch eine Corporate Identity schaffen.

Marketing als Kommunikationsdesign hat die Aufgabe, Marken, Mythen und Medien erfolgreich zu koppeln: Medien inszenieren Mythen, die Marken umhüllen. Medien ernähren sich von Geschichten, Mythen ködern Wünsche, und Marken brauchen einen spirituellen Mehrwert. Man denke an Marlboro und den Cowboy-Mythos oder an Nike und den Kult des Sieges. Kampagnen wie die von Benetton markieren hier einen Extremwert: Das Kommunikationsdesign verwischt die Grenze zwischen Unternehmen und Produkt.

Nicht nur die Weltwirtschaft, sondern jeder Marktausschnitt, ja jedes größere Unternehmen ist so komplex, daß es keinen Durch- oder Überblick mehr gibt. Und für alle komplexen Systeme unserer postmodernen Welt gilt: Bei fortschreitender Differenzierung muß man immer »schrecklicher« simplifizieren, um überhaupt noch Einheit zu symbolisieren. Daraus können wir lernen, daß Identitäten immer Konstruktionen sind. Es »gibt« weder Einheit noch Grenze, noch Zusammenhang – aber wir können nicht im Unübersichtlichen operieren. Die gesellschaftliche Differenzierung fordert deshalb kompensatorische Rituale der Einheit. Das ist die Herausforderung, auf die das Corporate-Identity-Konzept antwortet. Sehen wir näher zu.

## Corporate Difference

Je mehr ein Unternehmen diversifiziert und je breiter das Spektrum seiner Angebote wird, desto dringlicher braucht es – nicht nur für die Kunden, sondern auch für die eigenen Mitarbeiter – ein stabilisierendes, orientierendes Bild seiner Einheit. Die Corporate Identity definiert ein stabiles Schema, innerhalb dessen ein Unternehmen dann mit ständig neuen Produktmustern die Aufmerksamkeit des Marktes faszinieren kann. Um hier einen Begriff der Psychoanalyse Jacques Lacans anzuwenden: Corporate Identity ist das Spiegelstadium des Marktes; die kaleidoskopische Verwirrung des Marktes ordnet sich im Erkennen des Bildes der eigenen Einheit zu überschaubaren Mustern. Die Ordnung des Marktes entsteht für jedes Unternehmen also durch ein Bild der eigenen Einheit, das hinreichend abstrakt sein muß, um variierbar zu bleiben. Mit anderen Worten, man muß die CI an ein Ideenschema knüpfen, das man dann immer wieder neu ausfüllen kann: *Sustainable Production,* Vorsprung durch Technik, das Wesentliche – sonst nichts. Wenn man Ideen besetzt, kann man nämlich immer wieder neu aktualisieren, ohne die Identität zu verlieren.

Ich habe schon gesagt: Was nötig ist, ist damit nicht auch schon möglich. In einer hochkomplexen Welt ist nichts weniger evident als eine erfolgreiche Identitätspolitik. In dynamischen Systemen und auf fluktuierenden Märkten erweist sich Identität zunächst einmal als Sackgasse. Identität heißt dann nämlich: keine Zukunft. Deshalb liebt jede Firmenphilosophie die Phantombegriffe »Vision« und »Mission«. Das sind die Beschwörungsformeln für eine Dynamik, die die Statik der Identität kompensieren soll. Noch einmal im Klartext: Unternehmen brauchen ein Bild ihrer Einheit; Identität erweist sich auf kaleidoskopischen Märkten aber als Sackgasse der Produktentwicklung – und deshalb beschwört man die Zukunft mit den Zauberwörtern Vision und Mission.

Corporate Identity ist also die symbolische Verdeckung einer Paradoxie. CI definiert das Unternehmen als Subjekt – das ist aber ein hoffnungslos veraltetes Konzept. Statt dessen schlage ich vor, ein Unternehmen »in Beziehung« zu begreifen, das heißt als Inbegriff seiner Kommunikationen und Unterscheidungen. Wenn man die gerade erwähnte Paradoxie nun philosophisch präzise benennt, zeichnet sich auch eine Lösung des Problems ab – und zwar paradoxerweise eine Lösung durch eine Paradoxie. Nach dem Tod des Subjekts gibt es nur noch eine Form der Einheit: Zweiheit. Mike Hammers Begriff »corporate change« bedeutet ja auch, daß man von Identität auf Differenz umstellen muß. Wir müssen also fragen: Gibt es eine Corporate Difference? Und gerade mit dieser Frage erfragen wir die »Einheit« und Überlebensfähigkeit eines Unternehmens. Stabilität kommt nämlich nicht von Identität, sondern von der »fundamentalen« Unterscheidung. Paradoxerweise funktioniert also eine Differenz als »Grund«.

Wir sind hier nicht im Reich der Konzeption und Produktion, sondern im Reich der Selektion und Distinktion. Es geht nicht um die sachliche Produktqualität, sondern um den sinnvollen Marktunterschied. Die Firma ist nicht Subjekt der Wirtschaft, sondern Knoten im Netzwerk der Kommunikationen. Um es noch einmal mit alten Begriffen der Philosophiegeschichte zu formulieren: Das Corporate-Identity-Konzept war immer von der Figur des cartesischen *Cogito* verhext: Ich denke, ich produziere. Viel lehrreicher wäre heute das *Distinguo* der Scholastik: Ich unterscheide. An die Stelle der Frage »Was ist ...« tritt die Anweisung: »Triff eine Unterscheidung!«

Wie in jeder Kommunikation geht es auf dem Markt jeweils um einen Unterschied, der einen Unterschied macht. Hier ist nun eine Erfahrung besonders wichtig: Kleine Unterschiede machen eher einen Unterschied als große. Große Unterschiede spalten, kleine Unterschiede zählen. Deshalb kann es niemals darum gehen, etwas »ganz anderes« auf dem Markt anzubieten. Der kapitalistische Markt ist unerschöpflich, weil Unternehmen immer wieder neue, »kleine« Unterscheidungen treffen – und dadurch neue Produkte definieren. Vor dem Hintergrund des Gesagten wird nun deutlich, wie man das Konzept der Corporate Identity entparadoxieren kann – indem man nämlich Identität durch Differenz »definiert«. Ich meine die Stiftung von Identität durch das, was der Philosoph Odo Marquard »demonstrativ theatralische Differenzspiele« genannt hat. Damit sind wir aber in der Welt des Designs. Corporate Design muß die Einheit der Unterscheidungen darstellen.

## Vor der Destruktion schützt nur die Dekonstruktion

Man könnte sagen: Jedes Auto wartet auf seine Optimierung, jede Software auf ihr Update, jeder Trend auf seinen Gegentrend. Das heißt, jede Unterscheidung wartet auf ihre Dekonstruktion (*deconstruction of the frame*). Das klingt vielleicht kompliziert, ist aber ganz einfach zu verstehen. Die Konkurrenz schläft nicht – und wenn man ihr zuvorkommen will, muß man sich selbst Konkurrenz machen. Peter Drucker hat deshalb die Obsoleszierung der eigenen Produkte als Spitzenleistung des Unternehmergeistes gefeiert und gefordert. Im Klartext: Man macht den neuen Unterschied, indem man Schluß macht mit dem Eigenen.

Innovation beginnt mit der Abschaffung des Vertrauten. Was zählt ist, womit man Schluß macht. Die größte Gefahr eines Unternehmens ist demnach der vergangene eigene Erfolg – er wird zur Zwangsjacke. Gerade das Gute, Gelungene ist oft die Mauer, die uns von der Zukunft trennt. Mit anderen Worten, der heutige Erfolg steht dem zukünftigen Erfolg im Weg. O-Ton Bill Gates: »Der Erfolg ist ein schlechter Lehrmeister. Er läßt gescheite Leute glauben, sie könnten nicht verlieren.«

Dieser Sachverhalt konfrontiert vor allem Designer mit einer handfesten Paradoxie. Was Designer nämlich erstreben, die gute Form, ist psychologisch betrachtet eine bestrickende Gestalt, eine faszinierende Bildqualität am Ding, eine imaginäre Prägung. Kommunikationstheoretisch betrachtet heißt das: »Gute Form vernichtet Information« (Niklas Luhmann). Für den Designprozeß ist es deshalb viel lehrreicher, zu sehen, was geschieht, wenn etwas mißlingt. Eine schlechte Form ist das sichtbare Zeichen für eine unerledigte Aufgabe – und macht damit Lernen möglich. Was dagegen schön ist, führt nicht weiter. Ja, man könnte sagen: Schönheit ist das an einer Sache, was einem den Blick auf ihre Fehler verstellt. Insofern schreitet der Designprozeß als Fehleranalyse voran.

Vor derselben Paradoxie steht aber auch jedes Unternehmen, das systematisch Neues auf den Markt bringen will. Die »Lösung« kann wohl nur so aussehen: Eine Firma, die Innovation organisieren will, muß die eigenen Produkte systematisch »abschaffen«. Und da steht die emotionale Bindung an die bewährten Produkte natürlich im Weg. Kurzum, die Organisation einer zukunftsfähigen Firma ist eine systematische Desorganisation. Stabilität erreicht sie nur durch Destabilisierungen. Das Etablierte, Vertraute, Bequeme ist demnach die größte Gefahr eines Unternehmens. Deshalb besagt die gerade notierte Formel »deconstruction of the frame« hier konkret: Dekonstruktion des Unternehmens.

Um das »Leben« eines Unternehmens zu charakterisieren, greift man immer seltener zu Konzepten der Organisationstheorie, sondern spricht lieber von Business. Dahinter steht die Erfahrung, daß man sich auf Dauer vor der *Destruktion* durch den Markt nur durch die entschlossene *Dekonstruktion* des eigenen Organisationsrahmens schützen kann. Wer das verstanden hat, versteht dann auch die neuen Ansätze einer »fraktalen« Markenführung bzw. einer »Modularisierung« der Betriebe. Das sind Versuche, der paradoxen Forderung des Marktes zu entsprechen, die Mike Hammer auf die Zauberformel »corporate change« gebracht hat.

# MARKEN – MEDIEN – MYTHEN

Die Wirtschaft des Unsichtbaren ist nicht nur von objektiven Faktoren wie der Ungreifbarkeit von *electronic money,* der »Spiritualität der Netzwerk-Ökonomie« (Kelly) und der Ungegenständlichkeit des Kommunikationsdesigns geprägt. Sie muß auch auf eine Gesellschaft reagieren, die unterwegs ist vom Erlebnis zum Sinn. Eine tiefe Sehnsucht nach Spiritualität wird durch die Marketingkunst der Trends, Events und Festivals befriedigt. Erfolg auf gesättigten Märkten hat nur der, dem die Inszenierung des Zusammenspiels von Marken, Medien und Mythen gelingt. Die Überlegungen, die ich hierzu anstelle, schreiben die Theorie des »Kultmarketing« und der »Sinngesellschaft« fort.

Dabei wird hoffentlich auch deutlich, daß eine ganz bestimmte Terminologie des Marketing, wie z. B. »Marken*persönlichkeit«,* »Kunden*dialog«* oder »Unternehmens*leitbild«,* viel zu primitiv ist, um die komplexe Wirklichkeit der Wirtschaft des Unsichtbaren zu beschreiben. Statt »Unternehmensleitbild« empfehle ich Corporate Difference (vgl. das entsprechende Kapitel zur Corporate Identity im Abschnitt »Design – der Markt der Oberflächen«). An die Stelle der »Markenpersönlichkeit« oder des »Markenkerns« setze ich ein Synergiemodell von Marken, Medien und Mythen. Und statt die Phantasmen von »Kundendialog« und Produkttransparenz fortzuspinnen, schlage ich vor, sowohl die Produkte als auch die Kunden als Back boxes zu betrachten.

## Produkt und Kunde als Black boxes

Meine Finanzberaterin von der Sparkasse Essen hat mit aller Freundlichkeit und Geduld nicht geschafft, mir wirklich klarzumachen, wie man heute Geld intelligent anlegt. Und ich konnte ihr nicht klarmachen, was ich »will«. Für mich bleibt das Produkt meiner Bank eine schwarze Schachtel, und mir bleibt bei der fälligen Entscheidung nur – Vertrauen. Und das immerhin hat ihre »Kommunikation« geschaffen. Sowohl das intelligente Produkt als auch der postmaterialistische Kunde sind Black boxes – und nur Kommunikation kann Licht in sie bringen.

Betrachten wir zunächst das Produkt als Black box. Niemand (außer einigen Spezialisten) versteht, wie ein Computer funktioniert. Niemand (außer einigen Spezialisten) versteht, was Future Bonds sind. Und doch sollen wir kaufen. Unternehmen müssen sich deshalb auf Beratung und *Emotional Design* konzentrieren. Der Beratungsbedarf wächst nämlich mit der Komplexität des Marktes und der Intelligenz der Produkte. Waren müssen auf dem Markt als Problemlösungen auftreten.

Aber auch der Kunde ist eine Black box: Niemand weiß, was er wünscht. Natürlich hat der Hotelmanager ein Formular auf dem Kopfkissen plaziert, auf dem ich Vorschläge zur Verbesserung der Ware »Hotelunterkunft« machen soll. Natürlich würden die Unternehmen das Auto der Zukunft nach meinen Wünschen maßschneidern. Aber ich kann gar nicht sagen, was ich mir wünsche. Ich stelle fest, daß mir das Essen nicht schmeckt – aber ich kann dem Koch nicht sagen, was er »statt dessen« machen sollte. »Kundendialog« ist deshalb paradox: Man muß dem Kunden *zu*hören, ohne *auf ihn* zu hören. Kundendialog ist also nur als die Doppelstrategie sinnvoll, die die Illusion des Kunden als König stabilisiert, aber in Wahrheit die Information des Kunden als Störenfried auswertet. Jeder Kunde hat ja zwei Optionen, die man mit Albert O. Hirschman »Exit« und »Voice« nennen kann. Entweder er wünscht, ist interessiert oder beschwert sich (*Voice*) – oder er geht zum Wettbewerber (*Exit*). Es geht also zum einen darum, Kunden in Kommunikation zu verstricken. Man muß sie verführen, statt sie nur zu bedienen. Aber es geht zum anderen eben auch darum, seine Reklamationen als wertvolle Informationen zu behandeln, also vom lärmenden Kunden zu lernen. Informativ ist nicht der König Kunde, sondern der Störenfried.

Wie immer es um Opel im Augenblick auf dem deutschen Markt stehen mag – eine Werbeformel ist für unseren Zusammenhang lehrreich: »Wir haben verstanden.« Das ist natürlich mehrdeutig. Es könnte heißen:

- Wir haben die Wünsche der Kunden verstanden – ich habe gerade versucht zu zeigen, daß das nicht geht.
- Wir haben die Zeichen der Zeit verstanden – dabei helfen Trendforscher.
- Wir haben die Lektion des Mißerfolgs verstanden – das allerdings wäre ein großer Sieg über den eigenen Narzißmus.

Im Jargon der Systemtheorie könnten wir unser Problem auf die Formel bringen: Der Kunde gehört zur Umwelt der Firma – und er kann deshalb nicht »instruktiv« werden. Der Kunde kann mit seinen Kommunikationen nicht »helfend« in den Systemprozeß des Unternehmens eingreifen. Deshalb ist der Begriff des Kundendialogs schlicht irreführend. Wir brauchen ein viel komplexeres Modell für das Verhältnis von Unternehmen und Kunde. Vielleicht helfen hier Begriffe aus der Biologie und Evolutionstheorie weiter. Der Kunde als Störenfried würde dann besagen: Der Kunde ist ein Parasit des Unternehmens. Aber das ist gut so, denn von der Biologie können wir lernen, daß der Wirt die Parasiten braucht. Kevin Kelly spricht in diesem »parasitologischen« Sinne von einer Koevolution von Unternehmen und Kunden. Die Kunden stören das Unternehmen, und das Unternehmen wird zum Parasiten des Parasiten: Es erobert sich einen Platz im Kopf des Kunden – *mind-share* nennt man das heute.

Die wichtigste Information über einen Kunden wäre die über

sein Zeitbudget. Mit anderen Worten: Man müßte wissen, wie der Kunde mit der knappsten seiner Ressourcen, nämlich der Aufmerksamkeit, wirtschaftet. Marketing ist der Kampf um diese Aufmerksamkeit, und es gibt zwei grundverschiedene Strategien, sie zu binden. Die »passive« Strategie besteht darin, den einzelnen Kunden als Merkmalsmuster, als Pattern von Konsumgewohnheiten statistisch zu erfassen. Man beobachtet also seine faktische Aufmerksamkeitsverteilung. Diese Spurensicherung des je einzelnen Konsumenten ist heute durch vernetzte Computer technisch möglich. Sozialpsychologisch ermöglicht wird die Spurensicherung durch den interessanten Sachverhalt, daß Dienstleister das Recht haben, ihre Kunden nach biographischen Informationen zu fragen. »To seek a service, then, is to expose oneself to questioning« (Erving Goffman).

Die »aktive« Strategie besteht darin, die Aufmerksamkeit des Kunden nachhaltig zu fesseln – nämlich durch Sinnangebote. Ich habe das in meinem Buch über die »Sinngesellschaft« ausführlich dargestellt. Beide Strategien schließen sich aber nicht aus, im Gegenteil. Kultmarketing (Sinnstiftung) und *Direct Marketing* (Datenspuren) müssen zusammenwirken, um das »Individuum« als Kultzentrum und Medieneffekt zu schaffen. *Direct Marketing* bietet einen Service der Information, Kultmarketing bietet einen Service des Sinns.

Es gibt ein einfaches Gesetz: Je höher der Marktsättigungsgrad, desto wichtiger wird die Dienstleistung, also Wartung, Beratung und Sinnstiftung. Wir können deshalb vermuten, daß sich in einer postmaterialistischen Welt wieder das Dienstverhältnis als fundamentale Verkehrsform der Gesellschaft ausprägen wird. Und Service wird um so wichtiger, je weniger sich unsere moderne Gesellschaft auf Werte wie »Solidarität« und »Compassion« (Willy Brandt) stützen kann. Das heißt im Klartext: Dienstleistungen ersetzen die Zwischenmenschlichkeit. Aber dabei ist nun eines entscheidend: Jede Dienstleistung stellt zwar eine direkte persönliche Kommunikation dar – aber ohne weitere persönliche Verpflichtung. Deshalb erzeugt die berühmte amerika-

nische Freundlichkeit an der Supermarktkasse bei europäischen Besuchern oft gemischte Gefühle. Man ahnt, daß man auf die netten Worte nicht zurückkommen sollte.
Es handelt sich bei jedem guten Service also um ein Schauspiel der Zwischenmenschlichkeit. Doch es geht gar nicht anders – gute Dienstleister müssen Schauspieler sein. Jeder Dienstleister hat nämlich das Grundproblem, daß der Kunde die laufenden Kosten des Service nicht sehen kann – man muß also das, was man leistet, zusätzlich vorführen. Man muß die eigene Rolle wirkungsvoll dramatisieren, um den sozialen Rang und die Unkosten der eigenen Leistung sichtbar zu machen. Das kann bis zum »Widerstreit zwischen Ausdruck und Handeln« (Goffman) führen. Die Ostentation der Dienstbeflissenheit wird dann zur eigentlichen Leistung. Der Oberkellner küßt die Hand der Dame. Die Arbeit tun die andern.

## Verführung durch den Markenmythos

Daß es Telekom- und *Pro7*-Aktien gibt; daß es *Spiegel*- und *Stern-TV* gibt; daß *ARD* und *ZDF* ihr Programm mit dem Produktversprechen, »in der ersten Reihe zu sitzen«, verkaufen – das sind nur einige wenige Beispiele dafür, daß Medien sich heute als Marken positionieren wollen. Besonders intelligente Medienmacher wie Dieter Gorny von *VIVA* nutzen aber auch schon die umgekehrte Dynamik und inszenieren die Marke als Medium. Wenn es also in der grandiosen, selbstironischen Werbung heißt: VIVA hat dich lieb, dann wird ein Medium als Marke und zugleich diese Marke als Medium der Gefühle dargeboten. Mehr an *added value* kann es in der Wirtschaft des Unsichtbaren nicht geben: Die Marke hat dich lieb! Als Medium der Gefühle bestätigen die Marken hier auf neue, ungegenständliche Weise, was sie früher auf der Ebene der Produktqualität versprochen haben: Sie sind kaufbare Sicherheit.

Helene Karmasin hat ein Grundgesetz der Wirtschaft des Unsichtbaren formuliert, als sie in Produkten Botschaften entzifferte und die Marke als »Meinungsgegenstand« definierte. Waren erzählen eine Geschichte, und der paradoxe Begriff »Meinungsgegenstand« bringt sehr schön zum Ausdruck, daß die Marke nichts anderes als der Inbegriff der Meinungen ist, die die Konsumenten über sie hegen. Wenn aber die Marke aus Meinungen und Bewertungen besteht, dann eignet sie sich sehr gut als Medium der Identitätsfindung und Weltorientierung. Wir müssen die Waren der postmaterialistischen Märkte also in erster Linie nicht als Gebrauchsgegenstände, sondern als Meinungsgegenstände, d. h. als Medium des Sozialen begreifen. Wer nach seinem Selbst oder dem Sinn des Lebens sucht, geht einkaufen. Selbstdarstellung wird dekomponiert bis zur Ebene von Markenartikeln. Konsum ist heute also vor allem auch Sinnproduktion. Mit dem Einkaufen aus Notdurft hat das nichts mehr zu tun. Man versteht die neuen Märkte nur dann, wenn man das Konsumgeschehen als Entertainment, Animation und Verführung begreift.

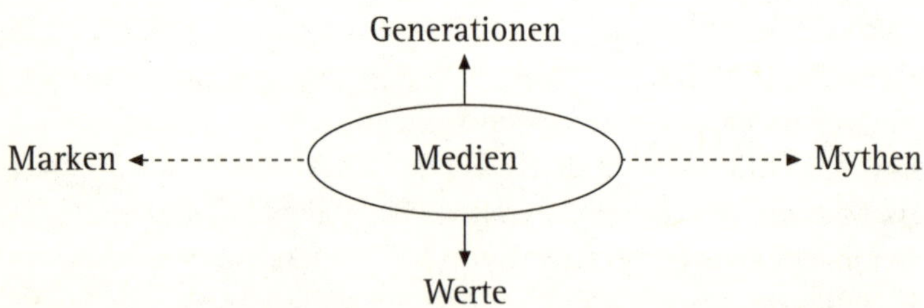


Die erfolgreichen Produkte des 21. Jahrhunderts werden sich in diesem Koordinatenkreuz positionieren müssen. Marken umspinnen sich mit Mythen, die dann in den Medien inszeniert werden. Unterschiedliche Medien bedienen unterschiedliche Wertesets, an denen sich Generationen kristallisieren. Generationen agieren ihre Mythen aus (»ravende Gesellschaft«) und gebrauchen Marken als totemistische Zugehörigkeitszeichen (was ist

»kult«?). Marken besetzen Werte (»spiritueller Mehrwert«), und Werte entfalten sich in Mythen (»unsere Geschichte«).
Die Wirtschaft des Unsichtbaren ist im Kern eine Wunschökonomie. Der Wunsch ist immer ein blinder Fleck, von dem man nichts weiß. Und mit Mythen ködert man die Wünsche; denn mit Mythen kann man die Konsumenten in Kommunikation verstricken. Es sind unerfindbare Geschichten, deren Botschaft man sich nicht entziehen kann. Doch daraus folgt auch schon: Mythen sind selten. Man kann sie, wie gesagt, nicht erfinden, sondern nur als immer schon erzählte Geschichten finden – und optimieren. Das ist seit Jahr und Tag die Kulturleistung Hollywoods.
Jeder kennt die Beispiele eines erfolgreichen Zusammenspiels von Marken, Medien und Mythen.

- Nike ist die griechische Göttin des Sieges, und der Sieg ist die antike Gestalt des Glücks. Ihr Mythos ködert den in der westlichen Welt tabuisierten Wunsch zu triumphieren – und sei es als Rollstuhlfahrer, über das eigene Schicksal. *Just do it,* lautet die Zauberformel. *I did it,* verkündet man dann, wenn man die eigene Angst (oder auch nur die eigene Faulheit) besiegt hat. Und auch die ironische Distanz dazu läßt sich (mit Frankie goes to Hollywood) auf eine Ultrakurzformel bringen: *Relax – don't do it.* Oder positiv, mit einer Umstellung von Handeln auf Sein formuliert: *Just be* (Calvin Klein). Einfacher kann man das Leben nicht ordnen.
- Marlboro inszeniert den Pionier-Mythos: *Go west, young man*! Es gibt noch Freiheit, Land, in dem du deinen eigenen Claim abstecken kannst. Nichts ist lehrreicher als die zeitgeistigen Optimierungen dieses Mythos. Der Cowboy-Macho (der ja eine Frauenzigarette auf Vordermann gebracht hat!) wandelt sich im Zeitalter von Feminismus und Ökologismus zum Tierfreund, schließlich zum Naturschützer und Waldhüter. Und in jedem Land der Welt wird dann in einer Art Fine Tuning der Weltzeitgeist auf sein lokales Optimum ge-

bracht. In Spanien darf der Cowboy noch Macho sein, in Deutschland ist er Förster. Dank solcher Meisterleistungen des Blending von Mythos und Zeitgeist wird Marlboro immer einen Ehrenplatz in der Geschichte des Marketing einnehmen. Und prinzipiell gilt: An politisch inkorrekten Produkten wie eben Zigaretten kann man am meisten über Marketing lernen.

- Am Gegenpol des absolut politisch Korrekten steht Greenpeace, die Leitorganisation der Gutmenschen. Diese Marke inszeniert den wohl jüngsten Mythos unserer Kultur: den blauen Planeten. Dieser Mythos hat den Vorzug, daß wir seine Entstehung noch rekonstruieren können. Ausgangspunkt war die Enttäuschung inmitten des Gelingens. Die hochfliegenden Weltraumphantasien machten ihren ersten konkreten Schritt mit der Landung auf dem Mond. Und was man dort fand, war (außer für Wissenschaftler, die ja von Berufs wegen immer etwas interessant finden) entsetzlich langweilig. Doch dann der Rückblick vom langweiligen, nichtssagenden, lebensfeindlichen Trabanten auf den Eigenplaneten: die zerbrechlich, fragil wirkende Erde in ihrer blauen Hülle. Mit anderen Worten, das eigentliche Ergebnis der Weltraumfahrt war die Entdeckung der Erde als kostbares Kleinod im kalten Universum. Und dieses (wohl meistreproduzierte) Bild ist zur unüberbietbaren Ikone der Weltverantwortung geworden.
- Gleich drei Mythen überlagerten sich beim Marktauftritt von Apple. Zunächst der heldenhafte Kampf von David (Apple) gegen Goliath (IBM), der den Kunden suggeriert, als kleine radikale Minderheit die Weltherrschaft eines tumben Riesen zerstören zu können. Dieser Effekt wird potenziert durch eine geschickte Inversion von George Orwells Big-Brother-Mythos: »On January 24th, Apple Computer will introduce Macintosh. And you'll see why 1984 won't be like *1984.*« Und schließlich das Logo: Apple, das ist der Apfel vom Baum der Erkenntnis.

Bekanntlich verführt die Paradiesesschlange zum Biß in diesen Apfel. Und Apple erzählt diese Geschichte wie die Gnostiker – nämlich positiv. Doch die Gnostiker interessiert an der teuflischen Verführung natürlich die Erkenntnis. Das Marketing dagegen interessiert sich für die teuflische Verführung selbst – und wertet sie um. Formelhaft gesagt: Wenn ich den Schauplatz des Marktes betrete, will ich verführt werden. Das läßt sich nicht nur biblisch belegen, sondern auch anthropologisch begründen. Der Mensch ist das verführbare Wesen; er hat keine Instinktsicherheit und braucht deshalb Außenhalt. Und wir können im Blick auf die postmaterialistischen Märkte heute feststellen: Der Konsum integriert die Gesellschaft durch Verführung. Kultmarketing ist die Wiederverzauberung der Welt. Und wo gezaubert wird, gilt: »Man will der Betrogene sein« (Johan Huizinga). Vance Packards *Hidden Persuaders,* die geheimen Verführer, schrecken also schon lange nicht mehr. Wer den Markt betritt, will verführt werden. So bemerkt Florian Coulmas über den Zauber der neuesten japanischen Kaufhäuser: »Man läßt sich auf ein Abenteuer ein, begibt sich auf die Jagd, in den Dschungel der Überraschungen, genießt Auslagen, Designs und den Kitzel der Verführung. Man spielt Theater, tut so, als ob, und stellt sich vor, wie es wäre, wenn.«

## Engel und Avatar

Es gibt zwei mythische Figurationen der Werbung, in denen sich besonders deutlich ausdrückt, wie Kunden heute verführt werden wollen. Beide sind höchst irdische Erscheinungen des Göttlichen. Die Werbung zeigt uns heute immer seltener Supermodels, Busenwunder und Vamps, aber immer häufiger – Engel. Um das zu verstehen, muß man zunächst das Wortfeld analysieren: Unschuld, Jungfrau, Virginität, Reinheit, Kindlichkeit, Unendlichkeit. Duft-Marken heißen Engel (Angel), Himmel (Heaven) und Ewigkeit (Eternity). Dazu paßt in der Modebranche der pure Stil. Der gemeinsame Nenner lautet natürlich Spiritualität.

All diese Begriffe bekommen ihre eigentliche Bedeutung aber als polemische Gegenbegriffe. Sie markieren die Gegenwelt zur Komplexität, Zeitknappheit, Profanität und Unüberschaubarkeit des modernen Alltags. Welche Verheißung vom Puren und Reinen ausgeht, hat die Kulturanthropologin Mary Douglas sehr schön auf den Begriff gebracht: »Purity is the enemy of change, of ambiguity and compromise.« Reinheit ist der Feind des Wandels, der Zweideutigkeit und der Kompromisse. Die steile Karriere der Engel besagt in diesem Zusammenhang: Nach dem Kult der Natur kommt der Kult der Übernatur. Der Engel verbürgt »im Unsichtbaren einen höheren Rang der Realität« (Rilke). Angel – das ist der Bote des Heilen. Leslie Savan resümiert: »Neither divine nor profane, angels are the perfekt spiritual emblem for the '90: personalized, ethereal handmaidens of the individual ego – better versions, in a way, of ads themselves.« Zu deutsch: Engel sind weder göttlich noch irdisch. Gerade deshalb sind sie die unüberbietbaren spirituellen Embleme für die 90er Jahre. Sie bieten ein zugleich persönliches und ätherisches Bild des eigenen Ich – und insofern sind Engel Werbung in Potenz.

Doch das Geheimnis der Faszination durch Engel liegt natürlich »tiefer«. Und in diese Tiefe führt die Assoziation der Engel mit Unschuld. Engel scheinen unbefleckt, keusch zu sein. Da fragt man sich natürlich, wie sie in unsere radikal aufgeklärte Emanzipationskultur passen. Von den Ethnologen wissen wir, daß das Tabu der Virginität das Geheimnis des Andersseins der Frau schützt. Engel signalisieren also zum einen: Das Genießen der Frau ist anders. Deshalb identifizieren sich die Frauen mit Engeln. Zum anderen ist der Engel das Idealobjekt der Liebe – nicht umsonst heißt die Geliebte »mein Engel«. Dagegen wirkt Sex schmutzig. Ein Psychoanalytiker könnte also sagen: Engel sublimieren den Sex.

»Sex sells« – das war ja das profane Erfolgsgeheimnis in der Konsumwelt des emanzipatorischen und hedonistischen Zeital-

ters. Engel sind heute die Antwort auf die Frage: Wie läßt sich das steigern? Denn natürlich haben die Engel – ähnlich wie die Kindfrauen der Model-Szene – einen verdeckten, aber deshalb um so mächtigeren Sex-Appeal. Nichts reizt mehr als die Unschuld. Und: Unschuld verführt zur Verführung. Wenn man sich das klarmacht, wird deutlich, daß die Engel die idealen Figurinen des Sex im Zeitalter der Political Correctness sind. Sie sind das Inkognito der Lust; und die neuen Tabus, die sie schützen, erinnern den nüchternen Beobachter daran, daß immer nur das Verbotene das heiß Begehrte ist.
Aber es gibt noch eine zweite mythische Figuration der Werbung, die verdeutlicht, wie Kunden heute verführt werden wollen. Avatar – unter diesem Titel kündigte Walter van Beirendonck seine Winterkollektion 97/98 an. Der Avatar ist eigentlich die Epiphanie der Hindugötter, also die menschenähnliche Gestalt, in der sie auf der Erde erscheinen. Im Jargon der Multimedia-Gesellschaft bezeichnet der Begriff den virtuellen Auftritt eines Kommunikationspartners im Cyberspace. Es geht also um die Möglichkeit, sich in einer virtuellen Realität zu maskieren, zu tarnen und aufzuputzen. Und darin sieht Walter van Beirendonck zu Recht das Geheimnis des Ritualzaubers primitiver Stammeskulturen – aber eben auch das Geheimnis der Mode. Der Mythos vom Avatar bringt also zur Deckung:

- die religiöse Verheißung der Epiphanie fremder Götter;
- den Wissenschaftszauber des ethnologischen Interesses;
- das Maskenspiel der Mode;
- die virtuelle Realität der Kommunikationsspiele im Cyberspace.

Das ist perfektes Kultmarketing: Mode als Kommunikationsdesign der Multimedia-Gesellschaft.

## Was ist Kultmarketing?

Das Konzept des Kultmarketing habe ich an einem anderen Ort (Norbert Bolz/David Bosshart, *Kultmarketing*) ausführlich dargestellt. Für unseren Zusammenhang, die Wirtschaft des Unsichtbaren, genügt der Kerngedanke, den ich hier in drei Schritten entwickele:

### ① Die Unterscheidung von Bedürfnis und Wunsch

Über Bedürfnisse kann man sich Rechenschaft ablegen; man weiß, was man braucht, und kann die Angebote des Marktes, also das berühmte Preis-Leistungs-Verhältnis, rational kalkulieren; Bedürfnisse kann man befriedigen. Ich brauche einen neuen Anzug und kaufe ihn preisbewußt im Winterschlußverkauf. Ganz anders die Wünsche – hier gilt: *I can't get no satisfaction.* Wünsche sind unbewußt und unerfüllbar. Niemand weiß wirklich, was er sich wünscht. Und wer glaubt, den Markt der Zukunft erforschen zu können, indem er Kunden fragt, was sie sich wünschen, ist ein »rational fool« (A.K. Sen).

Wünsche können nicht erfüllt werden – wir bekommen immer etwas »statt dessen«. Deshalb kaufen sich Menschen Dinge und Leistungen, die sie gar nicht brauchen. Ewig suchen wir das Paradies auf den Malediven und Seychellen, obwohl es dort natürlich genausowenig zu finden ist wie im Westerwald oder Worpswede. Ewig suchen wir die Prinzessin, die gerettet werden will, und bekommen doch immer nur emanzipierte Frauen. Die Grunderfahrung des »erfüllten« Wunsches lautet also: »Das ist es auch nicht!« Und so sucht und kauft man weiter. Wo also Märkte eng, spannend und modern sind, kann man sicher sein, daß ihr Versprechen nicht Bedürfnisbefriedigung, sondern Wunscherfüllung heißt. Florian Coulmas resümiert: »Das Neueste vom Neuesten zu haben ist erstrebenswert, auch wenn es überflüssig ist. Der Kauf von zunehmend mehr Produkten ist weniger durch Bedürfnis und Nutzwert als durch Wünsche und Phantasien bestimmt.«

### ② Die Unterscheidung von Mode und Trend

Moden sind spielerisch leichte Lebenswelten, die mit einem einfachen binären Code geordnet werden: in oder out; etwas ist angesagt oder Schnee von gestern. Shopping ist eine Art von Information Retrieval: Man lernt, was »in« ist. Entscheidend ist dabei, daß das, was heute »in« ist, in einem halben Jahr mit Sicherheit »out« sein wird - und daß das, was heute »out« ist, in einigen Jahren mit Sicherheit wieder recycelt wird. Dieses rasche Hin-und-her-Schalten zwischen »brandneu« und »veraltet« gibt der Mode etwas Freiheitliches. Die Modezaren sind liebevolle Tyrannen.

Ganz anders die Trends. Ein Trend ist - ähnlich wie eine Religion - ein Bindungsangebot, eine Lebensformel. Wer einem Trend folgt, glaubt seine Identität, seine Eigenformel gefunden zu haben und lebt so, als ob er nun ewig ein Grüner, ein Grufti, ein Soft-Individualist (Matthias Horx) oder Buddhist sei. Trends haben also einen Endgültigkeitston. Sie funktionieren wie Kurzzeitreligionen. Deshalb fehlt den Trends die Freiheitlichkeit, Oberflächlichkeit und Leichtigkeit der Moden; sie sind streng und appellieren an die »Tiefe« des Kunden.

### ③ Der spirituelle Mehrwert

Die Wirtschaft des Unsichtbaren verdankt ihre Dynamik nicht den Bedürfnissen und Moden, sondern den Wünschen und Trends. Wenn Kunden den Markt betreten, gehen sie ganz selbstverständlich von hoher Produktqualität und qualitativer Produktgleichheit der konkurrierenden Marken aus. Die entscheidende Frage ist also: Warum kaufe ich dies und nicht das? Die Antwort darauf kann man nicht im Produkt, sondern nur in der Aura der Marke finden. Ob ein Jugendlicher Turnschuhe von Nike, Adidas oder Reebok kauft, hängt nicht von der Qualität und Gebrauchseigenschaft der Schuhe ab, sondern vom unterschiedlichen Markenmythos. In einem Interview mit der *Woche* (18. 10. 1996) sagte Rolf Kunisch über den spirituellen Mehrwert seiner Kultmarke Nivea: »Der Mehrwert ist das, was der Kunde dafür auszugeben bereit ist. In so einem Produkt stecken ja nicht nur Fette und Wasser, Emulgatoren, Duft- und Wirkstoffe, sondern auch Phantasie. Und zwar sowohl die der Produzenten wie die der Kunden.« Wenn man also bereit ist, für Nivea Visage erheblich mehr zu zahlen als für die klassische Nivea, dann aus Gründen des *Emotional Design*s und nicht der Produkttechnik.

Wenn Marketing die Kunst des sinnvollen Unterschieds ist, dann läßt sich dieser Unterschied auf den gesättigten Märkten der westlichen Welt nur noch durch einen »spirituellen Mehrwert« markieren. Marken besetzen Ideen, um sie schließlich zu ersetzen: Freiheit, Abenteuer, Individualität, Unsterblichkeit. Der Chef von Harley Davidson hat einmal gesagt: Wir verkaufen keine Motorräder, sondern eine Lebensphilosophie – und gratis gibt's ein Motorrad dazu. Das ist Klartext. Erfolgreiche Marken besetzen einen Mythos, der dann in den Medien der Multimedia-Gesellschaft inszeniert wird. Und Mythen nennen wir diejenigen Geschichten, die unwiderstehlich sind, die man immer wieder hören möchte – weil sie unsere unbewußten und unerfüllbaren Wünsche ködern. Easy Rider, Go West!, der »blaue Planet«, der Engel, der Sieger. Zum Verhältnis von Mensch und Mythos heißt es bei Owen Barfield: »It was not man who made the myths, but the myths, or the archetypal substance they reveal, which made man.« Nicht der Mensch hat die Mythen, sondern die Mythen haben den Menschen geschaffen.
Der ideale Schauplatz des Kultmarketing ist der Konsumtempel. In Essen wirbt ein Kaufhaus mit der wunderbar kontrafaktischen Formel: »Kein Kaufhaus. Weltanschauung.« Die peripheren Einkaufszentren verwandeln sich in Schauplätze einer Wiederverzauberung der Welt, nach der wir uns gerade deshalb sehnen, weil jede Spur von Magie, Aura, Charisma und Zauber aus unserem aufgeklärten Alltag getilgt ist. Von der Mall of America bis zum Centro Oberhausen, von Nike Town in Chicago bis zum UNO Shopping in Linz – die Botschaft ist klar: Kaufen soll ein

magisch-religiöses Ritual werden. So kehren die Warenhäuser heute wieder an ihren Ursprung zurück: Die Pariser Passagen waren die ersten Kathedralen des Konsums.
Und man kann noch tiefer loten. Es gibt eine Strukturverwandtschaft zwischen Marktplatz, Spielplatz und religiösem Kultort. Johan Huizinga bemerkt dazu in seinem Buch *Homo Ludens:* »Die Arena, der Spieltisch, der Zauberkreis, der Tempel, die Bühne, die Filmleinwand, der Gerichtshof, sie sind allesamt der Form und der Funktion nach Spielplätze, d. h. geweihter Boden, abgesondertes, umzäuntes, geheiligtes Gebiet, in dem besondere Regeln gelten.« Und das gilt eben auch für die amerikanischen Malls oder die japanischen Konsumtempel. Shopping und Reisen haben eigentlich dieselbe Wunschstruktur, und Florian Coulmas hat die Pilgerfahrt zum Kaufhaus als eine Art Inlandstourismus kenntlich gemacht. Zumal in Japan werden die Kaufhäuser zu Tempeln – und die Tempel zu Kaufhäusern. »Diese Tempel bieten nicht nur dem Käufer Waren aus aller Welt an, sie beherbergen auch Museen und Galerien, Wandelgänge und Dachgärten sowie Stätten der Erquickung für den müden Wanderer.«
Das Urban Entertainment Center auf den Stuttgarter Krautwiesen markiert am deutlichsten die Paradoxie des Konsumtempels: Er ist nicht eigentlich urban, sondern eine hochartifizielle Schöpfung aus dem Nichts, und liegt auch nicht im Zentrum der Stadt, sondern weit draußen. »Center« ist es als Bündelung von Konsum- und Ereignischancen, als Architektur der »Mehrwerterlebnisse«, in die man vor der häuslichen Langeweile flieht. Und »urban« ist es als kulturell angereicherte Shopping-Landschaft. Denn das Entertainment Center will mehr bieten als die Mall – es ist auf die Wirtschaft des Unsichtbaren hin konzipiert. Um es mit den genauen Worten Christian Marquarts zu sagen: »Weil man nicht nur in materielle Dinge investiert, sondern vor allem in die eigene Freizeit, verschiebt sich ganz beiläufig auch das prekäre Verhältnis von Haben und Sein.«

## Die Kultur der Wirtschaft

Sponsoring heißt: Unternehmen kommunizieren nicht nur ihre Produkte, sondern auch ihre Haltungen. Mit anderen Worten, Sponsoring ist die Selbstdarstellung der Wirtschaft im Medium der Kunst. Sponsoren sind die modernen Nachfolger der Mäzene. Und Mäzenatentum, also die Förderung der Kunst durch Reiche und Mächtige, ist wohl so alt wie die Kunst selbst. Nur in der vergleichsweise kurzen Zeitspanne der Moderne, also zwischen Baudelaire und Beckett, war der Mäzen nicht nur ein Helfer, sondern auch ein Problem des Künstlers. Die kritische Avantgarde der modernen Kunst definierte sich nämlich polemisch gegen »den Markt«. In der Moderne war Kunst deshalb eine paradoxe Ware: Sie war gegen den Markt, auf dem sie doch verkauft wurde. Alles andere wurde als affirmative Ästhetik und machtgeschützte Innerlichkeit denunziert. Resümiert wird diese Einstellung von Adornos Begriff der »Kulturindustrie«, der immer noch in den Köpfen kritischer Kulturdezernenten und Museumsdirektoren herumspukt.

Doch heute haben wir diese »kritische« Moderne schon weit hinter uns gelassen. Die Künstler wechseln vom Elfenbeinturm in den Kontrollturm. Das heißt, die künstlerische Avantgarde ist nicht mehr das schlechte Gewissen der Gesellschaft, sondern eher die F+E-Abteilung der Wirtschaft. So wird Ästhetik zur neuen Leitwissenschaft. Postmoderne Kunst ist unsere Schule des Umgangs mit Schein, Fiktion und Simulation. Das zeigt sich natürlich vor allem in der Werbung, die Michael Schirner schon vor Jahrzehnten als die eigentliche Kunst unserer Zeit kenntlich gemacht hat. In der Werbung wird heute der ästhetische Geist der Differenz gepflegt und Konsum als hohe Kunst betrachtet. So entsteht die Medienwirklichkeit der Wirtschaft. Jede Werbung ist ja ein Diskurs über den Sinn des Konsums. Und gute Werbung zeigt, daß Kunst heute nicht mehr die Kritik der Gesellschaft, sondern die Kultur der Wirtschaft katalysiert.

Was ist Kultur? Wenn man die Fördermittelverteilung der Kulturbeauftragten westlicher Länder – und natürlich vor allem in den USA – beobachtet, kommt man zu dem Schluß: Alles. Neben vertraute Bereiche wie die Eßkultur sind ganz neue Bereiche getreten – wie z. B. die Fußballkultur. Und gerade an diesem Beispiel sieht man sehr schön, inwieweit Kultur heute immer Kultur der Wirtschaft ist. Der Fußballverein tritt nämlich als Marke auf: Schal, Chips und Schnuller vom BVB, Kugelschreiber, Mütze und Sarg von Bayern München. Das sind deutliche Symptome für eine Allgegenwart des Marketing. So ist Kultur-marketing längst nicht mehr nur Sache der Goethe-Institute, die – Kultur als Exportschlager – feine Kulturwaren wie Pina Bausch, Jürgen Habermas und neuerdings Techno als deutsche Botschafter durch die Welt schicken. Jeder Oberbürgermeister hat heute die Bedeutung des Stadtmarketing begriffen und schickt Trendnasen auf die Suche nach dem Markenkern von – z. B.: Essen.

Es ist deshalb gar nicht so leicht, die Frage zu beantworten: Was unterscheidet Kultur? Obwohl jede Kultur einen eigenen Begriff von Kultur hat, läßt sich immerhin mit Talcott Parsons sagen, daß Kultur als »latent pattern maintenance« funktioniert. Sie ist das Repertoire von Kommunikationsthemen. Man könnte auch sagen: Kultur ist die Welt der Bedeutsamkeit – im Gegensatz nicht nur zum grauen Alltag, sondern auch zur Wissenschaftswelt. Und obwohl die Evolution der Kultur opportunistisch ist, kann man doch eine Vermutung über die Richtung wagen, in der unsere Kultur diese Bedeutsamkeit suchen wird. Das Ergebnis der Weltraumfahrt war bekanntlich die Rückwendung zur Erde. Das Ergebnis der »Multikulturalität« wird die Rückwendung zur europäischen Kultur sein. Erst zentrifugal, dann zentripetal.

Je mehr die Wirtschaft zu einer Wirtschaft des Unsichtbaren wird, desto mehr muß sich ein Unternehmen durch seine Kultur definieren. Den Begriff selbst gibt es schon lange: Corporate culture. Damit ist eine Aufgabe definiert, die man als »impression management« von Unternehmen näher bestimmen könnte. Dieses »impression management« der Wirtschaft hat zwei unterschiedliche Dimensionen. Zum einen geht es darum, Kultur als Medium der Koevolution von Unternehmen und Kunden zu verstehen. Wie Wirt und Parasit irritieren und belehren sich Kunden und Unternehmen gegenseitig. Die zweite Dimension wird durch das schöne Wort vom Caring Capitalism bezeichnet: Die Wirtschaft nimmt sich der Weltprobleme an. Während das Managerial Marketing auf Profit zielt, zielt das Social Marketing auf Werte. Das System des Profits wird gleichsam durch öffentliche Verantwortung »temperiert«. So treten Großunternehmen zunehmend als quasipolitische Institutionen auf, z. B. als Treuhänder der Bildung.

Kunst ist für die Wirtschaft also sehr viel mehr als nur ein Ornament am Rande der eigentlichen Produktion, etwa ästhetische Aufheiterung der Schalterhallen von Sparkassen durch abstrakte Malerei oder junge Wilde. Unternehmen, die Verantwortung für die Gesellschaft übernehmen, entwickeln heute nicht nur eine ökologische Sensibilität für die Belastungen der Natur, also für die Folgelasten des eigenen Wirtschaftens. Das Kulturprogramm eines Unternehmens ist eine Art Umweltschutz für die zweite Natur, also für die Welt des Geistes. Und dieses Engagement hat heute nichts Humanistisch-Betuliches mehr. Wenn die Welt nämlich polarisiert ist nach dem Schema Benjamin Barbers, das Dschihad vs. McWorld, also Fundamentalismus gegen den American Way of Life setzt, dann steht jedes Unternehmen nolens volens in diesem Kulturkampf.

## Vision und Deep Play

Aber auch nach innen braucht ein modernes Unternehmen Kunst und Kultur. Denn was kann mit den Zauberwörtern der sogenannten Unternehmensleitbilder, Vision und Mission, gemeint sein? Wer eine Vision hat, sollte zum Arzt gehen, sagt Thomas Bernhard. Und diese Mahnung sollte man ernst nehmen. Nicht jede Vision weist in die Zukunft, und daß im allgemeinen Psychiater für sie zuständig sind, macht deutlich, daß Visionen die Fesseln des Realitätsprinzips abgestreift haben. Doch zuweilen muß man es eben riskieren, die Bodenhaftung zu verlieren, um realitätstüchtig zu bleiben. Solche Visionen haben für Unternehmen zwei Funktionen: Sie faszinieren die Mitarbeiter, und sie nehmen die Angst vor der Zukunft. Man könnte prinzipiell sagen: Wahrheit wird erträglich durch Geschichten, Herkunft wird erträglich durch Interpretationen, Zukunft wird erträglich durch Visionen.

Wenn sich heute die Hierarchien in den Unternehmen abflachen, gibt es keine Positionen mehr, von denen aus man einen Überblick hat – deshalb der immer lauter werdende Ruf nach Visionen. Der Organisationssoziologe Karl Weick hat das auf die prägnante Formel gebracht: »People coalesce around simple, absolute ideas.« Ein Team kristallisiert sich an einfachen, freischwebenden Ideen. Deshalb scheint mir Nietzsches Definition der Vision als »tiefer geistiger Störung« am fruchtbarsten zu sein. Denn die Vision soll dem Unternehmen aus der paradoxen Lage heraushelfen, daß das, was Innovation und Fortschritt blockiert, von innen nicht zu sehen ist. Jedes System hat einen blinden Fleck, und der Philosoph J. R. Lucas hat die paradoxe Operation, aus dem System herauszuspringen, um auf es innovativ einzuwirken, »Gödelizing« genannt.

Meine These lautet nun ganz einfach: Die Gödelisierung der Wirtschaft, also die Bekämpfung ihres blinden Flecks, leisten erfolgreiche Unternehmen durch den Bezug auf Kunst. Mit anderen Worten, Kunst ist die geistige Störung der Wirtschaft, die es ihr ermöglicht, aus dem eigenen System herauszuspringen und Neues zu tun. Die Vision verdankt sich also einer Irritation. Unternehmen brauchen die Kunst, um das Staunen zu lernen. Und Staunen heißt, sich irritieren zu lassen. Wer diesen Sprung aus dem System heraus nicht wagt, wird sich immer wieder über die Verrücktheit des Neuen ärgern. Die Innovation hängt tatsächlich an *Lunatics*, an Spinnern – und das ist von jeher die Domäne der Kunst.

Scott Kim hat einmal gesagt: »Nothing locks in assumptions like seriousness.« Gerade ernsthafte Menschen sind die Gefangenen ihrer Vorurteile. Ihre Ernsthaftigkeit hindert sie daran, aus dem System ihres Betriebs herauszuspringen und es von außen zu betrachten. *Serious Business* ist eine Selbstblockierung. Um aus dieser Sackgasse herauszukommen, müssen die Geschäftsleute lernen, über das Verhältnis von Arbeit und Spiel neu nachzudenken. Nur spielerisch nämlich kann man die eigene Komplexitätsempfindlichkeit steigern. Jedes Spiel ist »deliberate complication« (Stephen Miller), absichtsvolle Steigerung der Komplexität. Und das gelingt am besten in der Kunst; sie ist ein *Deep Play* im Sinne von Jeremy Bentham, also ein Spiel, das die tiefsten Leidenschaften entfesselt.
Das meinte wohl auch Doug Tompkins von Esprit mit seinem provozierenden Wahrspruch: »Life is entertainment, survival is a game.« Dieses Überlebensspiel hat für Management und Marketing den paramilitärischen Jargon bis zum heutigen Tag wohl so attraktiv gemacht. Doch ich meine, die Wirtschaft ist in diesen militärischen Metaphern geistig gefangen. Vielleicht befreit sie sich daraus durch den Kontakt mit Kunst: *Business Art* ist ein alter Begriff von Andy Warhol, der noch eine große Zukunft vor sich hat. Der erste Schritt, das Geschäft als Kunst zu begreifen, würde wohl darin bestehen, vom Organisationsmodell der Armee Abschied zu nehmen und den Manager etwa als Dirigenten eines hochqualifizierten Orchesters zu verstehen.
Business Art ist möglich, weil es eine Strukturverwandtschaft von Wirtschaft und Kunst gibt: Der andere handelt – und das/daraufhin erlebe ich. Der andere zahlt, und ich muß dann erleben, daß er auf ein knappes Gut zugreift, das mich auch interessiert; z. B. die Wohnung mit Dachterrasse. Der Künstler stellt seine Plastik auf, und ich darf/muß dann erleben, wie sich der öffentliche Raum wandelt. Und auch wenn man die Perspektive umkehrt, zeigt sich eine verblüffende Strukturverwandtschaft: Man muß beobachten, wie das eigene Angebot beobachtet wird – das gilt für Wirtschaft und Kunst gleichermaßen. Doch

während die Beobachtungen in der Wirtschaft immer wieder auf das Problem der Knappheit (des Geldes oder der Kunden) hinweisen und deshalb irritieren, ist Kunst das einzige System, das durch Beobachtung nicht gestört, sondern gesteigert wird. Kunst steuert Beobachtungen. Die Wirtschaft kann von der Kunst lernen, daß man eine Unterscheidung braucht, um etwas zu beobachten – und daß es zufällig ist, wie man unterscheidet. Diese Zufälligkeit reflektiert dann der Eindruck, die Welt sei unübersichtlich.
Wir können jetzt die wesentlichen Leistungen, die die Kunst für die Kultur der Wirtschaft erbringt, resümieren:

- Kunst schult im Unterscheiden. Sie kultiviert die Urteilskraft als aktiven Geschmack.
- Kultur verspricht: Es gibt ein Jenseits der Zerstreuung. Mag die Welt zufällig sein – das Kunstwerk ist notwendig. Kunst ist die Ablenkung von den Ablenkungen.
- Wie die Liebe ist die Kunst ein Medium, das sich der Technisierung weitgehend entzieht. Deshalb ist sie das ideale Asyl des Ich.
- Wie alle *Lunatics* haben Künstler empfindliche Antennen für Störungen im Medium Kultur. Deshalb kann die Kunst der Wirtschaft als Frühwarnsystem dienen.

## Das Zeitalter der Feste

Im griechischen Wort *agalma* – wörtlich: ein Standbild, das Götter erfreut – ist noch der ursprüngliche Zusammenhang von Kult, Kunst und Spiel festgehalten. Das hier sich eröffnende semantische Feld, nämlich Jubeln, Prunken und Feiern, wird heute wieder von der Kultur der Wirtschaft besetzt. Das ist ein Vorgang von nicht zu überschätzender Tragweite. Denn noch in den späten 70ern wäre nichts unmöglicher gewesen als ein Lob des Lobens.

Heute sind Dichter wie Rainer Maria Rilke und Ernst Jünger wieder aktuell, die die Kunst als Lob des Seins verstanden haben. Und die Gewißheit Peter Handkes, Kunst sei immer »kindliche Kunst«, erscheint nach den Jahrzehnten des ästhetischen Negativismus plötzlich wieder plausibel. In Handkes Tagebuch *Am Felsfenster morgens* wird Kunst als »höchste Schonung« definiert. Der Mut des Dichters besteht demnach im Lob des Lobens. »Beschreiben ist gutheißen.« Der wahre Schriftsteller versteht sich als »Diener des Sichtbaren« und sein Schreiben als eine Form des Verehrens. Wir können daraus schließen, daß nach der Zeit der kritischen, ja schwarzen Moderne und den verzweifelten Versuchen einer Politisierung der Kunst heute die affirmative Kultur triumphal zurückkehrt.

Dieser Prozeß beschränkt sich nicht auf Gedichte und Bilder. Der Philosoph Gernot Böhme bemerkt: »Es geht um die Inszenierung der Waren und um die Selbstinszenierung der Menschen. Es geht um die Inszenierung von Politik, die Selbstinszenierung von Firmen. Es geht um die Inszenierung ganzer Städte, ja des großen kapitalistischen Festes als solchem.« Und das wird nirgendwo deutlicher als in der Kultur der Festivals, dieser Spitzenleistung des Stadtmarketing. Das Festival ist für eine Stadt das »Organ des Sich-Zeigens« (Adolf Portmann) – es funktioniert also ähnlich wie Mode und Kosmetik bei Frauen.

Der große Erfolg der Festivals muß zunächst schon einfach deshalb erstaunen, weil sich hier ein Massenpublikum der sogenannten E-Kultur, also eigentlich schwerverdaulicher Kost, aussetzt. Wie man berechtigte Zweifel haben kann, ob das Kaffeekränzchen aus Wanne-Eickel wirklich etwas sieht, wenn es durch die Gauguin-Ausstellung geschoben wird, so darf man bezweifeln, daß die Bayreuth-Pilger aus Indiana wirklich »Wagner« hören, wenn sie sich sechs Stunden auf den unbequemen Sitzen quälen. Um den Erfolg der Festivals zu verstehen, muß man Kunst als Placebo begreifen – sie wirkt auch, wenn man nichts versteht. Doch welche Wünsche werden hier erfüllt? Was ist der Placebo-Effekt der Kunst?

Hier hilft ein Begriff des amerikanischen Philosophen Harry G. Frankfurt weiter: »second-order desires«, also Wünsche zweiter Ordnung. Man möchte anders sein, als man ist, und wünscht sich deshalb andere Wünsche, z. B. ins Theater zu gehen. Wie schön wäre es, wenn ich jemand wäre, dem die Musik von Schönberg gefällt! Solche *second-order desires* zielen vor allem auf den spirituellen Mehrwert der Kulturwaren, und da es sich dabei um Luxusgüter handelt, können wir beobachten, daß die Wirtschaft des Unsichtbaren einen Luxus zweiter Ordnung bietet. Der Luxus der Zukunft wird ein unsichtbarer Luxus sein:

- Zerebralkonsum wie etwa der Besuch der Dokumenta X;
- Aufmerksamkeit, denn diese knappste aller Ressourcen kann man nicht kaufen;
- Sinn, der immer wieder in der Informationsflut zu ertrinken droht;
- Ruhe, denn kein Wald ist mehr vor Motorrädern, kein Strand mehr vor Ghetto-Blastern sicher;
- Raum, denn Stau, Gedränge, überbuchte Flugzeuge und übervölkerter Strand sind längst nicht mehr Ausnahmezustand, sondern Lebensnormalität;
- Zeit, denn die Ansprüche der »availability«, der allzeitigen Verfügbarkeit, lassen sich in der Multimedia-Gesellschaft kaum mehr abweisen;
- Unerreichbarkeit, weil man es sich leisten kann, das Handy auszuschalten;
- Sicherheit, eigentlich das wichtigste öffentliche Gut, wird zum Luxus: Leibwächter für die Stars, schwarze Sheriffs vor den Villen in München, Mauer und Stacheldraht um die Villen in São Paulo.

Doch zurück zur Kultur des Festivals. Wir sagten, es sei die Kosmetik der Stadt, ihr Organ des Sich-Zeigens. Und dazu paßt Hegels Definition des Fests als lebendiges Kunstwerk. Doch als lebendiges ist das Kunstwerk nicht mehr nur ein Element der modernen, säkularen Kultur. Vielmehr ist die Konjunktur der Festivals ein deutliches Symptom dafür, daß wir heute auf dem Rückweg von der Kultur zum Kult sind. Wenn das zutrifft, muß die Diagnose lauten: Die Säkularisierung der Kunst war nur eine Episode; sie tritt heute wieder in eine Art Gottesdienst ein. Und in der Tat trägt der Kulturtourismus längst Züge einer religiösen Pflichtreise – also einer Wallfahrt. Vom Wallfahrer kann man aber etwas Entscheidendes über das Erfolgsgeheimnis der Festivals lernen: Kosten können einen Eigenwert gewinnen, wenn der Weg mit dem Ziel zusammenfällt. Das gilt für den Pilger, das gilt für den Jogger, das gilt für den politisch Engagierten – und eben auch für den Kulturtouristen.

## »Containment of Excitement«

Um die Festivals historisch und strukturell zu verstehen, muß man sie wohl in einer Linie mit den prunkvollen Ostentationen des Barocks und mit den Bühnenweihfestspielen Richard Wagners in Bayreuth sehen. Das Festival ist Spektakel, Event und Ritual zugleich. Als Spektakel befriedigt es die Schaulust und Neugier; als Event beschwört es die Aura des Einmaligen; als Ritual suggeriert es Sinnstiftung. Und in der Tat können wir sagen: Das Festspiel ersetzt die Religion. So war es schon Richard Wagners Credo, »daß da, wo die Religion künstlich wird, der Kunst es vorbehalten sei, den Kern der Religion zu retten«. Wagners Gesamtkunstwerk verstand sich als Gottesdienst der »Religion der Zukunft«. Und nicht anders lautet das Selbstverständnis heutiger Zeremonienmeister. So hat André Heller seine magischen Inszenierungen unlängst als »Hochämter der Verblüffung« definiert. Das heißt im Klartext: Das Festspiel bietet präparierte, konfektionierte Transzendenzerfahrung.
Damit bedient die Festival-Kultur ein zutiefst mystisches Bedürfnis. Denn Mystik heißt ja nichts anderes als reden, worüber man nicht reden kann. Mystik benutzt also Inkommunikabilität,

um Kommunikation anzuheizen. Was ist nun daran so faszinierend? Mystisch ist die Ganzheitserfahrung von Welt – und zwar gegen die Unterscheidungen, die die Welt verletzen. Das ist der logische Ort jeder Esoterik, die man als Markenname des reinen Unterschieds zum Vertrauten definieren könnte. Und in dieser Welt des reinen Unterschieds zum Alltag gibt es dann keine Unterschiede mehr. So charakterisiert H. Tellenbach die mystische Erfahrung als »affektive Verschmelzung« und »atmosphärische Überflutung«. Und genau das bietet heute das Festival. Deshalb schadet es auch nichts, wenn die Besucher gar nicht verstehen, worum es sachlich geht. Mystik ist nämlich Mitteilung ohne Information: Man kann hier nur verstehen, was man erlebt hat. Für den Teilnehmer des Ereignisses war es dann »ein Erlebnis«. Für den Parsifal in Bayreuth gilt dasselbe wie für das Bungee-Springen von der Eisenbahnbrücke: »Das muß man einfach mitgemacht haben!«

Jedes Festival knüpft an die uralte Erfahrung des Festlichen an – und die war schon immer doppeldeutig. Denn zum einen ist das Fest ein Ausdruck der Gegenkultur, deren Extremwert der dionysische Exzeß ist. Jedes Fest ist ein »Fest für das Ich«, weil hier das Gesetz gebietet, die gesetzlichen Gebote zu durchbrechen. Jedes Fest verdeckt also die Paradoxie, daß es sich um einen »vom Gesetz gebotenen Exzeß« (Freud) handelt – man denke nur an den Karneval und die obligatorische Besetzung der Rathäuser. Zum andern aber ist das Fest ein Ausdruck der Zustimmungskultur, also ein Medium apollinischer Affirmation. Deshalb konnte Josef Pieper das Fest als »Zustimmung zur Welt« deuten – und damit stellt es heute den Gegenpol zur kritischen Bewußtseinskultur dar. Mit anderen Worten, das Fest ist die Kultform einer »Religion der Freude« (Richard Harder).

Doch ob apollinisch oder dionysisch – das Fest ist immer die gelungene Entlastung vom Alltag, der kultivierte Ausnahmezustand. Insofern steht es in einer Reihe mit Phänomenen wie Ferien, Party und *Virtual Reality*. Stets handelt es sich um ein Spiel mit der eigenen Identität und dem Alltag. Der Ägyptologe Jan

Assmann meint deshalb: »Das Fest ist ein ›Heterotop‹ in der Sinnwelt einer Kultur.« Was aber, wenn dieser fremde Ort des Sinns auf immer mehr Schauplätzen beschworen wird? Und in der Tat kann man die Postmoderne als die Paradoxie eines permanenten Ausnahmezustandes begreifen – als das Projekt einer Verfestlichung des Alltags um den Preis einer Inflation der Events. Denn immer mehr Kunden suchen die Selbstverwandlung im Fest: Man macht sich schön, geht in die Oper und dann gut essen. Das genügt meist schon für den Ausnahmezustand der Seele. Die Festgemeinschaft feiert sich selbst: ob beim Opernball in Wien oder mit *La òla* im Stadion. Für das Fest gilt tatsächlich: Dabeisein ist alles!

Der Volksmund weiß: Man muß die Feste feiern, wie sie fallen. Denn das Fest *ist* seine Feier, und man feiert es, weil es da ist. Der Philosoph Hans-Georg Gadamer hat das auf die schöne Formel gebracht: »Die Zeiterfahrung des Festes ist die *Begehung.«* Jedes Fest hat eine feste Frist – und das macht es enttäuschungsfest. Prinzipiell gilt ja, daß kurzlebige, befristete Güter enttäuschungsfest sind: Bier, Wochenendreise, Fußballspiel. Auch das Festival ist enttäuschungsfest, denn es ist voraussetzungs- und folgenlos. Es gehört damit zu den von Helmut Schelskys so genannten sekundären Institutionen, die das folgenlos Subjektive kultivieren. Deshalb ist das Feuerwerk der Inbegriff des Events: Es kommt aus dem Nichts, erstrahlt und verpufft. Das Ereignis muß heute gerade folgenlos sein: ein »self-enclosed event« im Sinne von Zygmunt Bauman.

Nun könnte man einwenden, daß meine Beschreibung des Zeitalters der Feste gerade die entscheidenden Unterschiede verschleift, nämlich zwischen Ereignis und Event, zwischen Offenbarung und Spektakel – und eben zwischen Fest und Festival. Aber ich meine, vor dem Hintergrund des bisher Gesagten läßt sich das Verhältnis dieser Begriffe nun genau bestimmen. Spektakel und Event sind Inszenierungsformen, die deutlich machen, daß man das Festival als »framing« des Fests verstehen muß. In diesem Rahmen kann man die enklavierten großen Gefühle kul-

tivieren. Wie der Sport bietet das Festival ein »containment of excitement«. Man erregt sich in den Grenzen der Spielzeit. Denn die leidenschaftlichen Gefühle passen nicht mehr in unsere Welt. Und gerade deshalb hat das *Emotional Design* Hochkonjunktur. Es gestaltet die Marke als Medium der heimatlosen großen Gefühle. Im Blick auf unser Thema bedeutet das aber: Das große Festival ist eine Kultmarke.
Doch was macht ein Festival zur Kultmarke? *Emotional Design* und Kultmarketing brauchen hier einen soliden Bezugspunkt: den Star. Seine Reputation ersetzt die Qualitätsmaßstäbe. Was Ph. Kotler »designing persons for stardom« genannt hat, ist das tiefste Betriebsgeheimnis der Kultur der Wirtschaft. Der Zauberapparat des Marketing muß Berühmtheiten gestalten. Und wer hier erfolgreich sein will, sollte Shaws *Pygmalion* lesen; es ist der Schlüsseltext für C*elebrity Design.* Stars machen ästhetische Urteilskraft überflüssig. Die 3 Tenöre oder die Rolling Stones – es spielt keine Rolle, ob sie gut singen. Stars und Klassiker ersparen uns Kompetenz. Man kann sicher sein: Was sie bieten, ist Kultur.

## Millennium-Kult

Ernst Jünger hat es also nicht geschafft: das neue Jahrtausend zu erleben. Es wäre ihm wohl so wichtig gewesen, wie es vor einigen Jahren die für ihn zweite Erscheinung des Kometen Halley war – bei der es bekanntlich nur wenig zu sehen gab. Warum also die aufgeregte Erwartung des Augenblicks, da die Weltuhren umspringen auf das Jahr 2000 (und einige hunderttausend Computersysteme, die genau das nicht können, zusammenbrechen werden)? Der Zauber heißt Millennium, und auch besonders begriffsstutzige Zeitgenossen kennen den Begriff, seit die gleichnamige Mystery-Krimiserie bei *SAT.1* läuft.
Man muß das Stichwort nur in eine Suchmaschine des Internets eingeben, um zu sehen, wie breit das Spektrum unseres Themas

ist. Millennium schließt die Frage, wie man sich am entsprechenden Silvesterabend stilvoll betrinkt, genau so ein wie ein virtuelles Museum des 21. Jahrhunderts. Die paranoischen Wahnideen derer, die auf das Erscheinen neuer Götter warten, gehören genauso zum Thema wie die subtilen Chiliasmusforschungen der Religionssoziologen. Das Wort selbst verdankt sich übrigens einer Stelle der Johannes-Apokalypse: Und ich sah einen Engel vom Himmel herabfahren, der hatte den Schlüssel zum Abgrund und eine große Kette in seiner Hand. Und er ergriff den Drachen, die alte Schlange, das ist der Teufel und der Satan, und fesselte ihn für tausend Jahre ...

Da ist das Stichwort: tausend Jahre, Millennium. Die Suche nach dem Tausendjährigen Reich hat also eine lange Tradition, und das Thema erschien meist janusköpfig, nämlich mit dem Doppelgesicht von Heilserwartung und Untergangsvision. Man wartet auf das Ende – oder auf die Ankunft des anderen. Und die große Frage lautet immer: Gibt es das ganz andere? (Das ist ja die große Verheißung der Theologen.) Oder gibt es doch wenigstens ganz andere? (Das ist die Suggestion von Science-fiction.) Kommt das neue Jerusalem? Oder doch wenigstens: Mars Attacks! Ganz gleichgültig aber, ob man für Heilserwartungen oder Untergangsvisionen optiert, bietet das Thema Jahrtausendwende grandiose Chancen der Phantasie. Wir haben Zukunftshunger.

Wer den magischen Silvesteraugenblick mit einem Glas Champagner in der Hand auf dem Times Square erleben will oder in einem Rave-Jet, der im Kreuzen der Zeitzonen der Vergänglichkeit des Null-Datums ein Schnippchen schlagen soll, der wartet wohl nicht auf den Untergang. Und ich denke, im Kern ist der Kult des Millenniums heute affirmativ. Zu deutsch: Man hat die Nase voll von Gesellschafts- und Zeitkritik. Man will gutsagen – ja und amen. Und zugleich will man den langweiligen Alltag der Postmoderne mit dem Virus der Bedeutsamkeit infizieren. Postmoderner Alltag heißt nämlich, daß alles, was ist, auch anders sein könnte – und daß ich fast nichts daran ändern kann.

Deshalb gibt es heute eine riesige Sehnsucht, Prägnanz ins eigene Dasein zu bringen. Was wäre da besser geeignet als die Mystik der Zahl 2000. Es beginnt nicht einfach ein neues Jahr, ein neues Jahrzehnt, ein neues Jahrhundert – nein, ein neues Jahrtausend. Und man muß sich den schlichten Sachverhalt klarmachen: Das Jahr 2000 hat die besten (und immerhin tausend Jahre lang unüberbietbaren) Voraussetzungen dafür, in unserer Geschichte eine mythische Markierung anzubringen.
Mythische Markierung – was soll das heißen? Das Null-Datum besagt ganz formal: Ein neues Weltalter soll an- oder einbrechen. Und was auch immer sich die Zeremonienmeister der Jahrtausendwende einfallen lassen werden – gewiß ist: Die kultischen Millenniumsfeiern inszenieren das Warten auf »das Ereignis«. Und weil sich natürlich nichts ereignen wird außer dem Umspringen der Uhren, wird das Warten selbst zum Ereignis: der Event der Events. So weit, so deutsch, so tief. Man kann Millennium natürlich auch leichter, oberflächlicher, also amerikanisch verstehen – und dann heißt es einfach: *Let's have a party*! Es ist ja die wesentliche Leistung jeder Party, uns vom Alltag zu entlasten. So verspricht uns der Millennium-Kult wie jedes Fest eine Auszeit in der Langeweile der Routinen. Zugleich macht er der allgemeinen Verunsicherung darüber, was kommt, ein religiöses Formangebot.
Niemand weiß ja heute, was kommen wird: nach dem Zusammenbruch des kommunistischen Weltreichs; nach dem Untergang der nationalstaatlichen Souveränität; nach dem Ende der Gutenberg-Galaxis. Und deshalb wächst allerorten die Sehnsucht nach den Sinnformen der Religion, die den Schock der neuen Zeit abfangen können. Das sind natürlich goldene Zeiten für Sektierer, Propheten, Gurus und Scharlatane. Sie sind die Parasiten der großen Ängste und großen Erwartungen, die sich an die Gewißheit knüpfen, auf der Schwelle eines neuen Zeitalters zu stehen. Deshalb, so meine ich, müssen wir der amerikanischen Oberflächlichkeit dankbar sein, die im Ereignis des Millenniums nicht das Zeichen des Heils, sondern die Gelegenheit

zum großen Fest sieht. Die Weltparty entschärft die Übererwartungen.

## Die Sehnsucht nach der Frist

Sie sehen schon: Für aufgeklärte und abgeklärte Zeitgenossen gibt es eine Menge guter Gründe, das Thema nicht ernst zu nehmen. Und für Wissenschaftler scheint es geradezu eine Frage der Standesehre zu sein, der Magie des Null-Datums nicht zu erliegen. Der moderne Blick auf Geschichte sucht nach Strukturen, Umbesetzungen oder evolutionären Verlaufsfiguren und hält es für ein entscheidendes Kriterium seiner Wissenschaftsfähigkeit, sich von mythischen Geschichtsmarkierungen nicht verführen zu lassen. Aber noch schwerer wiegt: Der Kult um das Millennium diskreditiert alle Errungenschaften unserer eigenen Lebenszeit zur bloßen Vorläufigkeit. Und sich der Delegitimierung des 20. Jahrhunderts durch das neue Äon zu widersetzen, ist das selbstverständliche Minimum der Selbstbehauptung all derer, die in ihm zum Selbst geworden sind.

Die Vorabkommerzialisierung der Jahrtausendwende durch Event-Designer, die hier die Chance für eine ultimative Weltparty wittern, könnte einem zu dem Schluß verleiten: Millennium ist eine Marketing-Idee. Aber kann man es sich wirklich leisten, den Besinnlichkeitsersatz »2000« zu ignorieren? So wenig wie Namen sind nämlich Daten Schall und Rauch. Man feiert ja auch zu Recht runde Geburtstage, privat wie öffentlich. Das sind Rituale der Nachdenklichkeit. Zunächst einmal gibt das magische Null-Datum Anlaß zur Bilanz eines Jahrhunderts. Auf höherer Stufenleiter der Betrachtung gibt die mythische Markierung der Jahrtausendwende den aktuellen Epochenbrüchen, die unter Titeln wie »Globalisierung«, »Weltgesellschaft« oder »Ende der Gutenberg-Galaxis« diskutiert werden, eine extreme Prägnanz. In jedem Fall aber zeigt der Kult des Millenniums an, daß unsere Gesellschaft nach einer postkritischen Selbstbeschreibung sucht.

Doch die Nachdenklichkeitshilfe »2000« kann noch tiefer ansetzen. Der große Dichter Dante hat den Propheten im Inferno ja buchstäblich den Hals umgedreht und sie nach rückwärts gekehrt – seither kennen wir die Futurologen als unfreiwillige Historiker. Und je größer die Sehnsucht der Bürger nach Visionen wird, desto verstockter schweigt die Wissenschaft über die Zukunft. Wenn aber doch noch etwas über die Zukunft zu sagen wäre? Ich meine, die Nachdenklichkeit, die der Millennium-Kult auslösen kann, müßte eine über die Zukunft sein – und sei es auch nur zu dem Wissen, daß man von der Zukunft nichts wissen kann.

Dafür gibt es einen simplen Grund: Das Jahr 2000 löscht den Zukunftsnamen 2000 aus. Erinnern Sie sich noch an die Technologie- und Marketing-Seminare, in denen Visionen für das Jahr 2000 entwickelt wurden? Oder an eine gewisse Space-Odyssee: 2001? Heute müssen die Horizonte neu benannt werden. Marketing-Seminare bescheiden sich mit Trends 2020, Bill Clinton baut eine »Brücke ins 21. Jahrhundert«, und die Esoteriker aller Länder spekulieren über das dritte Jahrtausend. Aber vielleicht verhilft uns die Millennium-Markierung ja auch zu einem völlig veränderten Verhältnis gegenüber der Zukunft. Denn paradoxerweise wußte man noch nie so wenig von der Zukunft wie heute.

Das ist rasch erklärt. Trivial ist: Wir können nichts von zukünftigem Wissen wissen. Je mehr nun aber unsere Zivilisation auf Wissen basiert ist, desto unvorhersehbarer wird sie. Und daraus folgt eben: Je mehr das Wissen die Zukunft prägt, desto weniger kann man von der Zukunft wissen. Wenn man wüßte, was in der Zeitung von morgen steht, würde es nicht geschehen. So bewegen wir uns also auf ein Ziel zu, das sich selbst bewegt. *Moving target* nennt man das. Deshalb könnte die große Millennium-Lektion lauten: Die Zukunft kann man nicht prognostizieren, sondern nur provozieren.

Das hat vor allem Folgen für die Wirtschaft. Schon vor Jahrzehnten hat Friedrich von Hayek gesehen, daß nur der in der

Weltwirtschaft bestehen kann, der sich an das Unvorhersehbare anpassen kann. Wenn aber das, was niemand erwarten konnte, geschieht, ist es wahrscheinlich, daß man Fehler macht. Prinzipieller formuliert: Die Begegnung mit der Zukunft ist der Fehler. Und das zwingt zum Umdenken. So wie man im Märchen die häßliche Kröte küssen muß, um einen schönen Prinzen zu bekommen, so muß man in der Wirtschaft den bösen Fehler küssen – dann verwandelt er sich in eine wichtige Informationsquelle über die Zukunft. Um es mit einer Metapher zu sagen: Wenn man zu Fall gebracht wird, muß man versuchen, fallend die Fallgesetze zu studieren. Das Unternehmen der Zukunft braucht eine Kultur der Fehlerfreundlichkeit. Wer nämlich keine Fehler macht, verliert seine Anpassungsfähigkeit und gerät in die Falle der Überspezialisierung.
Das ist eine der großen Lektionen der Evolutionstheorie. Mutationen sind ja stabilisierte Reproduktionsfehler – die Evolution macht also durch Fehler Fortschritte. Und daraus folgt auch: Die Evolution ist kurzsichtig. Dadurch verliert aber unsere Zeiterfahrung an Prägnanz. Man könnte ganz allgemein von einer evolutionären Entfristung der Zeit zur ziellosen Offenheit sprechen. Das ist für viele schwer zu ertragen, und so sehnt man sich wieder nach einer Frist: 1000 Jahre, das Millennium.

# DIE KUNDEN DES 21. JAHRHUNDERTS

Menschen können ohne Religion auskommen – nicht aber Gesellschaften. Im Rückblick können wir feststellen: Gott als Kultzentrum ist in der Moderne erst durch die Gesellschaft und dann durch das Individuum ersetzt worden. Mit dem Untergang des Ostblocks endete die Säkularreligion, die den Glauben an die »Erlösung durch Gesellschaft« gepredigt hat. Der Gottesstaat der Atheisten ist vor unseren Augen zusammengebrochen. Wir glauben nicht mehr an die Verheißungen des Kollektivs. Deshalb hat das Individuum wieder einmal Konjunktur.

»Individualität« ist heute ein religiöses Heilsversprechen. Das Heil kommt nämlich entweder von Gott oder von der Gesellschaft. Oder wir finden zum Heil in der Therapie, sei es des Psychoanalytikers, des Homöopathen, des Unternehmensberaters. Oder aber wir suchen das Heil im eigenen Selbst, sei es, daß man für permanente Fitneß sorgt, sich an den körpereigenen Endorphinen berauscht, ja Urin trinkt; hierher gehören auch alle Formen der Selbstmedikation. Die letzte Variante ist natürlich für die Wirtschaft die interessanteste. Das moderne Individuum sucht die Selbsterlösung *in* der Beziehung auf sich selbst, in der Sorge um sich. Diese Selbsterlösung im Selbstbezug durchbricht die Selbstbefriedigungsverbote der modernen Gesellschaft. Das ist charakteristisch für das, was Gerhard Schulze das »Selbstverwirklichungsmilieu« genannt hat. Es geht hier stets um die »Entfaltung des Inneren Kerns«, der sich »spontan« bekundet, weil er in der *Black box* der sozialen Existenz versteckt ist.

## Die Goffman-Lektion

Derartiges ist nur in einer postmodernen Gesellschaft möglich und nötig. Weil die Wirklichkeit einer sozialen Situation heute nicht mehr im Augenblick durchschaut werden kann, muß man sich auf den Anschein verlassen. Das ist die Paradoxie des Alltags: »The more the individual is concerned with the reality that is not available to perception, the more must he concentrate his attention on appearances« (Goffman). Der Beobachter muß Eindrücke als Wirklichkeitsersatz behandeln und sich auf Repräsentationen verlassen. Deshalb verwandeln sich umgekehrt Handlungen in Gesten, die an ein Publikum adressiert sind. Jeder tritt als *Impression Manager* seiner selbst auf dem sozialen Schauplatz auf.

Erving Goffman spricht von einer »joint ceremonial labor«, der kollektiven Arbeit am Kult. Jeder einzelne muß sich auf die anderen verlassen bei der gemeinsamen Produktion gesellschaftlicher Bilder; alle reichen sich die Hände zur »chain of ceremony«, die auch »the great chain of corporate being« heißt. So greifen Verpflichtungen und Erwartungen, Ehrerbietung und Benehmen, zeremonielle Gesten und Freundlichkeiten ineinander zum heiligen Spiel um das göttliche Individuum. »Das Image eines Menschen ist etwas Heiliges und die zu seiner Erhaltung erforderliche expressive Ordnung deswegen etwas Rituelles.« Das ist der religiöse Kern der säkularisierten Gesellschaft: Individuen, die als Götter behandelt werden und selbst wissen, wie man diesen Priesterdienst versieht. Das Selbst ist ein Spieler im »ritual game«. Wer eine Rolle ergreift, verschwindet völlig in dem »virtual self«, das die Situation bereithält. »To embrace a role is to be embraced by it«, sagt Goffman. Das läßt sich nur schwer übersetzen. Gemeint ist aber, was wir »in einer Rolle aufgehen« nennen.

Der Soziologe Ulrich Beck spricht in diesem Zusammenhang von einer postreligiösen Theologisierung des Alltags: »Die Entscheidungen der Lebensführung werden ›vergottet‹.« Und damit beginnt die Religion der Einmaligkeit. Ihre Varianten sind bekannt:

- Die religiöse Selbsterlösung – das verspricht der europäisch verschlankte Buddhismus oder »Eurotaoismus« (Peter Sloterdijk).
- Die »Selbsterregung« (Gottfried Benn) durch Drogen – also alle Glückspraktiken, die wir aus dem Chemismus unseres Körpers gewinnen können.
- Die Selbstherausforderung – stürze dich am Gummiseil von der Brücke, im Schlauchboot den Steilhang hinab: *I did it!*
- Die Selbstbeschäftigung – man studiert die eigenen Leiden und Beschädigungen, am besten gleich in einer Selbsterfahrungsgruppe.

Es handelt sich hier um religiöse Exerzitien, deren Kultzentrum das »Selbst« jedes einzelnen ist. Man berauscht sich an sich selbst – das Ich nimmt sich selbst als Droge. Selbstverwirklichung ist das Opium aller Ichs. Anders gesagt: Weil die absoluten Ichs der Moderne Bindung brauchen, wird die Individualisierung selbst zur Religion.

## Die Datenspur des Willkürgotts

Von Arthur M. Kroll stammt die schöne Formel: »The self is a person's evaluation of himself« – Das Selbst ist nichts anderes als die Selbstbeurteilung einer Person. Mit anderen Worten: Was Individualität heißt, ist allein Sache des jeweiligen Individuums. Es begründet sich zureichend in dem bloßen Anspruch, es zu sein. Die Individualität tritt mit dem selbstverständlichen Anspruch der »Eigenrichtigkeit« auf. Damit ist aber das humanistische Definitionsmonopol des Menschen gebrochen: Jeder kann nun nach seiner eigenen Facon »menschlich« werden. In einer individualistischen Kultur gibt es weder ein Maß des Humanum noch ein Mehr an Menschlichkeit. Individualität kann man nämlich nicht steigern; sie ist ja immer Sache des Individuums. Es konstruiert sich seine eigenen Wichtigkeiten – wie es ihm gefällt.

Ich bin der Willkürgott meiner selbst, meine Einzigkeit ist der romantisch verzauberte Zufall meiner Entscheidungen. Das Problem ist nur: Allen geht es so wie mir. Und damit stehen wir vor dem spezifisch modernen Paradoxon der kopierbaren Individualität: Das Ziel der Individualität ist ja das aller Allgemeinste, das, was alle anderen auch wollen – nämlich anders zu sein als alle andern. So muß das Kopieren als Weg zur Einzigkeit gelebt werden. Maßanfertigung als Massenware – nur du trägst diese Jeans. Was auch immer das Individuum entscheidet – die anderen sind schon da. Sei es, daß ich anders sein will als eben: die anderen. Sei es, daß die anderen dasselbe wollen wie ich: eben Individuum sein. In der modernen Gesellschaft herrscht der soziale Rollenzwang, ein Individuum zu sein. Sei unverwechselbar! So lautet die paradoxe Anweisung des Individualisierungszwangs. Und ebendiese Paradoxie steckt auch in der Existenzprogrammformel »Selbstverwirklichung«. Hier hilft nur der Schein weiter. Und das Als-ob wird rasch selbst zur stabilen Erlebnisform. Denn wir alle spielen Theater. Die Erwartung der anderen formt mich als Individuum – und so werde ich mir selbst zur Gewohnheit.

Daß die Autosuggestion der »Selbstverwirklichung« heute so unwiderstehlich wirkt, hat zwei gewichtige Gründe. Zum einen war der Kapitalismus als Exorzismus des »ganzen Menschen« konzipiert. Man wollte die Leidenschaften und ihre Ungewißheiten in den Griff bekommen. Mit Albert Hirschmans präzisen Worten: »Capitalism was supposed to accomplish exactly what was soon to be denounced as its worst feature.« Die Entfremdung, die Kulturkritiker dem Kapitalismus zur Last legen, ist gerade seine eigentliche Kulturleistung. Das meint auch Arnold Gehlens Formel von der »Geburt der Freiheit aus der Entfremdung«. Zum zweiten muß man Ökologie und Individualismus als die Umweltprobleme der Gesellschaft begreifen. Denn »die Natur« und »der Mensch« tauchen auf, sobald sich das Gesellschaftssystem von seiner Umwelt unterscheidet. Deshalb kann man sagen, daß die moderne Gesellschaft »Menschen« ausschließt; soziale Systeme können mit »ganzen Menschen« nichts anfangen. Gerade deshalb gibt es Freiheit; aber deshalb gibt es auch das »Sinnproblem« und die »Identitätskrise«.

Menschen haben kein Biogramm. Deshalb brauchen sie Identitätsformeln. In der Postmoderne herrschen die Identitätsexperten, sagt Zygmunt Bauman. Weil »der ganze Mensch« aus der modernen Gesellschaft ausgeschlossen ist, empfindet er sich als besonders schutzbedürftig. Er will in Watte gepackt werden und wird – mit Walter Benjamins wunderbar präzisem Wort – zum Etui-Menschen. Cocooning nennt man das heute. Ich und mein Magnum im behaglichen Stübchen. Oder der tolpatschige Lehrer, der täglich vom Regen in die Traufe der Schule stolpert – abgefedert nur von dem Stückchen heile Welt, das ihm sein Opel Astra bietet. Der Geschäftsmann landet im Nahen Osten: Schweiß, Gestank, Geschrei. Doch dann öffnet sich die Tür des angemieteten Mercedes, und schon umhüllt ihn wieder die heile westliche Welt.

Das ist gerade auch für den postmodernen Tourismus charakteristisch: das Abenteuer als Präparat. In der Welt als Versicherung wird Unsicherheit zum Reiz. Gefährlich leben – im Urlaub. Dazu braucht man Führer nicht aus der Gefahr, sondern in die Gefahr, also Verführer. Und dem entspricht, daß die Identität zum Abenteuer wird. Ich riskiere, also bin ich. Doch das bleibt natürlich alles im Kokon der Multikulti-Ideologie: die Welt als Basar des Exotischen. Man ist für die kolumbianischen Kaffeebauern oder ißt thailändisch; man trägt palästinensische Schals und kurdenfreundliche Gesinnung. All das verpflichtet zu nichts und kann morgen ausgewechselt werden. Die Unterschiede zwischen den Kulturen werden als touristische Werte vermarktet. Tourismus funktioniert demnach als »home plus« (Paul Theroux). Und gerade darin ist der Tourist der Inbegriff postmoderner Existenz: »Enclosed in a bubble with tightly controlled osmosis« (Zygmunt Bauman).

Für die Wirtschaft ist der sich als Individuum verstehende Mensch zunächst einmal ein ernstes Umweltproblem. Er will nicht mehr Massenpartikelchen sein; ja selbst das »Targeting« sogenannter Zielgruppen geht heute ins Leere. Individualität ist also ein Problemtitel der Wirtschaft – gemeint ist die Unberechenbarkeit des Konsumverhaltens. Jeder ist seine eigene Subkultur: Der Kunde – das unbekannte Wesen. Das neue Marketing konstruiert deshalb das Individuum als Kultzentrum und Medieneffekt: als Kultmarketing macht es Sinnformangebote; als Direkt-Marketing verstrickt es die Kunden in den Netzen der neuen Medien. Dabei ergeben, wie im letzten Kapitel ausführlich dargestellt, Marken, Medien und Mythen einen harmonischen Dreiklang.

Den Kult des Individuums stützt medientechnisch ein *Point Casting,* also ein computergestütztes Mikromarketing. Dabei entstehen Persönlichkeitsprofile der Kunden. Ein Individuum ist für das Marketing eine Datenspur im Netz. Der Computer schafft durch Feedback-Schleifen ein Kunden-Pattern, mit dem das Marketing dann zaubern kann. Man ist versucht zu sagen: Das Individuum ist eine Erfindung der Datenbanken, eine Marketing-Idee im Zeitalter des Computers. So wird Individualität als Massenware technisch möglich.

Soviel zum elektronischen Direkt-Marketing. Es wird ergänzt durch ein Kultmarketing, das auf Synergieeffekte zielt. Kultmarketing gibt Formulierungshilfe bei der Eigenkonstruktion von Geschichten, mit denen sich dann »Individuen« identifizieren können. Doch damit ist die semantische Aufgabe des Kultmarketing noch nicht beendet. Die Aufwertung von Individualität setzt ja voraus, daß die gesellschaftliche Verbindlichkeit anderswo gesichert ist – nämlich dort, wo sich die altvertrauten Zielgruppen gerade aufgelöst haben. Dort finden wir die Szenen, Jugendkulte und Sekten, die als soziale Ornamente die Individualisierung kompensieren. Und das Kultmarketing betreut die Semantik dieser Szenen.

## Das Make-up der Identität

Doch wie konnte es dazu kommen? Wer über den Sinn des Lebens grübelt oder sich in einer Midlife-crisis fühlt, muß damit rechnen, daß ihm andere entgegnen: Deine Sorgen möchte ich haben! Hinter diesem Bescheid steckt natürlich ein klarer Verdacht: Wenn man keine Aufgaben hat, die einem von sich selbst ablenken, wird man sich selbst zum Problem – so entsteht die Sinnkrise und der Therapievorschlag der Selbstverwirklichung. Das eigentliche Problem der Selbstverwirklichung – das hat Hermann Lübbe genau gesehen – liegt also darin, Freiheit in Sinn zu verwandeln. Und dem liebenswerten Opaschowski muß man sagen: Mit Freizeit hat das nichts mehr zu tun. Es geht vielmehr um eine Selbstbe(s)tätigung jenseits der Freizeitbeschäftigung, wie etwa Greenpeace-Kreuzzüge, die Initiative zur Rettung des Schlosses Borbeck oder Triathlon.

Es kommt hier zu einem Kurzschluß zwischen Abweichung und Konformität, der gerade für unsere gegenwärtige Kultur charakteristisch zu sein scheint: Alle wollen anders sein als all die anderen; das alternative Leben wird zum neuen Spießertum, die Subversion zum Mainstream; jeder Trottel präsentiert sich als Querdenker. Das ist die Welt der Selbstinszenierung. Das Leben inszeniert sich selbst und erfindet seine Identität. Man kann sich zwar nicht ändern, aber umerzählen und ein neues »Make-up der Identität« (Odo Marquard) auflegen. Während Frauen aber im allgemeinen noch zwischen Schminke und Haut unterscheiden können, glaubt das »Individuum« an seine unverwechselbare »Identität«.

All das wäre nicht möglich, wenn es uns die Gesellschaft nicht tatsächlich erlauben würde, die eigene Biographie als Wahl zu konzipieren: Ich studiere Ethnologie oder Zahnmedizin – gehe zwei Jahre in die USA oder Frankfurt an der Oder – breche das Studium ab – gehe zum Fernsehen oder werde Trendforscher. Die Kaskade der Optionen des je eigenen Lebenslaufs läßt sich kaum andeuten. Und das gilt auch für die Beziehung zu anderen.

Auch hier herrscht die Logik von Trial and Error. Die Ehe ist ein Beziehungstest nach dem Prinzip der »Wahlverwandtschaft«; und die Scheidung versteht sich als Selbsterlösung aus der Beziehungsfalle. Partner wie Teams sind auf Wechsel angelegt. Die Grundunterscheidung der Selbstverwirklichungskultur ist also die Geste, mit der das Selbst seine eigene Grenze als unantastbar markiert. Und weil es diese Unantastbarkeit zugleich allen anderen unterstellt, resultiert ein paradoxer Individualisierungszwang. Ganz generell wird einem zugemutet, unverwechselbar zu sein. So entsteht das Selbst als dramatischer Effekt des Alltagstheaters.

Wir haben es längst mit einer Art Kunstreligion des Alltags zu tun; positiv besetzte Begriffe wie Ritual und Lebensstil zeigen das deutlich an. Und wer die immer wieder rätselhafte Jugend von heute begreifen will, wird von der Ästhetik der Szene besser beraten als von der Soziologie der Gruppe. Auch die Wirtschaft hat sich längst darauf eingestellt. Ihre Kundenansprache setzt nicht mehr auf die USP, sondern auf Kultmarketing; sie ködert nicht mehr mit Preisen, sondern mit Events. Und das hat sie von der Wirklichkeit der Medien gelernt, die von uns allen nach Modellen der Selbstinszenierung abgesucht werden. Wer sich selbst sucht, geht einkaufen. So bemerkt Florian Coulmas: »In Kaufhäusern kann man nicht nur Waren einkaufen, sondern auch sein eigenes Selbstbild.« Shopping ist ein Fine-tuning der Ich-Identität.

»Nur ästhetisch läßt sich der Wunsch erfüllen, nicht so zu sein, wie man ist«, sagt der Philosoph Hans Blumenberg. Escape heißt deshalb ein Duft von Calvin Klein. Das ist das große Heilsversprechen der Selbstverwirklichung: Flucht aus der Wirklichkeit. Und seit Carnegie das Selbst als Gegenstand des Marketing entdeckt hat, wird diese Realitätsflucht in schönster Paradoxie als Massenflucht vor dem Mainstream organisiert. Diese Paradoxie treibt vor allem natürlich in der Modebranche die wunderbarsten Blüten. Da die »Masse« Linda Evangelista und Claudia Schiffer anbetet, müssen sie von der Ästhetik der Selbstverwirk-

lichung entthront werden. So schreibt Wolfgang Joop im *Spiegel* (42/1998) über das neue Designprinzip des Unperfekten: »Jetzt ist der Makel das Schöne. [...] Wer sich absichtlich vom Ideal entfernt und seine persönlichen Makel hervorhebt, anstatt sie zu vertuschen, betont seine Einzigartigkeit.«
Ich bin beschädigt, also bin ich. Der Tick, die Marotte, der Fehler werden zum Identitätszeichen. Es lebe der Unterschied – nämlich zum Schönheitsideal des Blonden, Vollbusigen und Langbeinigen. So kultiviert die Mode heute eine Aversion gegen die Perfektion. Die zur Schau getragene Wunde garantiert mein Anderssein – das ist in der Tat so religiös wie der Märtyrer-Look, der den naiven Bewunderer des Schönen durch »die offensive Entblößung des sonst schamvoll Versteckten« (Joop) beschämt. Die Hochglanzjournale nehmen also Abschied vom Glamour – und gehen nach der Logik der Mode natürlich gleich ins Extrem. So hat die Zeitschrift *Dazed and Confused* Behinderte als Models angeworben. Und der Superstar der neuen Behinderten-Ästhetik, Aimee Mullins, spricht die Ethik dieser Ästhetik aus: »Ich möchte nicht, daß man mich trotz meiner Behinderung schön findet, sondern wegen ihr.«

## Die Macht der Wünsche

Milton Friedman hat in seiner *Price Theory* geschrieben: »The economist has little to say about the formation of wants.« Wirtschaftswissenschaftler wissen nichts von der Welt der Wünsche. Dafür gibt es eine verblüffend einfache Erklärung: Der strenge Formalismus der Ökonomie läßt sich als Reaktionsbildung auf Freuds Entdeckung des Unbewußten verstehen. Gerade weil die Psychoanalyse uns schockhaft mit dem Chaos des Begehrens konfrontierte, zog sich die Wirtschaftswissenschaft in die Ordnung der Rationalität zurück. Doch der so präparierte *homo oeconomicus* ist nur ein »rational fool« (Amartya K. Sen); es ist die spezifische Narrheit der Ökonomen, den Kunden als vernünftigen Marktteilnehmer zu taxieren. Daß wir die Dinge heute anders sehen, verdanken wir zum einen dem Sieg des Kapitalismus, durch den endlich der Blick auf die nichtökonomischen Kräfte der Wirtschaft frei wurde. Aber auch ein nüchterner Blick auf Typen wie den »Prosumer« (Toffler), die Impulskäuferin oder den Workaholic macht rasch klar, daß es auf den postmodernen Märkten nicht nur um Bedürfnisse und Genuß geht.

Strenggenommen führt sogar der Begriff Konsum in die Irre. Denn in der Wirtschaft des Unsichtbaren schafft das Angebot die Nachfrage. Wenn – wie in der westlichen Welt prinzipiell – die fundamentalen Bedürfnisse befriedigt sind, gilt nämlich: »You do not need anything until you have it« (Jerome S. Bruner). Erst nachdem ich das Handy gekauft habe, weiß ich, daß ich ohne Handy nicht mehr leben konnte. Deshalb interessieren sich die Leute gerade auch für die Werbung für Produkte, die sie bereits haben. Wir können daraus die Definition ableiten: Das Marketing ist die Erfindung von künstlichen Bedürfnissen; es setzt die Wunschspirale in Gang. Es geht also nicht um Bedürfnisse im Sinne des Appetits, sondern um das Neue – in der Wiederholung. Das natürliche Bedürfnis tritt periodisch auf. Ganz anders das Spiel des Neuen in der Wiederholung. Hier gilt: *Encore, play it again,* noch mal die Geschichte von gestern!

Verlassen wir also das Phantom des *homo oeconomicus,* und nähern wir uns seinem Gegenpol: dem Begehren, dem Wunsch, dem Unbewußten. Die Letztelemente des Unbewußten sind Vorstellungen, und zwar vor allem Vorstellungen vom Untersagten. Die Psychoanalyse kann das als Grundgesetz der Wunschwelt formulieren: Das Begehrte ist das Verbotene. Das für uns Wertvolle ist deshalb die Vorstellung von einem überwundenen Hemmnis. Wenn aber das Begehrte das Verbotene ist, dann ist es sinnlos, jemanden zu fragen, was er sich wünscht. Niemand weiß, was er sich wünscht, und von nichts kann man sagen, daß es einen Wunsch wahrhaft erfüllt. Das Palmenparadies, die Traumfrau, der Weltruhm – all das gibt es eben nur in der Vorstellungswelt der Hollywoodfilme und Hochglanzmagazine.

Deshalb kann Nietzsche behaupten: »Man liebt zuletzt seine Begierde und nicht das Begehrte.«
Was man sich wünscht, ist nicht zu kaufen. Aber man kann dem Wunsch Anerkennung verschaffen – in einem Produkt. Doch dieses Produkt muß geistig angereichert sein, einen spirituellen Mehrwert haben. Mit anderen Worten, wenn man Wünsche nicht durch Objekte befriedigen kann, muß man ein Begehren nach Gütern zweiten Grades ködern. Ich komme gleich darauf zurück. Halten wir zunächst einmal fest: Zum Glück für die Wirtschaft zielt das Begehren des Menschen immer auf etwas, das nicht benennbar ist. Und deshalb muß man kaufen und kaufen und kaufen. Man könnte geradezu von einer Mystik des Konsums sprechen: Shopping als triviale, alltägliche Suche nach dem Heiligen Gral. Oder um es in der Lyrik der Popkultur zu formulieren: *I can't get no satisfaction* – das ist das ganze Geheimnis des Begehrens.
Das Bild des vernünftig kalkulierenden Marktteilnehmers wird immer dann unhaltbar, wenn wir auf das Phänomen der Pleonexie stoßen: das unersättliche Begehren nach mehr. Der »rational fool« der formalistischen Ökonomie steht ratlos vor dem Sachverhalt, daß der Konsum das Verlangen steigern kann. Und diese Unersättlichkeit kennzeichnet nicht nur den Süchtigen, der ständig die Dosis seines Lasters erhöhen muß, um noch einen Kick zu bekommen, sondern auch den Tugendhaften, dessen Über-Ich um so strenger fordert, je »ethischer« er lebt. Moralismus ist die Sucht, die unersättlich »Moralin« konsumiert. Genauso wie der Lasterhafte zeigt uns der Tugendhafte die Grenzenlosigkeit des Begehrens.
Ich werde im nächsten Kapitel ausführlich zeigen, daß sich dieses grenzenlose Begehren sinnvoll nur auf das Geld richten kann. Denn nur Geld ist immun gegen Enttäuschungen. Solange aber das Begehren nicht anerkannt ist, sehe ich es nur im anderen, der zunächst als Rivale und dann als wirtschaftlicher Konkurrent auftritt. Das Christentum fordert mich wohl deshalb auf, den Nächsten wie mich selbst zu lieben, weil der Nächste mein

Rivale ist. Und Rivalität besagt: Das Zwischenmenschliche ist im Kern destruktiv. Wer Kinder hat, erlebt es jeden Tag, daß sie das, was sie haben wollen, haben wollen, weil der andere es hat. Man will eigentlich nicht das Objekt, sondern die Anerkennung des eigenen Begehrens. Begehrenswert ist, was mein Rivale sich wünscht. Das gilt vom Neid auf das Auto des Nachbarn (Rover: »Shock your neighbour!«) bis zur Eifersucht. Der Rivale ist mein Modell; sein Wunsch zeigt mir das Objekt des Begehrens. Mit anderen Worten: Der Wunsch ist der blinde Fleck der Selbstbeobachtung. Deshalb ist es auch sinnlos zu fragen, was der Kunde wünscht. Das weiß er erst, wenn er es sieht – nämlich bei anderen.

Der Konsum ist wohl die friedlichste Form des Umgangs mit den heißen Wünschen. Man kann Ersatzobjekte für das unerreichbare und deshalb obskure Objekt des Begehrens kaufen. Solange das Begehren aber nicht anerkannt und derart – nicht befriedigt, sondern: befriedet ist, sehe ich es nur im anderen. Deshalb ist der andere und erst recht der Nächste mein Rivale, mein Konkurrent. Und ob Kinderspiel, Politik oder wirtschaftlicher Wettbewerb – ihr gemeinsames finsteres Geheimnis ist die Rivalität des Begehrens.

Finster nenne ich dieses Geheimnis, weil in der Rivalität des Begehrens Gewalt lauert. Auch hier belehrt uns ein Blick auf die kleinen Spieler im Kinderzimmer oder die Global Players der Weltgesellschaft: Die Gewalt wertet die Objekte auf. Und das hat eine Konsequenz, die sich in den alltäglichen Nachrichten zwischen Ausländerhaß und Sexualmord chiffriert: Ein Begehren, das keine Anerkennung findet, schlägt um in die Zerstörung des anderen. Zerstörung ist eine fundamentale Art, sich zum Herrn zu machen. Und auch hier erweist sich immer deutlicher, daß das, was die Gutmenschen als Heilmittel verordnen, selbst die Krankheit ist. Im Klartext: Der Verlust der Unterschiede erzeugt die Rivalität, für die dann die Unterschiede verantwortlich gemacht werden. Gerade der moderne Gleichheitsgrundsatz erzeugt also Gewalt.

Wer das begriffen hat, muß eigentlich in ein Lob der Institutionen einstimmen. Denn Institutionen ritualisieren die Rivalität. Nun funktioniert natürlich keine Institution ohne Hierarchie – und die ist heute unpopulär, weil unfundamentaldemokratisch. Alle Welt fordert Heterarchien oder doch zumindest die Abflachung von Hierarchien – in dem Glauben, dann seien alle an der Macht, niemand mehr Knecht und die Kompetenz allein trage den Sieg davon. Nichts ist naiver. Denn gerade der genauere Blick ins allseits gelobte Land Amerika zeigt, daß man dort nur deshalb auf Hierarchien verzichten kann, weil um so unerbittlicher Hackordnungen gelten. Alle sind Bob und Jane, aber man darf keine Sekunde vergessen, wer wann was sagen und wer wen feuern kann. Formelhaft gesagt: Je weniger Institutionen herrschen, desto unbarmherziger erstrahlt der Alltag im Licht der *social comparison.*

Noch einmal: Gerade auch dort, wo Rangordnungen scheinbar abgeschafft sind und alle nur noch John und Bill heißen, gibt es eine *pecking order.* Diese Hackordnung operiert nicht mit Hierarchie, sondern über *social comparison* – zumeist viel unerbittlicher als das Ritual des Ranges. Man darf den Chef duzen, aber nie vergessen, daß er es ist. Verdeckte Rivalität ist natürlich auch der Sachverhalt, der hinter dem in den letzten Jahren so aufmerksam beobachteten Mobbing steht. Habe ich einen Büroplatz am Fenster, einen Parkplatz in der Tiefgarage, eine Visitenkarte im Vielfarbdruck, eine Einladung zur Geburtstagsfeier des Chefs? Der Kampf um Anerkennung heftet sich an Kleinigkeiten.

Der Bessere und stolz auf das verdiente Geld zu sein ist in Amerika bekanntlich selbstverständlich, während wir in Deutschland nicht über Geld sprechen, weil es unser Gott ist, und sichtbaren Erfolg mit Sozialneid stigmatisieren. Schwache Institutionen, Heterarchien und Hackordnungen setzen voraus, daß in einer Gesellschaft positive Begriffe von Ruhm und Erfolg umlaufen. Schon Clausewitz hatte aber bemerkt, daß die Deutschen Ehre und Ruhm nur in der denunziatorischen Fassung als Ehrgeiz und

Ruhmsucht kennen. Vielleicht ist das der massivste Grund dafür, daß wir Schwierigkeiten haben zu erkennen, daß es in der Welt nicht nur Subjekte und Objekte gibt, sondern auch den Dritten. Gemeint ist der Rivale – das große Thema Girards. Aber auch der Parasit – das große Thema Michel Serres.

Und damit sind wir bei den Produktivitätsfaktoren, von denen der »rational fool« der traditionellen Wirtschaftswissenschaften nichts wissen will: Anerkennung, Bestätigung, Stolz und Ruhm. Mit Bohannan gesagt, »the purest value: reputation«. Auch für Georg Franck ist der wichtigste Faktor der Wirtschaft des Unsichtbaren der Wunsch nach Beachtung. Deshalb tue sich jenseits von Geld und Information eine Ökonomie der Aufmerksamkeit auf: »Reputation ist das konsolidierte Einkommen an sachverständiger Beachtung. Man wird nicht Künstler, um reich, sondern um berühmt zu werden. Der Ruhm stellt die höchste Einkommensklasse in Sachen Beachtung dar.« *I want to make a difference*, sagen die Amerikaner. Ich möchte etwas tun, was zählt, eine Bedeutung hat. Wenn es den Menschen in ihrer Arbeit aber vor allem um Anerkennung geht, dann steht die Dienstleistungsgesellschaft vor einer Paradoxie: Der Stolz soll gerade aus dem Dienen erwachsen, nämlich aus der Serviceleistung, die man erbringt.

## Wünsche zweiter Ordnung

Einen soliden Ausgangspunkt für unsere Überlegungen bietet immer noch Maslows Bedürfnishierarchie:

- *Hunger und Sex* sind die fundamentalsten Antriebskräfte; wer hier sachverständig werden will, sollte bei Freud nachschlagen.
- *Sicherheit* vor den Aggressionen anderer ist das dringendste Bedürfnis, wenn das schlichte Überleben gesichert ist. Niemand hat schöner als Thomas Hobbes gezeigt, wie der Staat

dieses Bedürfnis befriedigt; er bietet »protection« für »obedience«, d. h., für den Schutz des Staates bieten wir als Gegenleistung Gehorsam.

- Wenn der Staat durch sein Gewaltmonopol erst einmal sichergestellt hat, daß sich die Leute nicht gegenseitig die Köpfe einschlagen, kann man sich fragen, wie Gemeinschaft möglich ist – und stößt auf *Liebe*, genauer auf das, was der Soziologe Durkheim das soziale Band genannt hat.
- Wie der Kampf um *Anerkennung* das gesamte gesellschaftliche Leben prägt, hat Alexandre Kojève in seiner brillanten Analyse der Herr/Knecht-Dialektik deutlich gemacht; im Anschluß daran hat dann Francis Fukuyama das »Ende der Geschichte« verkündet.
- Das Milieu der *Selbstverwirklichung* kultiviert einen postmaterialistischen Konsum – unser Thema.

Um den Aufbau subtilerer Bedürfnisse zu begreifen, muß man sich zunächst klarmachen, daß sie sich von der Unlustintoleranz der *Instant Gratification* abstoßen. Hier ein simples Beispiel: Ich will faulenzen. Da kommt der freundliche Störenfried und überredet mich zum Joggen; erst muß ich mich quälen, aber spätestens nach dem Duschen bin ich ihm dankbar. Das sind Genüsse, die man gegen den Strom der eigenen Neigung erreicht. Nur die Unlust eröffnet die Lust. Viele Konsumfähigkeiten muß man ja regelrecht erlernen: etwa Lesen, Tennis, Surfen, Austern essen.

Es gibt Leute, die sich das Glück so vorstellen: unter Palmen am Strand liegen, einen Campari trinken und in die Sonne blinzeln. Finden Sie faulenzen langweilig? Dann ziehen Sie die Begierde dem Genießen vor. Langeweile ist nämlich der Wunsch nach einem Begehren (Adam Phillips). Hier handelt es sich um ein Bedürfnis zweiter Ordnung, also um das Bedürfnis, bestimmte Bedürfnisse zu haben. Wie aufregend muß es sein, als Rainbow-Warrior die Umwelt zu retten! Aber das heißt natürlich nicht, daß ich bei Greenpeace mitarbeite. Es geht um das Wünschen, nicht um die Wunscherfüllung: »All he wants is to taste the desire.« Harry G. Frankfurt spricht hier von »second-order desires«. Wer anders sein will, als er ist, hat nicht den Wunsch nach etwas Bestimmtem, sondern nach einem Wunsch.

Tagsüber halte ich mich an die Brigitte-Diät, abends nasche ich Schokolade – wie schön wäre es, die gute Figur wichtiger zu nehmen als den süßen Genuß! Ich will noch ein Glas, aber eigentlich möchte ich endlich vom Alkohol loskommen! Ich ziehe mir immer nur Hollywoodschinken rein – aber eigentlich möchte ich jemand sein, der sich für Kunst interessiert. So steht ein schlichter Wunsch dem Wunsch nach einem Wunsch gegenüber. Mit anderen Worten: Es gibt nicht nur Präferenzen, sondern auch Präferenzen für Präferenzen. Und es gibt solche Metapräferenzen, weil Menschen sich selbst bewerten.

Erziehung und Bildung haben genau in diesem Zusammenhang eine entscheidende Funktion: Sie sollen nämlich die Änderbarkeit von Präferenzen steigern. Früher habe ich – *instant gratification* – nur ferngesehen. Jetzt lese ich Lyrik aus den Anden. Diese Metapräferenz kann sich bis zur Wahl des Gegenteils des ursprünglich Gewünschten steigern: Ich wähle SPD, obwohl sie meinesgleichen mit Neidsteuern an den Kragen will, weil die sozialdemokratische Kultur meiner Selbstevaluation entspricht. Die Amerikaner nennen derartiges Verhalten mit einem fast unübersetzbaren Wort *Commitment*. Es impliziert eine »counterpreferential choice« (Amartya K. Sen). Das ist von Egoismus genausoweit entfernt wie von universalistischer Moral. Vielleicht könnte man definieren: Commitment ist die Sorge um öffentliche Güter, z. B. saubere Luft, intakte Natur, aber auch Partizipation, Gemeinschaft und Sicherheit. Öffentliche Güter können von vielen benutzt werden. Und sie sind unsichtbar, wie z. B. das Prestige einer Nation, die gerade wieder einmal Fußballweltmeister geworden ist.

## Der Konsum des Politischen

Die Soziologen Campbell und Brickman haben die moderne Gesellschaft als »hedonic treadmill«, als Tretmühle der Lust beschrieben. Gemeint ist: Die Beschwerdeinhalte ändern sich, die Jammerrate bleibt konstant. Moderne Gesellschaften kultivieren Unzufriedenheit auf hohem Niveau. Das Streben nach Glück ist selbst der Ersatz für das Glück: *The pursuit of happiness* bringt den »happiness of pursuit« (Hirschman). Das begründet die Dynamik des politischen Engagements. Man kann nämlich Zukunftsungewißheit kompensieren durch die »certainty of participation in the movement«. Ich protestiere, also bin ich. Mit dem berühmt gewordenen Begriff der »shifting involvements« hat Albert O. Hirschman die faszinierende Beobachtung markiert, daß politisches Engagement in der Postmoderne zumeist eine Flucht aus der Enttäuschung des Konsums ist. Mit anderen Worten: Auch politische Beteiligung ist eine Form des Konsums. Diese Einsicht ist durch die Tatsache verstellt, daß Engagement etwas kostet – vor allem Zeit. Doch muß man begreifen, daß politische Partizipation immer eine Investition in Identität ist. Und man muß sehen, daß Kosten einen Eigenwert gewinnen können, wenn der Weg mit dem Ziel zusammenfällt. Das gilt für die Wallfahrt des Gläubigen, für das Training des Körperbewußten – und eben auch für das politische Engagement der Bürgerinitiative.
Es ist sicher kein Zufall, daß im Zeitalter der Virtual Reality die eigentliche Wirklichkeit, Echtheit und Wahrheit auf der Straße gesucht werden. Tatsächlich ist *Street Credibility* mittlerweile ein bedeutsames Marketing-Tool. Doch die Straße lockt heute nicht nur als der Ort des wirklich Wirklichen, sondern auch des unverfälscht Sozialen. »The individual belongs to gatherings«, weiß die Soziologie (Goffman). Das gilt nicht nur für die Gesten des Protests, sondern auch für die fröhliche Gegenwelt: Rave. *We are family* hieß ein Slogan der Techno-Generation – die Menschheit als Familie. Dieser Kult der Menschheit harmo-

niert auf den ersten Blick sehr schön mit den bekannten Tendenzen zur One World: wirtschaftliche Globalisierung, medientechnisches Global Village, Weltgesellschaft. Benjamin Nelson konnte die Entwicklung der westlichen Zivilisation noch in das prägnante Schema »from tribal brotherhood to universal otherhood« einschreiben. Heute signalisieren Menschheitskult und Kommunitarismus eine dramatische Umkehr von der Gesellschaft (*otherhood*) zurück zur Gemeinschaft (*brotherhood*).
Obwohl diese Ideologie heute weltweit zu faszinieren scheint, läßt sie sich doch in Deutschland besonders gut beobachten. Die Familie war ja die einzige intakte Institution nach dem Krieg. Hinzu kommt dann das spezifisch deutsche, postfaschistische Tabu über die Nation und den Staat. Das führt heute zu einem Kurzschluß zwischen Familiärem und Menschheit. Und damit schließt sich der Kreis: from (tribal) brotherhood to (universal) otherhood – and back to (global) brotherhood. Der Klan war, nach Ferdinand Tönnies' schönem Wort, »die Familie *vor* der Familie«; die Menschheit soll nun die Familie *nach* der Familie sein. Das Dilemma des modernen Menschen ist nämlich, daß er sich weder als Familienmitglied noch als Staatsbürger, noch als ein »anderer« in der Welt verstehen kann. Die Welt ist zu groß, die Familie zu klein – und der Staat als politische Lebensordnung entwertet. Die Familie geht in unserer modernen Gesellschaft unter. Nicht aber »das Familiäre«. Und eben das ist der Grund für den heutigen Menschheitskult: Das Familiäre emanzipiert sich von der Familie. Damit ist die Kulturbühne frei für die Pathosformeln des Pazifismus, die Rhetorik der Weltmoral, die Gesten der Solidarität, die Feminisierung der politischen Öffentlichkeit.
Das Familiäre triumphiert also, doch der Zerfall der Familie ist unwiderruflich. Man sollte sich nämlich nicht vom neuen Trend zum Zweitkind irritieren lassen: Die Familie ist als »segmentäre« Lebensform in unserer funktional ausdifferenzierten Gesellschaft nicht überlebensfähig. Das klingt soziologisch, also unverständlich, ist aber ganz leicht zu verstehen. Familienleben

setzt intakte Alters- und Geschlechterrollen voraus; Autoritätsstrukturen müssen unbefragt funktionieren, und die Struktur der Familie muß die Orientierungsmitte der individuellen Entwicklung sein. Davon sind wir heute natürlich unendlich weit entfernt. Die Berufstätigen gehen übers Wochenende freiwillig ins Büro, um sich dem Beziehungsstreß der Familie zu entziehen. Mütter wollen sich vom jahrtausendealten Vampirismus der Kindererziehung befreien und »verwirklichen« sich »selbst« (ihr Selbst). Kinder fühlen sich dem Clan der Disko- und Straßenszenen viel enger zugehörig als dem Clan der Familie. Das alles paßt genau in die Form einer Gesellschaft, die nicht mehr aus »ganzen« Menschen besteht, sondern jeden einzelnen in eine Vielzahl von Teilsystemen integriert. Man ist heute Schüler, Leistungsschwimmer, Mitglied einer Newsgroup oder bei der freiwilligen Feuerwehr – und all diese Zugehörigkeiten sind verbindlicher, formal klarer als die Familienbande.

## Die alterslose Gesellschaft

Die Idole unserer Zeit, der Sportler, der Rockstar und das Model, haben eines gemeinsam: Nach 30 ist Schluß. Gleichzeitig aber können wir beobachten, daß sich unsere Gesellschaft heute als alterslose Gesellschaft beschreibt – die gerade deshalb Jugend und Alter als Kultwerte inszenieren kann. Versuchen wir einmal, dieses eigentümliche Verhältnis von Jung und Alt genauer zu analysieren. Alt ist nicht nur der Gegensatz zu jung, sondern auch zu neu. Während Alter und Erfahrung in vormodernen Zeiten Qualitätssiegel waren, hat die Neuzeit hier eine radikale Umwertung der Werte gebracht. Die Neuzeit ist nämlich die Zeit einer Neubewertung des Neuen. Seither hatte das Neue einen positiven Index. Und seither war der Geist der Jugend immer auch die Geburtsstätte der Innovationen. Die Alten waren die Konservativen. Sie waren nun nur noch häßliche Störfaktoren der gesellschaftlichen Dynamik.

Dieses für die moderne Welt charakteristische Unterscheidungsschema kollabiert heute. Immer häufiger trifft man auf innovative Alte und wertkonservative Junge. Das hat gravierende Auswirkungen bis in die Politik hinein. Das kritische Bewußtsein hat die Fronten gewechselt – es verteidigt heute das scheinbar bessere Alte gegen das riskante Neue. So verteidigen die Grünen die alte Natur gegen die artifizielle Welt der Technik; die Geisteswissenschaftler verteidigen die alte heile Welt der Bildung gegen die Sintflut der elektronischen Bilder; die linken Wohlfahrtsstaatler verteidigen die sozialen Errungenschaften der Gewerkschaftswelt gegen die Notwendigkeiten einer sich globalisierenden Wirtschaft. Und die aufgeklärten Künstler verteidigen die Kulturfestung Schiller-Theater gegen die Wogen der Popkultur.
Erik Erikson hat schon vor Jahrzehnten beobachtet, daß in den westlichen Ländern gerade die wohlhabenden, gebildeten Jungen in einem »psychosozialen Moratorium« leben. Psychosoziales Moratorium meint, daß sich Menschen, die sehr lange Ausbildungswege durchlaufen (Gymnasium + Universität), eine »Auszeit« von der Gesellschaft nehmen. Sie müssen in dieser langen Zeit der Bildung weder soziale noch politische Verantwortung übernehmen: Sie leben meist als Singles und auf Kosten des Staates oder Elternhauses. Diese Ferne von der harten gesellschaftlichen Realität führt leicht zu verzerrten Weltbildern, die aufgrund der differenzierten Bildung oft extrem intellektualisiert sind und deshalb vom gesunden Menschenverstand nicht erschüttert werden können. Kurzum: Den Bildungsprozessen fehlt die Realitätskontrolle. Sie produzieren extrem intelligente, aber unreife Menschen. Man könnte von sozialer Blindheit auf höchstem Niveau sprechen. Das ist, wie gesagt, schon eine alte These über die Jungen, die aber seit Eriksons ersten Beobachtungen in der amerikanischen College-Kultur nichts von ihrer Aktualität eingebüßt hat. Im Gegenteil, Buchtitel wie »Die infantile Gesellschaft« signalisieren, daß sich das Verhältnis von Jung und Alt in der gesamten Ersten Welt amerikani-

siert. Man könnte resümieren: Es gibt heute keine Reifungsprozesse mehr.
Was du ererbt von deinen Vätern, erwirb es, um es zu besitzen – das war der Bildungsgeist der Goethe-Zeit. Heute wird der Versuch der kulturellen Vererbung immer sinnloser. Die Zukunft hat nichts mehr mit der Herkunft zu tun. Erfahrung spielt heute kaum mehr eine Rolle. Das heißt aber, daß die Jungen nichts mehr von ihren Eltern lernen können. Die Orientierungsleistung der Tradition verfällt. Und es ist vollkommen unklar, was an ihre Stelle treten könnte. Die Entwertung von Tradition, Vergangenheit und der Weisheit des Alters beginnt natürlich schon mit dem Take-off der Neuzeit im 17. Jahrhundert. In unserer Gegenwart hat sich das Problem aber entscheidend verschärft. Es ist nicht nur so, daß das Neue das Alte entwertet, sondern das Neue gerät selbst unter den Druck des raschen Veraltens. Mit anderen Worten: Das Neue altert immer schneller. Das ist der Kern des Sachverhalts, den man unter dem Titel »Beschleunigung« diskutiert. Das Neue steht im Bündnis mit der Geschwindigkeit. Nur was eilig ist, zählt. Nur das, was auf den Nägeln brennt, wird überhaupt noch wahrgenommen. Und nur deshalb, weil unsere moderne Gesellschaft ganz selbstverständlich einen zwingenden Zusammenhang zwischen dem Neuen, dem Schnellen und dem Wertvollen unterstellt, kann es heute zu polemischen Gegentrends kommen – Stichwort: Entdeckung der Langsamkeit.

## Jugend als Kultwert

»Forever young« kommt in die Jahre. Das gilt für die Weltrevolutionäre genauso wie für die Sprengkommandos der Popkultur. Die, die hofften zu sterben, bevor sie alt würden, leben heute sehr gut von ihrer medialen Unsterblichkeit. Die Dinosaurier der Musikszene gehen erneut auf Tour. Zum Beispiel Modern Talking oder die Rolling Stones. Wir haben es hier mit interessanten Paradoxien zu tun: Fünfzigjährige intonieren den Jugendprotest, Multimillionäre verklären das Leben im Ghetto. Der *Street Fighting Man* ist heute Herr eines Medienimperiums. In diesem Recycling der Pop-Revolution wird »Forever young« dann als Lebensgefühl frei transportierbar und übergreift die Generationen. Papa und Mama gehen mit den Töchtern gemeinsam ins Konzert von Paul McCartney.

Ähnliches gilt für die politische Jugendbewegung. Die 68er, die die kulturelle Assoziation jung-kritisch-innovativ in unser aller Bewußtsein gehämmert haben, sind heute alt, etabliert und kulturpessimistisch – aber sie mißverstehen sich sehr erfolgreich als »ewig jung«. Sie besetzen heute die Schlüsselpositionen in der Politik, den Medien und Universitäten. Das führt u. a. dazu, daß alte Leute den Jungen »Politikverdrossenheit« und mangelndes »kritisches Bewußtsein« vorwerfen. Im Klartext: Die Alten (68er) halten den Jungen mahnend das alte Idealbild des kritischen, politisierenden Jugendlichen entgegen. Doch darauf reagieren die Jugendlichen heute meist nur mit einem mitleidigen Lächeln; sie tun den Alten noch nicht einmal den Gefallen, sie zu hassen.

Die alterslose Gesellschaft ist eine Reaktionsbildung auf die allgemeine Angst vor dem Alter und dem Altern. Seit sich das Leben des einzelnen nicht mehr »rundet«, erscheint die Endlichkeit des Lebens ohne Sinn. Nichts ist uns ferner als das Abrahamsche Glück, »alt und lebenssatt« zu sterben. Die Prokreation, also die Fortzeugung einer Familie, überzeugt als Lebenssinn schon lange nicht mehr. Die religiösen Antworten auf das Problem des Lebenssinns überzeugen aber auch nicht mehr. Der Tod wird zum Ärgernis. Er ist ja nicht mehr das Tor zu einer besseren Welt; der Sterbende lebt auch nicht mehr in seinen Kindern fort; und er kann sich heute auch nicht mehr als edles Opfer für eine bessere Gesellschaft fühlen. Daß wir sterblich sind, ist heute der peinliche Skandal schlechthin. Deshalb arbeiten die Alten gegen die eigene Endlichkeit an. Doch wie kann man am Nicht-altsein im Alter konkret arbeiten? Hier setzen alle Techniken an, die darauf zielen, den Körper zu überlisten – also Face-Lifting,

Schönheitschirurgie, Prothesen. Die Zeichen des Alters werden getilgt oder verdeckt, Mensch-Maschine-Synergien halten die Hinfälligkeit des Körpers in Schach.
Denselben Effekt hat heute aber auch das Vergessen des Körpers im Cyberspace. Unter Computerfreaks heißt der Körper nicht umsonst verächtlich Wetware – ein Wassersack, der beim Navigieren in virtuellen Welten nur stört. Und in der Tat ist im Cyberspace das Alter des Körpers so unwichtig wie sein Geschlecht. Sherry Turkle hat in diesem Zusammenhang vom Cyrano-Effekt gesprochen: In virtuellen Welten kann jeder Versionen seines Selbst entwerfen. *Self fashioning,* wie die Amerikaner sagen. Und da ist es gleichgültig, ob ich weiblich, schwarz, behindert oder ein 68er bin. Leben als Romanfigur, Ästhetisierung der Wirklichkeit, verwirklichte Kunst – der Cyberspace macht das technisch möglich. Mein Name sei Gantenbein.
Jugend als Kultwert emanzipiert sich vom Lebensalter. Das ist nicht ganz neu. Schon in den klassischen Jugendbewegungen des Jahrhundertanfangs traf man oft genug auf Repräsentanten der »Jugend«, die schon recht alt waren. Jugend wird also zum spirituellen Wert, zur inneren Haltung, zum *Emotional Pattern.* Deshalb ist der Begriff der »alten Jungen« oder »jungen Alten« ganz konsequent entwickelt. Den lebensalterlichen Jungen droht heute nicht nur das Schicksal der ewigen Unreife, sondern auch der Verlust ihres natürlichen Vorrechts – eben »jung« zu sein. Mein Fazit lautet deshalb: Die Alten rauben den Jungen die Jugend. Zurück bleibt dann tatsächlich, was die Popgruppe The Prodigy auf den Begriff »the jilted generation« gebracht hat: die Generation der Sitzengelassenen.
Die Weigerung, erwachsen zu werden, wird vor allem von der Kunst prämiert. Gerade die ästhetische Erfahrung kann einer besonders verführerischen Variante des psychosozialen Moratoriums Vorschub leisten; sie prämiert Naivität. *Express yourself!* Diesem Kitsch der Kindlichkeit entspricht der Kult des Klassischen. Mit anderen Worten: Der postmoderne Kunstbetrieb operiert in einer prästabilisierten Harmonie von Infantilität und

Senilität. Mit »Verstehen« hat das nichts zu tun. Die Jungen rezipieren Alter und Altes als exotischen Reiz, und die Alten besetzen das Emotional Pattern »Jugend«.
Mick Jagger hat schon vor Jahrzehnten (vor Jahrzehnten!) das Geheimnis der postmodernen Kultur ausgesprochen: *Rock'n' Roll is only recycled past.* Recycling ist nicht nur die Technik, aus Altem Neues zu machen (Ich war eine Blechdose), sondern eben auch das Alte selbst als neu zu präsentieren. Wir sind ja schon seit Jahrzehnten (seit Jahrzehnten!) mit der Technik ästhetischer Altbausanierung vertraut – Hamlet im Frack, Siegfried in SS-Uniform und demnächst »Faust« auf der Expo 2000 (natürlich nostalgiebewußt mit Bruno Ganz unter der Regie von Peter Stein). Doch die alterslose Gesellschaft geht heute einen ästhetischen Schritt weiter. Recycling, Sampling, *Copyleft,* Zitat, Nostalgie – das sind nur verschiedene Namen für denselben Grundgedanken. Hier kehrt wieder, was noch gar nicht verdrängt wurde; hier wird »erinnert, was gar nicht vergessen wurde« (Odo Marquard). Das schnelle Altern der Kunst macht alte Künstler aktualisierbar. Im Klartext: Der alte Künstler ist interessant, nicht seine Kunst. Erstaunt und erfreut nimmt man in Talk-Show und Lifestylemagazin zur Kenntnis, daß die Klassiker der Moderne noch leben. Günter Grass oder Robin Gibb. »Den gibt's ja immer noch!« Oder: »Der ist schon sechzig« – so wird man sich selbst historisch.

## Wachstumssektor Leiden

Warum sollen die Menschen in Zukunft nicht genausoviel für Gesundheit ausgeben wie für den Urlaub? Gesundheit ist das große, noch unausgelotete Geschäft der Zukunft. Für jeden, der im großen Spiel der Wirtschaft des Unsichtbaren schon auf diese Karte setzt, gibt es eine gute und eine schlechte Nachricht. Zunächst die gute Nachricht: Alle medizinischen Berufe operieren auf einem krisenfesten Wachstumssektor, nämlich dem Leiden.

Dafür gibt es einen massiven soziologischen Grund: Je moderner unsere Gesellschaft wird, desto sensibler werden die Menschen. Dabei ist entscheidend, daß nur der Patient Zugang zum eigenen Erleben hat. Dem Satz »Ich fühle mich krank« kann man genausowenig widersprechen wie dem Satz »Ich habe Angst« oder »Ich bin glücklich«. Man könnte geradezu sagen: Das moderne Individuum entsteht in der Selbstbeobachtung seiner Leiden - doch das will gelernt sein. Zum Individuum gehört deshalb der Therapeut, der Berater der Leiderfahrung, der Trainer der Selbsterlösung. Er sorgt dafür, daß sich die Individualität als Dauertherapiebedarf, als permanente Heilungsbedürftigkeit deutet. In der therapeutischen Gemeinschaft wird jeder stimuliert, über sich selbst und seine Probleme zu sprechen – unter der Voraussetzung, daß man *nicht nicht* verstanden werden kann. So werden wir alle immer sensibler. »Symptomenstolz« hat Karl Kraus das genannt.

Sensibilisierung heißt ja, daß man mehr leidet, obwohl man weniger Grund dazu hat – Leiden ist also ein Wachstumssektor. Das setzt den keineswegs selbstverständlichen Sachverhalt voraus, daß unsere Kultur das bloße Leben als höchsten Wert anerkennt. Höchste kulturelle Priorität hat es deshalb, das Leid der Seele zu erkunden und dem Körper Leid zu ersparen. In diesem Gesundheitskult geht es im Kern um Selbsterlösung durch Selbstmedikation: Wellness, Trennkost oder Urschrei. Einziges Kriterium ist auch hier die Unantastbarkeit der Grenzen des Individuums: Buddhisten, Scientologen oder die PDS kann man tolerieren – aber keine Raucher!

Im Schatten des medizinischen Fortschritts wächst die Leidensempfindlichkeit, vor allem die Empfindlichkeit für das Leiden an der Medizin als »Apparatemedizin«; schon das Wort denunziert technischen Fortschritt als Unmenschlichkeit. Und damit sind wir auch schon bei der schlechten Nachricht: Nicht nur der Bedrohungen durch Reformhaus, Bioladen, Drogeriemarkt, Internet und *non-prescription drugs* müssen sich die medizinischen Berufe heute erwehren. Ihr Problem ist viel prinzipiellerer Natur:

Nicht nur jede Arztpraxis, sondern auch jede Apotheke umgibt eine Negativ-Aura der Krankheit. Der Apotheker wird eben mit dem Arzt assoziiert – und d. h. mit den notorischen »Risiken und Nebenwirkungen«.

Aber was heißt eigentlich Risiko? Vielleicht könnte man die Definition wagen: Risiko ist eine Funktion mit den Variablen Expertenschätzung und öffentliche Empörung. Die Wissenschaft kann das Risiko immer nur abschätzen. Die Politik akzeptiert es dann – oder nicht. Hier zeigt sich deutlich: Das Risiko ist eine soziale Konstruktion. Und die Erfahrung zeigt, daß die meisten Risiken in den Vorkehrungen stecken, die uns gegen Risiken sichern sollen. Gerade Sicherheitsmaßnahmen sind große Gefahrenquellen. Denn Risiko heißt immer: Man weiß nicht genug und ist uneinig über die Folgen.

Nicht daß wir hier ein Informationsdefizit hätten, im Gegenteil. Die Informationsflut steigert nämlich die Unsicherheit. Man könnte das auf die Faustformel bringen: Je mehr Information, desto weniger Akzeptanz. Und ein Zweites kommt hinzu: Das Infotainment in den Massenmedien verbreitet medizinisches Wissen, das von vielen als Anleitung zur Selbstmedikation verstanden wird. Zugleich verfestigt sich durch die Medien aber auch der Eindruck, daß es in vielen Bereichen überhaupt kein sicheres medizinisches Wissen gibt – Gutachten steht gegen Gutachten, Heilsversprechen gegen Heilsversprechen. Man muß also Experten vertrauen, und dieser Zwang zum Vertrauen erzeugt ein Klima des Mißtrauens – das reicht bis zur pauschalen Kritik der klassischen Medizin. Der beschleunigte technische Fortschritt der Medizin überfordert unser Vertrauen. Und daraus resultiert ein gewohnheitsmäßiges Mißtrauen, das sich auf Restrisiken und Nebenfolgen konzentriert.

Nun meine ich, daß man dieses Problem nicht »technisch«, sondern nur durch Kommunikation lösen kann. Der Medizin fehlt es nicht an Erfolgen – sie ist eher das Opfer des eigenen Erfolgs –, sondern es fehlt ihr an Marketing. Die faszinierenden Möglichkeiten der Telemedizin werden kein neues Vertrauen schaffen, wenn die neuen Medien nicht auch zugleich für das Kommunikationsdesign der Medizin genutzt werden. Aber dafür sehe ich überhaupt keine Anzeichen. Statt dessen operiert in den Massenmedien sehr erfolgreich eine Angst-Industrie, die mit großem Geschick das Paradoxon der Angst ausbeutet.

Das klingt kompliziert philosophisch, ist aber ganz einfach zu verstehen: Angst funktioniert paradox, insofern jeder Versuch, sie zu beschwichtigen, sie steigert. Vertreter der Atomkraft oder der Gentechnologie können davon ein Lied singen. »Zu Risiken und Nebenwirkungen lesen Sie die Packungsbeilage und fragen Sie Ihren Arzt oder Apotheker« – das ist natürlich aufklärerisch und beruhigend gemeint, bewirkt aber genau das Gegenteil. Man gewinnt den Eindruck: Es gibt nichts Ungefährliches mehr. Man ist ständig unfreiwillig Risiken ausgesetzt. Und natürlich überschätzt der Mensch gerade diejenigen Risiken, denen er sich nicht freiwillig ausgesetzt hat. Bungeejumping oder bei Nebel 150 km/h fahren – das riskiere ich. Aber BSE oder erhöhte Ozonwerte – das ist unerträglich.

Die Massenmedien unterstützen diese schizophrene Risikowahrnehmung und üben die Haltung ein, Opfer zu sein. So versammelt sich allabendlich vor dem Fernseher die Gemeinschaft der Ängstlichen. Hier ist nun ein Sachverhalt besonders wichtig: Das Gefühl der Bedrohtheit durch Risiken wächst nicht nur im Maße ihrer Unfreiwilligkeit, sondern vor allem auch im Maße ihrer Unsichtbarkeit. In der Angstkultur Deutschlands wird geradezu ein Spiritualismus der Bedrohtheit gepflegt: Ob Radioaktivität oder Gift, ob BSE oder Aids – immer ist das Schädliche unsichtbar. Wer wagt da noch zu bezweifeln, daß das Leben immer gefährlicher wird? Doch Angst ist auch hier ein schlechter Ratgeber. Oder, um es mit Mary Douglas und Aaron Wildavsky zu sagen: »How can we know whether the dangers are actually increasing or whether we are more afraid?« Wachsen die Gefahren oder einfach nur unsere Ängste?

## Das Marketing der humanen Kompensation

Die Sorge um sich selbst bewegt sich zwischen den Polen der medizinischen Praxis mit ihrer Negativ-Aura der Krankheit und der diätetischen Praxis, die das gute Leben zwischen häuslichem Ernährungsbewußtsein und Wellness im Sportstudio zelebriert. Deshalb meine ich, das Marketing der medizinischen Dienstleistungen muß vor allem die Unterschiede betonen, nämlich

- gegen die Anonymität der Drogeriemärkte;
- gegen das Sektiererische von Reformhaus und Makrobiotik;
- gegen die Sterilität der klassischen Arztpraxis;
- gegen die kommunikationslose Autorität der Götter in Weiß.

Apotheke und Arztpraxis müßten ihre Leistungen als humane Kompensation der Apparatemedizin verstehen. Zu deutsch: Sie begrüßen keine Patienten, sondern Menschen. Das klingt trivial, ist aber außerordentlich folgenreich. Denn die moderne Medizin kennt eigentlich keine Menschen, sondern nur Krankheitsbilder. Und gerade deshalb steckt hier eine große Marketingchance: Die neue Arztpraxis oder Apotheke nimmt sich des ganzen Menschen an, den die klassische Medizin ausschließt.
Unterwegs zu einem derartigen Selbstverständnis steht der Apotheke gewissermaßen der eigene Name im Weg. Er stammt vom griechischen Wort *apotithenai* ab – zu deutsch: weglegen. Die Apotheke ist ursprünglich also ein Speicher für das, was wiederum griechisch *pharmakon* heißt, nämlich Gift *und* Heilmittel. Der Apotheker ist also von Haus aus ein Lagerverwalter. Natürlich speichert und verkauft die Apotheke auch heute noch Heilmittel; aber neben die Hardware der Pillen tritt immer deutlicher die Software der Beratung. Und hier spielte das Altmodische der Apotheken bisher eine wichtige Rolle; es vermittelt die Aura der Heilkunde, die Weisheit der Arzneimittelbereitung. Die traditionelle Zubereitung einer Arznei ist gewiß eine Urform des

Rituals; der Medizinmann ist immer auch ein Zauberer. In die nüchterne Sprache der modernen Welt übersetzt, heißt das: Der Vorrang des Rituellen ermöglicht den Placebo-Effekt. Und man weiß heute, daß das effektivste Medikament das Placebo ist. Es wirkt mit der Macht des Scheins.
Was im Placebo wirkt, sind Glaube, Ritual und Kommunikation. Und damit stehen wir mitten in der Welt des Marketing. Denn Marketing ist die Erfindung von Bedürfnissen – es setzt eine Wunschspirale in Gang. Gerade auch für medizinische Dienstleistungen gilt deshalb das Marktgesetz unserer modernen Kultur: Man muß Wünsche erfüllen; wenn das aber nicht geht, muß man therapieren; und wenn das nicht geht, muß man trösten. Davon weiß die klassische Medizin aber nichts. Man könnte ihr den Rat geben, statt von dem Patienten und seinem Krankheitsbild auszugehen, mit einer Beziehung zu beginnen, nämlich der Beziehung von Arzt und Patient. Es gibt aber kaum Anzeichen dafür, daß sich das medizinische System in diese Richtung orientiert. Was die herkömmliche ärztliche Praxis hier vermissen läßt, könnte nun aber genau das Angebot des neuen Apothekers und Mediziners sein – Stichwort: Kundenorientierung. Doch dieser einfach klingende Begriff ist sehr erläuterungsbedürftig.
Um zu verstehen, worum es hier geht, muß man sich vor allem eines klarmachen: Service ist eine Wahrnehmung des Kunden. Man fühlt sich gut bedient! Es geht also nicht um Dienstleistung im alten preußischen Sinne, sondern um eine Performance, die die *hidden costs* der medizinischen Dienstleistung darstellt. Es genügt nicht, jemanden gut zu bedienen – man muß es auch inszenieren. Denn der Service ist kein bloßes Ornament des eigentlichen Geschäfts, sondern sein Kern; er ersetzt Zwischenmenschlichkeit. Um es etwas spröde, aber wissenschaftlich exakt zu sagen: Kundenorientierung ist eine Taktkompensation. Eine Routine soll als Nichtroutine erscheinen. So wie der gute Arzt zum Patienten steht der Anwalt zu seinem Klienten, der erfolgreiche Lehrer zum Schüler und der Pfarrer zum Sünder. Es

ist ein Verhältnis der persönlichen Zuwendung, des Eingehens auf den anderen – als ob es keinen Zeitdruck gäbe. »Hallo, Herr Kaiser!«

In der Apotheke wird ja nicht verschrieben, sondern beraten. Es geht also nicht um Autorität, sondern um Kompetenz. Entscheidend ist also die Entdeckung der »Produktivkraft Kommunikation«. Und die große Frage lautet: Kann man diese Kommunikation – statt immer nur an Krankheit – an Gesundheit anknüpfen? Kann man Gesundheit verkaufen? Und wenn ja: wie?

## Der Körper als letzter Schauplatz des Sinns

Gehen wir zunächst einmal wieder vom positiven Codewert des medizinischen Systems aus, also von der Krankheit. Der Arzt kann mit seinen Operationen ja erst beginnen, wenn irgendwas weh tut. Im Schmerz schlägt der Körper Alarm und fordert absoluten Vorrang. Das verschafft denn auch dem medizinischen Experten den Vortritt – der Terminkalender und die soziale Hierarchie werden plötzlich unwichtig. Wer Schmerzen hat, braucht nicht einfach nur Hilfe und Beratung, sondern Hilfe und Beratung *jetzt und hier:* »Kaum in anderen sozialen Situationen hat die Gegenwart eine so ausschlaggebende Rolle. Was jetzt nicht gesagt wird, kann nie wieder gesagt werden« (Luhmann). Aber zumeist wird eben nichts gesagt, sondern geschrieben und verschrieben – und zwar Rätselhaftes. Wir kennen alle die stumme Praxis der klassischen Medizin: Diagnose, Verschreiben, Rezept, die unverständlichen Namen der Medikamente. Kommunikation spielt kaum eine Rolle.

Man könnte sagen: Die Medizin schweigt, nur die Schmerzen reden. Im Schmerz kommuniziert der Körper mit dem Bewußtsein. An diese Kommunikation zwischen Körper und Bewußtsein müßte die neue medizinische Dienstleistung anknüpfen; das Schweigen der klassischen Medizin ist ihre Chance. Der

Schmerz fokussiert nämlich den letzten Schauplatz des Sinns: den Körper. Die Medizin weiß in ihrem technisierten Vollzug aber nichts vom Körper als sich selbst regulierendem System. Daß sich Menschen immer mehr mit ihrem eigenen Körper beschäftigen, ist deshalb eine große Chance für das Marketing der Gesundheit. Der Soziologe Niklas Luhmann resümiert: »Schließlich ist der sich mit Schmerzen meldende Körper das, was immer noch Sinn hat, wenn nichts mehr Sinn hat.« Und man muß die Dinge hier tatsächlich in einem weiteren, gesellschaftlichen Rahmen sehen. Unsere moderne Kultur scheint sich auf die Anerkennung des bloßen Lebens als höchstem Wert geeinigt zu haben. Und daraus folgt zwingend: Dem Körper Leid zu ersparen hat *top priority*. Die kultische Inszenierung der Gesundheit ist also eminent modern.

Traditionell ist Gesundheit das Schweigen der Organe. Krankheit ist also ein Störgeräusch, und der Arzt übersetzt diesen Lärm. Man kann es auch so sagen: Symptome sind erklärungsbedürftige Zeichen, mit denen die Alltagskommunikation nicht umgehen kann. Der Heilkundige tritt deshalb als Sinnstifter im Reich der Symptome auf. Wie der Priester ist der Therapeut jemand, der Heil verspricht. Und wie der Priester seine Kommunikation nur an die Sünde anschließen kann, so läßt sich die medizinische Kommunikation offenbar nur an Krankheit anschließen. Gesundheit bleibt dagegen ein leerer Begriff. Auch hier lohnt es sich, eine scheinbare Trivialität zu bedenken: Die medizinische Behandlung schafft nicht Gesundheit, sondern eliminiert Krankheitsursachen. Der Patient muß dann selbst entscheiden, wann er gesund, d. h. nicht mehr Patient ist. Gesundheit ist also medizinisch gesehen nicht instruktiv. Sie ist das, was fehlt, wenn jemand krank ist. Aus der Perspektive der Medizin leidet der Gesunde an Krankheiten, die man noch nicht entdeckt hat.

Der positive Wert der Medizin ist also die Krankheit; nur daran kann man Praxis und Kommunikation anschließen. Gewünscht wird aber das Gegenteil: der negative Wert, nämlich Gesundheit.

Und das macht die Eigenart des Krankheitssystems, das sich gerne Gesundheitssystem nennt, aus: Die Medizin ist in unserer Gesellschaft der einzige Bereich, in dem der positive Wert, mit dem man etwas anfangen kann, nicht der wünschenswerte Wert ist. In der Wirtschaft ist der positive Wert Haben – und das wollen alle. In der Politik ist der positive Wert Regierung – und regieren wollen alle Politiker. In der Jurisdiktion ist der positive Wert Recht – und das streben alle Gerichtsverfahren an. Nur in der Medizin ist der positive Wert das, was niemand will: Krankheit. Der schon zitierte Soziologe Luhmann spricht deshalb von einer »perversen Vertauschung der Werte« in der Medizin.
Gesundheit ist ein ideologiefreier und deshalb unkontroverser Höchstwert, von dem wir in kritischen Lagen unterstellen, daß er Vorrang vor allen anderen hat. So wünscht man zum Geburtstag ja nicht Geld, Recht oder Macht – sondern eben Gesundheit. Es handelt sich hierbei aber um einen maßlosen Maximalwert – ähnlich wie Bildung (im Erziehungssystem) und Gerechtigkeit (im System des Rechts). Alle wollen es, aber keiner weiß, was es ist. Mit Gerechtigkeit ködert man den Sozialneid, mit Bildung ködert man die Jugend, mit Gesundheit ködert man die Alten. Die Ansprüche an Gesundheitsvorsorge sind so unbegrenzt wie die an Ausbildung und Umverteilung.

## Die Anspruchsinflation

Bekanntlich hat die Weltgesundheitsorganisation der Vereinten Nationen, um ihrem Namen gerecht werden zu können, definiert, was Gesundheit ist: uneingeschränktes körperliches, seelisches und soziales Wohlbefinden. »Health is a state of complete physical, mental and social wellbeing and not merely the absence of disease or infirmity.« Folglich sind wir alle krank und behandlungsbedürftig. Das produziert die allen bekannte Anspruchsinflation: Weltweit geht man nun auf die Suche nach möglichen Störquellen des Wohlbefindens. Vom Prinzessinauf-der-Erbse-Syndrom spricht in diesem Zusammenhang der Philosoph Odo Marquard. Das Übel wird zur knappen Ressource – und damit steigt sein Entrüstungswert. Hier spielen natürlich die Massenmedien eine Schlüsselrolle; sie stützen auch die Herrschaft der Betreuer, die ständig Therapiebedarf schaffen.

Man kann die Empörung über die Restübel und Restrisiken aus einer Erfahrung ableiten, die Aaron Wildavsky auf die Formel gebracht hat: »Wealthier is healthier.« Wenn aber Gesundheit der unbestrittene Maximalwert ist, gibt es kaum mehr eine politische Chance, ökonomische Argumente ins Feld zu führen. Deshalb kommt es seit Jahren zu einer Überlastung des Krankheitsbehandlungssystems durch eine Anspruchsinflation: Das Mögliche muß auch getan werden. Wenn man weiß, daß es gefiltertes Blut gibt, ist es unerträglich, daß es nicht jeder bekommt. Ähnlich wie sichere Renten und kostenlose Ausbildung gehört die optimale Heilbehandlung zu den selbstverständlichen Erwartungen des Wohlfahrtsstaats, in dem die »Einstellung, Lebenschancen in Empfang zu nehmen« (Gehlen), gepflegt wird. Die staatliche Fürsorge und Vorsorge steigert das, was der Staatsrechtler Ernst Fortshoff den »effektiven Lebensraum« genannt hat, auf Kosten des selbständig beherrschten. Das hat Margaret Thatcher damals wohl mit ihrem bösen Wort vom *nanny state* gemeint.

Die Individuen identifizieren sich selbst über Ansprüche, und das Gesundheitssystem reizt sie dazu, den Anspruch, geheilt zu werden, auszureizen. Der unerschütterliche Grund aller Ansprüche ist natürlich der eigene Körper. Um noch einmal Niklas Luhmann zu zitieren: »Die Ansprüche auf Hinausschieben des Todes, auf Festhalten der Jugend, auf Heilung von Krankheiten, auf Linderung oder Betäubung von Schmerzen haben einen festen Rückhalt am Körper des Menschen. Sobald ihre Erfüllung *möglich* ist, läßt sich ihre Nichterfüllung kaum mehr begründen.« Das medizinisch Mögliche aus wirtschaftlichen Gründen nicht zu tun wird sofort zum politischen Skandal. Und die Kurzformel dieses Skandals lautet eben: *Wealthier is healthier.*

Zivilisationskrankheiten nennen wir Krankheiten, an denen die ganze Lebensführung schuld ist. Damit wird aber die Umwelt, die Gesellschaft und der Lebensstil eines Menschen zum Problem der Medizin. Medizinische Beratung muß sich damit auf das weite Feld der Lebensführung vorwagen – zumeist mit der Empfehlung von Vorbeugemaßnahmen (2mal täglich Zähneputzen, 3mal wöchentlich joggen, wenig Fett essen; zum Glück hört man zuweilen auch: täglich ein Glas Rotwein trinken). Medizinisch kann man Gesundheit eben nur als bedrohte verkaufen. Mit anderen Worten: In der vorbeugenden Beratung behandelt man Gesunde als künftig Kranke. Und diese Gesundheitsvorsorge wird heute zur Schnittmenge der fortgeschrittensten Technologien: Pharmakologie, organische Chemie, Genetik, Molekularbiologie, Informatik. Um die Unterscheidung gesund/krank werbewirksam geltend zu machen, müßte man vielleicht sagen: Auf Krankheiten reagieren – für die Gesundheit handeln!

Doch was könnte handeln hier heißen? Man weiß, daß Vergnügen die Gesundheit fördert: Die Oszillation des Gemüts tut gut – im Pop-Jargon: *good vibrations*. Hier müßte die Inszenierung der Gesundheit wohl ansetzen. Gerade auch der Gesundheits- und Körperkult zeigt jedoch, daß sich unsere Kultur auf der Suche nach Gesundheit immer wieder in der Sei-glücklich-Paradoxie verfängt. *Don't worry, be happy.* Bitte bleiben Sie gesund – aber eben das kann man nicht verschreiben. Doch man kann den Wunsch ködern, nämlich durch ein Marketing, das sich selbst als Kommunikationsdesign versteht.

## Schöner sterben: Memorial Service

Wen überrascht es noch? Das Internet, das allen etwas bietet, lädt uns in virtuelle Friedhöfe ein. Die Stadtfriedhöfe sind überfüllt, die Kosten der Grabpflege sind Ihnen zu hoch, der rituelle Besuch am Grab zu zeitaufwendig? Kein Problem: Der unendliche Datenraum des Cyberspace hat für jeden Toten Platz. Nur daß die Erinnerung an die Toten nicht mehr in Stein gemeißelt, sondern als Bit-Folge abgespeichert wird. Virtualisierung markiert das eine Extrem der postmodernen Bestattungspraxis, Anonymisierung das andere. Viele empfinden offenbar das eigene Fortleben in einer rituell verpflichtenden Erinnerung schon als Zumutung für die Nachkommen. So konnte man am 24. 2. 1988 in der *FAZ* lesen: »Immer mehr Bürger wollen im Tod anonym bleiben.« Man will den eigenen Kindern die Kosten und Mühen ersparen, die ihnen das Gedenken an die verstorbenen Eltern auflastet – so, wie man sie sich selbst wohl gerne erspart hätte.

Wir müssen uns fragen: Wie konnte es dazu kommen? Und: Was kann nun noch kommen? Der Soziologe Ferdinand Tönnies hat schon vor hundert Jahren gezeigt, daß der Totenkult nicht nur der Inbegriff der Sitte, sondern auch die Wurzel der Religion ist. In der Konstellation von Familie, Religion und Totenkult liegt die Bedingung für die Bildung einer Geschlechterkette, die dem Begriff des Volkes die Eigenart verleiht, auch die Toten mitzumeinen. Im eigentlichen Totenkult sind das Grabmal, der Ort und das Ritual des Gedenkens untrennbar miteinander verknüpft. Man könnte sagen, das Gedenken fordert ein Merkzeichen, das einen sakralen Raum markiert. So verschafft die Erinnerung an den Toten einen fundamentalen Identitätsgewinn: Die Einheit des Ortes bewährt die Einheit der Familie. Das Grab ist deshalb sowohl eine Art Altar als auch die Ursprungsstätte des Symbols. So heißt es bei J. J. Bachofen sehr klar: »An den Stein, der die Grabstätte bezeichnet, knüpft sich der älteste Kult, an das Grabgebäude der älteste Tempelbau, an den Grabschmuck der Ursprung der Kunst und der Ornamentik. An dem Grabstein entstand der Begriff des Unbeweglichen, Unverrückbaren.«

In der Neuzeit geht die Funktion des Grabes dann weit über das *Memento mori* und die familiäre Identitätsbestätigung im Gedenken hinaus; nun wird je eines Individuums gedacht. Die Bestattung soll den einmaligen Wert eines menschlichen Seins behaupten. Der Name auf dem Stein versiegelt einen Ort. Wesentlich für den eigentlichen Totenkult ist also die enge Verknüpfung von Name, Ort und Gedenken. Sobald sich aber das Gedenken vom Platz lossagt, verliert es die Kraft des Symbolischen, das eben an den Ort gebunden ist. Der Friedhof wird zum Park umarrangiert, der Tod wird zum Ornament stilisiert. Es liegt ganz in der Konsequenz dieser Entwicklung, daß die Embleme des Todeskultes heute im Design einer Homepage des Internets aufgehen. Diese Friedhöfe des 21. Jahrhunderts gewähren den Toten die Ewigkeit der Information am Un-Ort des Cyberspace. So findet man unter http://www.grn.es/Welcome-Place/: *Here is an epitaph for everybody: your absence is enormous*. Die Grabinschrift für jedermann steht im Internet: Deine Abwesenheit ist gewaltig.

Doch erinnern wir uns noch einmal an den traditionellen Friedhof und den konventionellen Totenkult. Die Trauer um die Toten nimmt dem Kult alles bloß Ästhetische und läßt, wie Ferdinand Tönnies sehr schön sagt, »das Bedürfnis des Putzes verstummen«. Das ist eine sehr wichtige Beobachtung. Der Friedhof ist also der Bezirk einer Symbolik, die sich der Ästhetik als einer Theorie des schönen Scheins widersetzt. Die Sinne sollen nicht angeregt werden, weil man zur Besinnung kommen will. Das liegt natürlich ganz und gar nicht auf der Linie der modernen Zivilgesellschaft. Es war für die Aufklärung schon immer ein Ärgernis, daß das Christentum »das alte heitere Bild des Todes« aus der Kunst verdrängt hat; nichts war ihr unerträglicher als die Antiästhetik des Gerippes, des Sensenmanns. So endet Lessings berühmte Abhandlung »Wie die Alten den Tod gebildet« mit einem Lob des schönen Todes. Der schöne Engel des Todes soll »das scheußliche Gerippe« ersetzen; und Lessings Abhandlung endet mit dem Satz: »Es ist ein Beweis für die wahre, für die richtig verstandene Religion, wenn sie uns überall auf das Schöne zurückbringt.«

Diese Aversion gegen das traurige Bild des Todes und die ästhetische Monotonie des Friedhofs ist spezifisch modern. Man muß das im größeren Zusammenhang sehen. Mit Beginn der Neuzeit verliert die christliche Todesdeutung durch einen transzendenten Todessinn an Kraft, und der Tod wird immer mehr zum innerweltlichen Darstellungsproblem. Die Parkästhetik des Friedhofs macht den Tod zum Ornament. Von hier ist es nur ein Schritt bis zum postmodernen Management des Todes. So unterscheiden B. G. Glaser und A. L. Strauss in ihrer Beschreibung des professionellen Umgangs mit Todgeweihten in amerikanischen Krankenhäusern einen »acceptable style of facing death« von einem »embarrasingly graceless dying«. Hier greift die Ästhetisierung des Todes auf das Sterben über, das weder Scham noch Irritation auslösen soll. Deutlicher gesagt: Es geht auf dieser letzten Stufe der Ästhetisierung des Todes um die Ausschaltung der Trauer. Wer aber die Trauerarbeit verweigert, versucht das Vergessen zu vergessen. Deshalb ist man auf den Friedhöfen der modernen Welt oft unsicher: Soll hier der Tote oder der Tod begraben werden?

## Die Hommage als Homepage

Unter Religionswissenschaftlern und Kulturanthropologen ist wohl unstrittig, daß es für das, was ein Ritual »sagt«, kein Äquivalent in der Umgangssprache und in der Alltagspraxis gibt. Entscheidend ist: Das Ritual vollbringt seine Leistung rein als Form. Es schafft Vertrautheit und suggeriert zugleich Bedeutsamkeit. Nur im Ritual kann man sich dem zuwenden, was »unendlich wertvoll« ist. Wenn man also angemessen Abschied nehmen will von einem geliebten Menschen, kann man nicht mit den Bordmitteln der gewohnten Lebenswelt operieren. Nun haben Rituale in der aufgeklärten Welt der Moderne aber an Verbindlichkeit und verhaltenssteuernder Selbstverständlichkeit verloren. Der Philosoph Hermann Lübbe konstatiert: »Nachlassende soziale Kontrolle bedeutet eben auch nachlassende Kontrolle in Fragen des Geschmacks, und mit den Freiheiten, die wir durch Emanzipation aus institutionell gebundenen Riten gewinnen, breiten sich daher zwangsläufig auch Geschmacklosigkeiten aus.«

Wir können resümieren: Der Ritualschund provoziert die Geschmacklosigkeit. So trifft man bei Beisetzungen immer häufiger auf die Peinlichkeit eines »persönlichen Rituals«. Da ist es nur konsequent, daß sich ein neues Berufsprofil herausbildet: der Ritualberater. Er versorgt seine Klienten mit maßgeschneiderten kultischen Vollzügen. Auch auf dem Friedhof ersetzt dann der Service die Zwischenmenschlichkeit. Das Gedenken wird zur Dienstleistung. Philippe Ariès hat in Amerika beobachtet: »Beim *memorial service* finden sich die Freunde und Angehörigen des Verstorbenen an einem neutralen Ort zusammen, um seiner zu gedenken, seine Familie zu trösten, sich philosophischen Betrachtungen zu überlassen und gegebenenfalls einige Gebete zu sprechen.«

Die Ästhetisierung und der Ritualschwund auf den Friedhöfen sollte nun aber nicht zu der Annahme verleiten, unsere Gesellschaft käme ohne Kulte und Rituale aus; aber sie haben den Schauplatz gewechselt. Der Friedhof verliert seine Kult- und Gedenkfunktion in der Moderne zunehmend an die neuen Medien. Vor allem das Fotoalbum fungiert als Ersatzfriedhof. Um das zu verstehen, muß man sich etwas Grundsätzliches über das Wesen der technischen Bilder klarmachen. Das, was ein Foto eigentlich abbildet, ist nicht ein Sein, sondern ein »Dagewesensein« (Roland Barthes). Mit anderen Worten, das Foto ist keine Kopie der Wirklichkeit, sondern das Beweisstück eines Dagewesenseins: So ist es gewesen – die Gestalt auf dem Bild war real. Das Foto ist, in spröder Wissenschaftssprache formuliert, eine »Emanation des Referenten«. Genau so hat sich ja schon Epikur die Sichtbarkeit der Welt erklärt: Bildchen lösen sich von den Dingen ab!

Im Zeitalter der neuen Medien hat nur das Gewesensein die Qualität des Seins. Und genau das ist das Geheimnis des Erlebniskults. Denn am Erlebnis zählt nicht das Ereignis, sondern daß es wirklich (wirklich!) gewesen ist. Das kann man von den Touristen lernen. Sie sichern ihr Erlebnis mit der Instant-Romantik der Fotografie – einmal knipsen und schon fertig. Was immer das Foto dann zeigen mag – es beweist, daß das, was es zeigt, wirklich gewesen ist. André Bazin hat das so formuliert: Das Foto ist einbalsamierte Zeit. Mit anderen Worten, der Erinnerungskult ist der untilgbare auratische Restbestand der technischen Bilder. Weißt du noch ...

Konkrete Unsterblichkeit versprechen dann erstmals die Techniken bewegter Bilder. Der Filmstar ist unsterblich, solange das Fernsehen seine Geschichten recycelt. Und im »historischen Film« verspricht die Technik den Helden der Vergangenheit eine Wiederauferstehung auf Zelluloid. So heißt es schon 1927 bei Abel Gance: »Alle Legenden, alle Mythologien und alle Mythen, alle Religionsstifter, ja alle Religionen warten auf ihre belichtete Auferstehung, und die Heroen drängen sich an den Pforten.« Mit der Videotechnik war dann endlich auch dem Kleinbürger der Weg zum Heldenruhm offen. Video ist die Demokratisierung der technischen Unsterblichkeit. Unaufhörlich wächst die Zahl derer, deren Leben in allen bedeutsamen Etappen von der Geburt bis zum Tod auf Videokassetten gespeichert ist. Wer sich an einen Verstorbenen so erinnern will, wie er »wirklich« war, legt dann einfach eine Kassette ein.

Es kommt also nicht von ungefähr, wenn heute virtuelle Friedhöfe im Cyberspace angelegt werden – in Amerika natürlich vor allem Virtual Pet Cemeteries, in denen man die geliebten Hundchen verewigen kann. »Verewigen« heißt dann konkret: Die Eintragung besteht, solange sich die Web-Site im Internet hält. So lautet das Versprechen des digitalen »Welcome-Place«: *Eternally remembered.* Die postmoderne Hommage ist eine Homepage. Die Dienstleistung »Gedenken« bietet heute beides: die Verewigung der Erinnerung im digitalen Speicher und die Unsterblichkeit im Recycling der technisch bewegten Bilder.

Natürlich kann man heute nur Vermutungen darüber anstellen, ob der Friedhof des 21. Jahrhunderts ein virtueller sein wird. Ich möchte hier abschließend eine entgegengesetzte Spekulation begründen: Gerade weil die Prozesse der Beschleunigung, Mobilisierung und Immaterialisierung unaufhaltsam fortschreiten, wird das Bedürfnis nach Ruhe, Materialität und konkreter Verortung wachsen. Je radikaler die Turing-Welt den Plan verfolgt, den Menschengeist in Software zu verwandeln und auf Chips abzuspeichern, desto stärker wird die Aufmerksamkeit für den hinfälligen, sterblichen Leib – die »wetware«. Man könnte diesen Zusammenhang als Dialektik von Medienevolution und humaner Kompensation beschreiben. Das wurde zum erstenmal deutlich, als die Menschen wieder massenhaft in die Museen strömten. Und einen ähnlichen Bedeutsamkeitszuwachs erwarte ich für die Friedhöfe des 21. Jahrhunderts.

Friedhof und Museum sind die bedeutsamsten Schauplätze der Erinnerungskultur. Ihre kompensatorische Bedeutung in einer radikal beschleunigten Welt liegt auf der Hand: Kontinuität wird gedenkend hergestellt. So stiftet das Gedenken auf dem Schauplatz des Friedhofs Sinnzusammenhänge, zu denen die Alltagserfahrung niemals durchstoßen kann. Das bestätigt den anfangs erwähnten Zusammenhang von Totenkult, Familie und Religion. Denn auch wenn nicht aller Sinn religiös sein mag, so sind doch die Religionen die Schatzkammern des Sinns. Wenn man nach ihrer gesellschaftlichen Funktion fragt, wird rasch deutlich, daß Religion genau das verwaltet, was am Sozialen nicht bloß menschlich ist. Denn die Grenzen des Menschseins sind nicht die Grenzen der Gesellschaft.

Die abgegrenzte Eigenwelt des Friedhofs macht erfahrbar, daß Religion den »eigentlich anderen Sinn« des Lebens gegen den schlichten Funktionssinn der Gesellschaft verwaltet. Sie stiftet genau dort Sinn, wo das soziale Leben von Zufall zu Zufall stürzt. Insofern ist die Religion ganz streng auf einen Sachverhalt bezogen, den man Kontingenz nennt: daß nämlich alles, was ist, zufällig ist, wie es ist, und eben auch anders möglich wäre. Und Religion vollzieht nun die rituelle Konstruktion von Sinn im Überraschungsfeld der Welt. Insofern ist die Religion die große Schule der Anerkennung der Kontingenz. Zwar besteht das Leben jedes Menschen darin, Weltzufälle in Elemente seiner Identität umzudeuten – doch bleiben eben gerade die gewichtigsten Zufälle für den einzelnen unausdeutbar. Und genau hier hakt nun die Religion ein. Sie kümmert sich um die Lebenszufälle, die man nicht in Sinn verwandeln kann. Ich meine die schwere Krankheit, die irrationalen Schicksalsschläge des Lebens – und eben den Tod.

Der Tod ist die härteste Zuspitzung der Lebenskontingenz, das Unverfügbare schlechthin. Nichts im Alltag bereitet uns darauf vor, mit diesem Ereignis »umzugehen«, »fertig zu werden«. Mit anderen Worten: Nur im Schutz von Kulten und Ritualen kann man dem Tod begegnen. Doch das gilt weit über den Zusammenhang der Todeserfahrung hinaus. Der strenge kultische Vollzug hatte schon immer die Funktion, den Menschen angesichts einer bedrohlich zufälligen Welt Sicherheit zu geben. Mit dem allgegenwärtigen Zufall können Menschen nämlich nicht leben; deshalb brauchen sie künstliche Notwendigkeiten – eben Kulte. Um es auf eine Faustformel zu bringen: Rituale kompensieren die Kontingenz.

Die geschilderte Anonymisierung und Virtualisierung der Bestattungspraxis darf nun nicht so mißverstanden werden, als ob unsere Gesellschaft gelernt hätte, ohne Kulte und Rituale zu funktionieren. Im Gegenteil kann man – siehe: Ritus-Beratung und Kultmarken des Konsums – in den letzten Jahren ein verstärktes Bedürfnis nach religiöser Sinnstiftung registrieren. Um die Wiederkehr von Kulten und Ritualen zu verstehen, muß man ihre Funktion als »Heilmittel« gegen das Chaos, gegen die Regellosigkeit und Unübersichtlichkeit unserer Welt begreifen. Gerade weil der postmoderne Alltag immer komplexer wird; gerade weil wir ständig mit undurchschaubaren Systemen konfrontiert sind; gerade weil es keine verläßlichen Orientierungsmarken in Wirtschaft und Politik mehr gibt, brauchen wir einen Ausgleich der Einfachheit und Transparenz. Wir brauchen die Illusion des großen Ganzen, den Wahn der Einsicht in das, was die Welt im Innersten zusammenhält. Und damit sind wir bei der Funktion von Kulten und Ritualen. Die Museen haben diese Entwicklung bereits verstanden. Auch der Friedhof des 21. Jahrhunderts wird ein Schauplatz des Sinns sein.

Was heißt das für die Wirtschaft? Die Angst vor dem Alter, die Sorge um die Gesundheit und das Ärgernis des Todes sind die großen Themen einer Philosophie des endlichen, sterblichen Menschen gewesen. Und diese Themen stellen heute die große spirituelle Herausforderung der Konsumwelt dar. Welche Angebote des Marktes versöhnen uns mit unserer Endlichkeit und Hinfälligkeit? Traditionelle Markenprodukte sind hier überfordert. In der Wirtschaft des Unsichtbaren werden Marken philosophieren. Und die *Financial Times* (5. 3. 1999) hat dafür schon einen prägnanten Begriff geprägt: »philosophy brand«.

# BLINDFLUG IN DIE ZUKUNFT

Die Zukunft verdanken wir dem modernen Staat, der Prophetie und Eschatologie neutralisiert hat. Mit anderen Worten, der Staat hat das politische Handeln von allen religiösen Zeithorizonten abgelöst. Und die spröden Institutionen des Staates haben schließlich auch den modernen Nachfolger der Eschatologie, die Geschichtsphilosophie des Fortschritts, neutralisiert. Diesen Prozeß resümiert schließlich die Postmoderne, die man als die große Erzählung vom Ende der großen Erzählungen verstehen kann. Seither verblassen die Bilder vom Kommenden, und der Dichter Thomas Bernhard kann sagen: Wer eine Vision hat, sollte zum Arzt gehen. Und das gilt gerade auch für die negativen Visionen vom Weltuntergang. Ich habe im vorherigen Kapitel gezeigt, wie der Konsum des Politischen Zukunftsungewißheit durch die Gewißheit der Teilnahme an einer sozialen Bewegung oder Bürgerinitiative kompensiert. Man ist für Feuchtbiotope und gegen die Autobahn. Man boykottiert Gen-Food und terrorisiert den Wissenschaftler, der Hirnforschung an lebenden Affen betreibt. So wachsen die weltfremden Erwartungen – und entsprechend sehen die Zukunftsbilder aus.

Als Kompaß in der offenen Zukunft können uns nicht mehr Prophetie, Utopie, Eschatologie, Apokalypse oder die Geschichtsphilosophie des Fortschritts dienen. Was wir statt dessen brauchen, ist Komplexitätsempfindlichkeit. Und vor allem auch Empfindlichkeit für die Komplexität der eigenen Beobachtungslage. Denn daß die Moderne die Zeit der totalen Mobilmachung ist, hat zur Folge, daß auch der Beobachter in Bewegung gerät.

Kein Wissen ohne Ignoranz! Jedes Wissen macht etwas unsichtbar, und wer heute »etwas« wissen will, muß vor allem auch um das epistemische Risiko jeder Konstruktion wissen. Mein blinder Fleck ist die Bedingung der Möglichkeit meiner Beobachtung. Das erschüttert alle Identitäten. Doch auch hier müssen wir umlernen: Je mehr Identität, desto weniger Zukunft.

## Die Unsichtbarkeit der Zukunft

Sir Karl Popper hat als erster darauf hingewiesen, daß man künftiges Wissen prinzipiell nicht prognostizieren kann. Je wissenschaftlicher eine Zivilisation, desto unvorhersehbarer ist sie also. Weil wir immer mehr wissen, wissen wir immer weniger von der Zukunft. »Dynamische Zivilisationen sind zukunftsfremde Zivilisationen«, kann der Philosoph Lübbe deshalb behaupten. Im Blick auf Zukunft bleibt demnach nur Trendanalyse. Trends sind Prozesse, »die eine Richtung haben, aber kein angebbares Ziel, die sich somit auch nicht nach Analogie von Handlungen verständlich machen lassen« (Hermann Lübbe). Das Paradoxon lautet also: Je mehr wir in Zukunft wissen werden, desto weniger werden wir wissen – von der Zukunft. Und gerade das neuzeitspezifische Wissenschaftswissen schwächt die Orientierungskraft von Tradition und Common sense. Der Vorrat an Vertrautheiten schrumpft, und die Konstanz der Lebenswelt wird problematisch. Genau dieser Zukunftsgewißheitsschwund wird heute durch Futurologie und Trendforschung kompensiert.
Noch nie wußte man so wenig von der Zukunft wie heute. Um das zu verstehen, muß man sich klarmachen, daß unsere Kultur mehr als jede andere zuvor auf Wissen begründet ist. Nun verhält es sich aber so, daß wir nichts von künftigem Wissen wissen können – sonst wüßten wir es ja schon heute. Und daraus folgt eben: Je mehr Zivilisation auf Wissen basiert, desto unvorhersehbarer wird sie. Mit anderen Worten, je mehr das Wissen die

Zukunft prägt, desto weniger kann man von der Zukunft wissen. Wenn man wüßte, was in der Zeitung von morgen steht, würde es nicht geschehen. Dieses Nichtwissen von der Zukunft ist aber gerade kein Grund zur Resignation, sondern im Gegenteil der Ausdruck unserer Freiheit.

Bekanntlich meinte Kant, die »Verstandeswaage«, auf der Gründe gegeneinander abgewogen werden, sei parteilich: »Ein Arm derselben, der die Aufschrift führet: Hoffnung der Zukunft, hat einen mechanischen Vorteil, welcher macht, daß auch leichte Gründe, welche in die ihm angehörige Schale fallen, die Spekulationen von an sich größeren Gewichte auf der anderen Seite in die Höhe ziehen.« Und man kann dieses Vorurteil für die bessere Zukunft *nicht nicht* wollen. Deshalb kann Kant behaupten: »Vorhersehungsvermögen zu besitzen interessiert mehr als jedes andere; weil es die Bedingung aller möglichen Praxis ist.« Das gilt vom delphischen Orakel bis zum Hamburger Trendbüro. Orakel und Wahrsager entlasten nämlich von der Skepsis gegenüber der Zukunft; man riskiert mehr, wenn man glaubt, daß eine Zukunft vorherbestimmt ist. Trendforscher haben heute also vor allem die Funktion, die Risikobereitschaft der Wirtschaft und Politik zu steigern.

Die Zukunft, in der wir handeln werden, ist ein Bild – und darauf wirkt die Magie beispielsweise der politischen Rhetorik ein. Das meinte wohl schon Karl Jaspers mit seiner Formel von der »erweckenden Prognose des Möglichen«. Jede Prognose verändert ja die Situation. »Sie ist auf Ereignisse bezogen, deren Neuigkeit sie entbindet. Daher wird die Zeit immer wieder auf unvorhersehbar vorhersehbare Weise aus der Prognose entlassen« (Reinhard Koselleck). Daraus folgt aber, daß das Wichtigste an der Prognose die Schnelligkeit und Leichtigkeit ihrer Korrektur ist. Jede Zukunft ist das selbstkritische Bild einer Gegenwart. Und in jeder Gegenwart konstituiert sich die Zukunft neu. So können wir Prognosen als Selbstbeobachtungen der Gesellschaft verstehen, durch die sie sich selbst verändert. Wer diese Selbstveränderungen als Modernisierungen positiv bewertet – etwa unter dem Titel »Reform« –, kann dann moderne Gesellschaften dadurch charakterisieren, daß sie eine »metapreference in favour of challenging the prevailing preferences« (C. C. Weizsäcker) haben. Moderne Gesellschaften evaluieren sich selbst und entwickeln dabei die Metapräferenz, andere Präferenzen haben zu wollen; sie evoluieren durch Selbstkritik. Das entspricht übrigens präzise der im vorigen Kapitel entwickelten Logik des »Commitment«.

Nüchtern betrachtet kann man nichts über die Zukunft sagen, sondern allenfalls etwas über ihre Möglichkeiten – und die Grenzen ihrer Andersartigkeit. Sinnvoll möglich sind also nicht Voraussagen über die Zukunft, sondern nur »pattern predictions« im Sinne Friedrich von Hayeks. Dieses Nichtwissen von der Zukunft ist aber gerade kein Grund zur Resignation, sondern im Gegenteil der Ausdruck unserer Freiheit. Resignativ war die Theorie des Posthistoire, die sich in den Zauberwörtern der Unentrinnbarkeit (Max Weber) und Unaufhörlichkeit (Gottfried Benn) ein End-Bild von der westlichen Zivilisation fixierte. »Ein Sog in die Zukunft hinein« – so hat Arnold Gehlen zuletzt das Posthistoire charakterisiert. Und nach Helga Nowotny wäre es sogar angezeigt, auf den Begriff Zukunft ganz zu verzichten und ihn durch »erstreckte Gegenwart« zu ersetzen.

Doch man kann diese Düsternis der Geschichtslosigkeit heute evolutionstheoretisch aufheitern. Die Evolution ist kurzsichtig – zum Glück. Denn deshalb gibt es Chancen und Innovationen. Hinzu kommt, daß sich das Wie der Evolution selbst evolutionär entwickelt. Wir haben es hier also mit einem autologischen Begriff zu tun, der auf sich selbst angewandt werden muß: Die Evolution evolviert selbst. Wir müssen uns deshalb, wie Hans Castorp in Thomas Manns *Zauberberg,* daran gewöhnen, daß wir uns nicht gewöhnen. Gewiß ist allerdings, daß unsere Zeiterfahrung mit Anfang und Ende nicht mehr zu fassen ist. Die Rekursion produziert Eigenwerte und macht damit den Anfang gleichgültig; die Evolution entfristet die Zeit und macht sie zur ziellosen Offenheit. Daß wir Zukunft haben, aber kein Wissen von der Zukunft haben, sind Vorder- und Rückseite derselben Freiheit. Wir bewegen uns auf ein Ziel zu, das sich selbst bewegt. Deshalb gilt: Die Zukunft kann man nicht prognostizieren, sondern nur provozieren.

## Entscheider und Betroffene

Sucht man nach Gründen für die heutige Ungelassenheit der Zukunft gegenüber, so stößt man vor allem auf die Beschleunigungserfahrung des schnellen Alterns. Hermann Lübbe resümiert: »Die unbekannte Zukunft rückt der Gegenwart näher, und die Nähe des Unbekannten ängstigt. Zukunftsgewißheitsschwund gehört daher zu den Mißbefindlichkeitsunkosten, die wir für die historisch singulären Wohlfahrtserträgnisse der modernen Zivilisation zu zahlen haben.« Die Antizipation der Folgelasten und das Bewußtsein der wachsenden Eingriffstiefe unserer Handlungen verwandelt alles Zukünftige in Gelegenheiten zur Sorge. Künftig mögliche Schäden, über die man sich Sorgen macht, sind aber heute schon schädlich – nämlich als Sorgeschäden. Und jede Gegensteuerung zielt heute schon auf eine ferne Zukunft: Halbwertzeiten, Ressourcenerschöpfung, Ozonloch. Wir wissen nicht, was kommt, müssen aber heute schon mit zukünftigen Folgelasten kalkulieren.
Mit großem Erfolg können deshalb die Massenmedien die Ungewißheit der Zukunft als Riskanz von Entscheidungen darstellen. Modernisierung heißt in diesem Zusammenhang: Es gibt immer mehr Risiken, weil es immer mehr Möglichkeiten der Gefahrenvermeidung gibt. Das Risiko ist die Gestalt der Zukunft in der Gegenwart. Und das vertretbare – durch wen? – Risiko präsentiert die Zukunft als gegenwärtige Zukunft. In Risikofragen kann aber niemand sicher sein – sicher ist nur, daß der andere auch nicht sicher sein kann. Deshalb ist Risikoforschung, die in der modernen Gesellschaft zunehmend die Ethik ersetzt, selbst riskant. Und mittlerweile fordern einige ja schon eine Art Fort-

schrittsschutz gegenüber diesem Ethikersatz – Stichwort: Gentechnik.
Im Blick auf Zukunft gibt es nur Unentscheidbarkeiten, die zur Entscheidung zwingen. Jede Gegenwart ist ja der Augenblick der Entscheidung über die Zukunft und der Wahl einer zu dieser passenden Vergangenheit. Wenn man nicht weiß, was kommt und was zu tun ist, muß man entscheiden. Dafür gibt es in der modernen, hochkomplexen Welt keinen Außenhalt. Das Auseinanderbrechen von Herkunft und Zukunft hat zu einem Orientierungsdefizit geführt, das nur durch permanentes Entscheiden kompensiert werden kann. »Je stärker aber die Gesellschaft ihre Zukunft von ihren eigenen Entscheidungen abhängig macht, desto intransparenter wird diese Zukunft, weil man ja nicht wissen kann, sondern entscheiden muß, was die Zukunft bringen wird.« So Luhmann.
Entscheiden tun aber meistens die anderen. Die Zukunft der Gesellschaft wird deshalb vor allem durch den Unterschied von Entscheidung und Betroffenheit strukturiert. Weil nun Zukunft von den Betroffenen als abhängig von Entscheidungen anderer erlebt wird, gilt: »Personen dienen der Gesellschaft als greifbare Symbole für eine unbekannte Zukunft« (Luhmann). Gemeint sind die Prominenten, Wirtschaftskapitäne und Politiker. Man kennt sie aus dem Fernsehen, und man kennt die Unvorhersehbarkeit ihrer Handlungen. Die Bedingung der Möglichkeit von Politik heute ist es gerade, daß niemand weiß, was die Zukunft bringt. Denn politische Programme sind genausoweit zustimmungsfähig, als ihre Folgelasten unüberschaubar sind. Demokratie hält die Möglichkeiten zukünftiger Wahl offen. Und zwar eben nicht durch Prinzipien und Programme, sondern durch die Konstanz des politischen Codes. Offene Zukunft heißt dann ganz einfach, daß man die Dinge immer auch anders sehen kann. Deshalb hat Adam Przeworski es als die fundamentale demokratische Tugend bezeichnet, die Ungewißheit zu lieben.

## Unsustainability

Antony Giddens spricht von »distancing«, um den spezifisch modernen Sachverhalt zu bezeichnen, daß sich die Umweltfolgelasten individuellen Handelns immer weiter von diesem Handeln selbst entfernen. Zwar gab es schon immer unbeabsichtigte und unerwartete Folgen menschlichen Handelns, aber erst heute haben wir die Technologien, die eine präzise Spurensicherung der Effekte unseres Verhaltens ermöglichen. Nun kann man die Tanker aufspüren, die ihre Tanks auf hoher See gereinigt haben. Nun vergeht kein schöner Sommertag mehr ohne bedrohliche Ozonwerte. Deshalb fühlen wir uns in einem noch nie dagewesenen Ausmaß verantwortlich für den Zustand der Welt. Das ist wohl der einfache technische Grund für den neuen Moralismus.

Man bekommt den Eindruck: Je moderner eine Gesellschaft ist, desto chaotischer verläuft ihr Wandel. Ihre Dynamik ist nichtlinear, und Modebegriffe wie »Schmetterlingseffekt« (*butterfly effect*) wollen deutlich machen, daß minimale Unterschiede in den Ausgangsbedingungen eines Systems sich zu gewaltigen Differenzen aufschaukeln können (Abweichungsverstärkung). Doch nicht nur die Multiplikation der Effekte schafft Unübersichtlichkeit. Hinzu kommt, daß auch die Theorie sozialer Systeme die Bedeutung des Zufalls für die Evolution anerkennen mußte. Auch für die moderne Gesellschaft gilt: *order from noise*. Ordnungen entstehen in Prozessen der Selbstorganisation aus dem Rauschen. Das macht die gesellschaftliche Entwicklung unvorhersehbar und eine Koordination ihrer Perspektiven unmöglich. Die einzig noch mögliche Tugend in dieser Welt scheint deshalb die Komplexitätsempfindlichkeit zu sein.

Man muß daher der neuen Wirtschaftsethik der »Sustainability« eine schlechte Prognose stellen. Modernität ist eher das Gegenteil von Nachhaltigkeit. Die Koevolution von Teilen der Gesellschaft schafft ganz neue Formen. Und alle Subsysteme üben Selektionsdruck aufeinander aus: Werte – Wissen – Organisation – Technik – Umwelt. Mir scheint es deshalb viel realistischer zu sein, mit Richard Norgaard davon zu sprechen, daß sich Wirtschaftssystem und Umwelt in einer »coevolution of unsustainability« entwickeln. Es gibt keine planerische Integration der Umwelt; sie variiert anders als Wirtschaft und Gesellschaft. Und daraus folgt: Man kann die Umwelt nicht verstehen, aber man muß sich in ihr behaupten. Koevolutionärer Wandel ist kein rational gestaltbarer Prozeß, sondern geprägt durch Experiment, Selektion und wechselseitige Anpassung.

Doch wenn die Strategie der Nachhaltigkeit fehlschlägt – was dann? Friedrich von Hayek hat schon vor Jahrzehnten die wichtigste Tugend des modernen Wirtschaftssubjekts als »Anpassung an das Unvorhersehbare« charakterisiert. Dazu braucht man Spannkraft, Elastizität, Flexibilität – kurzum das, was die Amerikaner mit einem schwer übersetzbaren Wort *resilience* nennen. Die Fähigkeit zur Anpassung an das Unvorhersehbare setzt *resilience* und Resistenzerlernungsfähigkeit voraus. Es geht dabei um die Leistungen der Schockabsorption und des Überraschungsmanagements – und insofern steht die Tugend der *resilience* quer zur Forderung nach Effizienz. Während die Strategie der Antizipation, etwa im Streben nach Nachhaltigkeit, auf Stabilität setzt, operiert die Strategie der Resilience mit Variabilität: »To sample the unknown.« Um flexibel reagieren zu können, braucht man Redundanz und lockere Verknüpfungen. Deshalb werden die Unternehmen des 21. Jahrhunderts – statt dem Phantom der Nachhaltigkeit, das heute offenbar das Phantom der »excellence« (Tom Peters) ablöst, hinterherzueilen – ein Resilient Design haben.

Wer nicht auf Nachhaltigkeit und Perfektion, sondern auf Flexibilität und Spannkraft setzt – »reliance on resilience«, lautet die Zauberformel von Aaron Wildavsky –, der muß an Stelle einer positiven Zielorientierung eine völlig neue Kultur der Fehlerfreundlichkeit entwickeln. Perfektion, Exzellenz und Null-Fehler-Management sind Ideale, die verkennen, daß die entscheidenden Fehler immer die unvorhersehbaren sind. »A fail-safe system fails by failing to fail safe« (John Gall.) Ein gegen Fehler gesichertes System bricht zusammen, wenn es nicht die erwarteten Fehler macht. Und wer aus Angst vor Fehlern auf Perfektion setzt, verkennt ihr Innovationspotential. Denn der Fehler ist die Begegnung mit der Zukunft. Wer keine Fehler macht, verliert seine Anpassungsfähigkeit und gerät in die Falle der Überspezialisierung. Halten wir also fest: Zukunft ist Überraschung, und eine Unternehmenskultur der Fehlerfreundlichkeit müßte das Interesse für die Abweichung vom Erwarteten kultivieren. Ernst Ulrich von Weizsäcker hat das so formuliert: »Fehlerfreundlichkeit bringt die Zukunftsbezogenheit der Tüchtigkeit auf den Begriff.«

Nur wo die Zukunft ungewiß ist, kann man große Gewinne machen. »Uncertainty and change are the only guaranteed parameters of Global Design«, weiß Hartmut Esslinger. Diese Einsicht ist bei erfolgreichen Unternehmern natürlich habituell. Aber die wenigsten ziehen daraus organisatorische Konsequenzen. Wenn die Zukunft nämlich ungewiß ist, muß man die Wahrnehmung auf unvorhergesehene Folgen einstellen. Statt Zukunft voraussagen zu wollen, wäre es deshalb vernünftiger »to embrace complexity« (Hirschman). Liebe die Ungewißheit, umarme die Komplexität! Und hier ist eine Politik des Sichdurchwurstelns viel erfolgreicher als die Strategie der Nachhaltigkeit und Antizipation. Das kränkt natürlich die Moral und die Vernunft. Die Ethik muß damit leben, daß es keine Wertehierarchie gibt, sondern alle Werte in der Zirkularität der Wertpräferenzen kreisen. Gestern waren wir reich und hatten kein dringlicheres Anliegen, als den Wald vor saurem Regen zu retten. Heute sind zu viele arbeitslos – da verschwindet »Tempo 100« für einige Jahre in den Schubladen. Und die Vernunft muß damit leben, daß Menschen komplexe Situationen nicht vollständig überblicken können. »Bounded Rationality« nennt Herbert Simon diese unaufhebbare Beschränktheit menschlichen Planens. Deshalb gibt es keine Perfektion, nichts Optimales, sondern nur *Satisficing,* also Zufriedenstellendes, die suboptimale

Lösung – geschickt gestaltete Unvollständigkeit. Der oberste Wert für Design ist also aus dieser koevolutionstheoretischen Sicht: Vielfalt.

## Die Faszination des Geldes

Nachdem sich die humanistische Kapitalismuskritik in die soziologischen Bibliotheken zurückgezogen hat, können wir besser erkennen: Geld entlastet die Gesellschaft von Menschlichkeiten wie Haß und Gewalt. Man kann leicht zeigen, daß sich Zivilität und Urbanität unserer Kultur der Geldwirtschaft verdanken. Wo Geld die Welt regiert, herrschen eben nicht: fanatische Ideologie und blutige Gewalt. Die monetarisierte Habsucht zähmt die anderen Leidenschaften. Auf die Liebe zum Geld ist Verlaß – hier entfaltet sich ein ruhiges Begehren nach Reichtum.
Personen zu vertrauen ist zu riskant. In der modernen Welt kann man sich glücklicherweise das Vertrauen in Personen durch Systemvertrauen ersparen. Doch das System ist undurchschaubar und unkontrollierbar. Deshalb ist das Angebot der modernen Wirtschaft unwiderstehlich, Systemvertrauen durch »Geldvertrauen« (Luhmann) zu ersetzen. Geldvertrauen erspart mir das Vertrauen in andere Personen und die Information, die zum Verständnis des Systems nötig wäre. Wo mir die notwendigen Informationen fehlen, um eine komplexe Situation zu analysieren, genügt ein Blick auf die Preise und Geldflüsse. So heißt es in C. C. von Weizsäckers brillantem Aufsatz »Alle Macht den Aktionären« (*FAZ* vom 27. 6. 1998): »Das Geld erlaubt die Zerlegung komplexer multilateraler Kooperationen in ein überschaubares Netz bilateraler Transaktionen.«
Wir könnten zusammenfassen: Geld zähmt die Leidenschaften des Menschen und reduziert die Komplexität der Welt. Die Ängste, die sich an die Auflösung der D-Mark in den »Euro« knüpften, sind in diesem Zusammenhang sehr lehrreich. Viele empfanden die D-Mark als eine Sicherheitszone in der chaotischen

Welt der Moderne. Im Nachkriegsdeutschland war die eigene, stabile Währung das einzige Medium, in dem sich »Identität«, ja Stolz und Selbstbewußtsein ausprägen ließen. Man könnte von einer deutschen D-Mark-Identität sprechen, die sich heute von der Europäischen Währungsunion bedroht fühlt. Gerhard Schröder hat es deshalb schon vor Jahren als wichtige politische Aufgabe bezeichnet, den Deutschen ein Äquivalent für die D-Mark anzubieten. Doch während die Politik mit dieser Aufgabe wohl überfordert ist, liegt hier eine große Marketingchance für jede große Bank – sie kann die Wertstelle besetzen, die durch die Auflösung der Deutschen Mark vakant wird: Stabilität, Sicherheit und Souveränität. Die Botschaft muß allerdings »dialektisch« aufgebaut sein: Gerade um deutschen Interessen zu dienen, muß eine deutsche Bank heute mehr sein als deutsch. Das kann man mit dem Imperativ der Marktnähe genausogut begründen wie mit der Einsicht, daß die Investition heute dem Handel vorangeht.

Nun ist der Umgang mit Geld »lebenskonservativ«. Deshalb ist es sehr schwer, Menschen dazu zu bringen, die Bank zu wechseln. Für die Werbung heißt das: Neue, interessante Kunden müssen in den Jugendszenen anvisiert werden. Und hier stellt sich allerdings die Frage, ob deutsche Jugendliche ihre Identität überhaupt noch über »deutsche Interessen« definieren. Manche vermuten vielmehr, daß diese Jugendlichen die Phantomschmerzen gar nicht mehr haben, die ältere Generationen plagen. Europäisch zu leben ist für sie so selbstverständlich wie der Umgang mit Computern. Die Megatrends der Gegenwart, nämlich Digitalisierung und Globalisierung, markieren also auch einen emotionalen *Generation Gap.*

Doch zurück zu den Kulturleistungen des Geldes. Geld schafft reale Gleichheit, nämlich die Gleichheit der ausreichenden Kaufkraft. Was knapp ist, hat seinen Preis, und der steht fest. Wer zuerst zahlt, mahlt zuerst – nicht wer mehr Geld oder mehr Macht hat. Wenn der Flieger nach Rio ausgebucht ist, nutzt es nichts, mit einem Tausendmarkschein zu wedeln. Und das Altbier an der Rheinpromenade kostet für den Staatssekretär genausoviel wie für den Arbeitslosen. Talcott Parsons hat dafür die schöne ironische Formel gefunden: »All dollars are created free and equal.« Denn Geld ist auch reale Freiheit. Es funktioniert nämlich unabhängig von seiner Herkunft, und es ermöglicht jedem, der es besitzt, sich von seiner Herkunft befreien zu können.

Um diese faszinierende Leistungskraft des Geldes zu verstehen, muß man sehen, daß es als Medium funktioniert. Geld läßt sich beliebig stückeln, die Zahlungen sind miteinander extrem lokker verknüpft. Man kann im Medium Geld nicht steuern und nicht prognostizieren, sondern nur kurzfristig reagieren. Geldverkehr hat keine Integrationseffekte und sorgt immer für absoluten Informationsverlust. Man sieht es den Scheinen in der Brieftasche nicht an, wer sie als letzter wann wozu benutzt hat. Bedingungen der Möglichkeit und Folgelasten von Zahlungen spielen keine Rolle. *Pecunia non olet.* Geld hat kein Gedächtnis und ist deshalb maximal anpassungsfähig. Informationsverlust im Medium Geld heißt aber positiv: »Liquidität erspart Information« (Luhmann). Zahlen ist Kommunizieren, und der Preis ist eine Information. Der Geldmechanismus hilft den Menschen, »ihre Handlungen den Umständen anzupassen, über die sie nur durch die abstrakten Signale der Preise Informationen erhalten« (Hayek). Wirtschaft ist also Kommunikation in Gestalt von Zahlungen. Und diese wirtschaftliche Kommunikation ist eindeutig: Der Preis ist eine klare Information. Er neutralisiert alle Kontexte. Man braucht sich deshalb nicht zu kennen, um sich im Medium Geld zu verständigen.

## Das Diabolische der Geldkultur

Adam Smith hat einmal bemerkt: »The great affair, we always find, is to get money.« Und trotzdem haben Geldgeschäfte ein schlechtes Image. Unsere christliche Kultur hat ein sehr ambivalentes Verhältnis zum Geld. Einerseits will jeder mehr Geld, und man kann durchaus feststellen, daß »mehr Geld« als eine Art Lebenssinnersatz funktioniert. Aber das biblische Verbot, vom Bruder Zins zu nehmen; der Haß auf die »Wucher-Juden«; die Kritik des »Geld heckenden Geldes« (Karl Marx); die Angst vor der Weltherrschaft der Großbanken – das zeigt, wie alt und konstant der kulturelle Verdacht gegen Geldgeschäfte ist. Diese Ambivalenz zeigt sich besonders deutlich in der moralischen Diskreditierung des Kredits. Kredit läßt sich auf das lateinische Wort »creditum« zurückführen, also: »Vertrauen«. Hier steckt deshalb ein Problem, weil auch Vertrauen ambivalent ist. Vertrauen schließt nämlich hohe Unsicherheit und Risiko ein – es kann enttäuscht werden. Zumindest in Deutschland fehlt nun das Bewußtsein, daß Riskanz nicht der Ausnahmezustand, sondern der Normalfall des modernen Lebens ist; d. h., daß alle Optionen riskant sind. Und daß derjenige am meisten riskiert, der das Risiko scheut – er riskiert nämlich, nicht mitzukommen.

Doch unserer Kultur fehlt nicht nur ein souveränes Verhältnis zum Risiko, sondern auch zum zweiten Grundbegriff der modernen Geldwirtschaft: zur Knappheit. Warum ist man immer knapp bei Kasse? Knappheit ist weder eine Natureigenschaft noch eine Mangelerscheinung. Knappheit entsteht als Artefakt der Gesellschaft, sobald zukünftige Bedürfnisse als heutiges Problem behandelt werden. Ich muß heute schon sicherstellen, daß ich die Bedürfnisse von morgen befriedigen kann – das wird durch die Knappheit des Geldes ausgedrückt. Im Medium Geld wird diese chronische Knappheit beobachtet. Das Knappheitsproblem mit Geld zu codieren heißt vor allem: es nicht moralisch bewerten. Und wenn man die Welt so sieht, wird dann immer mehr knapp. Globalisierung heißt also: Universalisierung der Knappheit.

Die Codierung durch Geld entgrenzt das Besitzstreben. Seit wir in einer modernen Geldwirtschaft leben, werden, ganz unabhängig von der faktischen Fülle, alle Güter knapp. Das führt zu Paradoxien, auf die man meist nur mit ohnmächtiger Empörung reagiert: Mit dem Reichtum wächst die Armut, mit der Knappheit wächst der Überfluß. Und ständig müssen fast alle zusehen, wie einige zugreifen. Es müßte eigentlich erstaunen, daß das so reibungslos funktioniert. Wie bewirkt man es, »daß alle andern stillhalten« (Luhmann), wenn jemand auf knappe Güter zugreift? Zahlen, bitte! Und deshalb gibt es ja einen antimonetären Affekt. Das Geld, das der, der auf knappe Güter zugreift, zahlen muß, beruhigt den, dem nur das reine Zusehen bleibt, weil jenem nun das Geld knapp wird. Genau hier entstehen nun Freiheit und »Entfremdung« gleichzeitig. Denn mein Zugriff auf knappe Güter, der keine andere Legitimation als die Zahlung braucht, schließt alle anderen Interessenten aus. Sie müssen nicht als Individuen respektiert werden.

Wenn man die Wirtschaft, wie gerade geschehen, im Blick auf Knappheit beobachtet, bekommt man also etwas ganz anderes zu sehen, als wenn man sich am Tauschgeschehen orientiert. Formelhaft gesagt: Der Tausch ist symbolisch – Knappheit ist diabolisch. Wer versucht, die Wirtschaft vom Tausch her zu begreifen, fixiert sich auf die Interaktionen. Der eine liefert die Ware, der andere gibt das Geld. Der Tausch verbindet, und andere können in ungestörtem Operieren daran anschließen. Ein viel »teuflischeres« Bild von der Wirtschaft ergibt sich, wenn man das Trennende beobachtet. Wer nicht zahlt, muß ja beobachten, wie ein anderer zugreift. Tauschtheoretiker vergessen diesen ausgeschlossenen Dritten der Transaktion, also den »Zuschauer«. Und Zuschauer, Ausgeschlossene der Wirtschaftstransaktionen, sind wir eben fast immer.

Wer aber ganz durch die Maschen des Wirtschaftssystems gefallen, also zahlungsunfähig ist, muß auf Hilfe hoffen – oder müssen wir sagen: kann auf Hilfe »rechnen«? Caritas unterstellt, daß Nächstenliebe Geldform annehmen kann. Aber Almosen und Nächstenliebe sind unökonomisch und irrational – denn Geld ist knapp. Tony Blair hat sich bei seinem Regierungsantritt damit gebrüstet, niemals einem Bettler Geld gegeben zu haben. Das ist sehr modern. Denn dem Ende der Mildtätigkeit entspricht der

Anspruch auf organisierte, quantifizierte Hilfe. »Mit dem Pathos des Helfens ist es vorbei« (Luhmann). Man hilft modern, indem man dem Bedürftigen die Stelle nennt, die für derartige Bedürftigkeiten zuständig ist. Ich muß im konkreten Fall dann nichts geben, denn, erstens, haben andere mehr Geld und, zweitens, sind andere noch bedürftiger.
Die jährliche Spende von 1000 DM, die ich steuerlich geltend machen kann, schließt es natürlich nicht aus, daß ich dem armen Nachbarn beim Umzug helfe oder dem frierenden Kosovo-Mädchen einen Becher Punsch bringe. Aber es ist doch klar, daß Danken, Helfen und Freundlichsein privatisiert sind. Kapital ist das funktionale Äquivalent von Dankbarkeit und Hilfe. In der Öffentlichkeit genügt Geld als Inbegriff aller menschlichen Motive. Und oft wird anderes auch gar nicht mehr honoriert; so kann man schiefe Blicke ernten, wenn man dem, der einem um »'ne Mark« angegangen ist, ein belegtes Brötchen anbietet.

## Trading in Futures

Nirgendwo wird das Problem, das ich mit der Formel »Blindflug in die Zukunft« bezeichne, effektiver verdeckt als in der modernen Geldwirtschaft. »Das Bezugsproblem der Wirtschaft«, heißt es bei Niklas Luhmann, ist »die Reizbarkeit der Gegenwart durch die Zukunft.« Prinzipiell gilt ja: Aufmerksamkeit wird erregt durch Bewegung, Neuheit und Schmerz. Das sind immer unmittelbare Erfahrungen im Hier und Jetzt. Wie kann man aber Aufmerksamkeit für Zukünftiges wecken? Genau das leistet Geld. Der Verlust von Geld ist ein »Schmerzsurrogat«. Im Wirtschaftsleben lernen die Menschen, Bedürfnisbefriedigungen zu vertagen, aufzuschieben – und in der Zukunft sicherzustellen. So leistet das System der Geldwirtschaft für das Leben die »Eröffnung, Erschließung und Pazifizierung einer Zukunft« (Luhmann). Durch Verzicht auf die Befriedigung konkreter Bedürfnisse heute sichere ich abstrakt die Befriedigung zukünftiger Bedürfnisse

– ich habe Geld. Dabei muß man sich deutlich machen, daß man immer verzichtet: Entweder man verzichtet auf Befriedigung und hat dann Geld, d. h. die Freiheit der Auswahl. Oder man befriedigt konkrete Bedürfnisse und verzichtet damit auf die Freiheit der Auswahl, die sich eben im Geld verkörpert.

Der Engpaß der Geldwirtschaft liegt im konkreten Konsum, der ja rasch an anthropologische Schranken stößt. Man kann nicht endlos Sushi essen; man kann nicht ständig nach Mallorca pendeln. Thorstein Veblens immer noch aktueller Begriff der »conspicious consumption« hat erstmals deutlich gemacht, wie die Wirtschaft des Unsichtbaren dieses Problem löst. Sie »schafft sich die für eine umfassende Zukunftsbeherrschung benötigte Schätzung von Geld heute durch illusionäre Aufwertungen des Konsumgeschehens« (Luhmann). Ich habe in den vorangegangenen Kapiteln diese Konsumillusionen als spirituellen Mehrwert charakterisiert.

Geld hat den einzigen Sinn, ausgegeben zu werden, weil es keinen eigenen Wert hat. Deshalb stößt es in den Kunden eine Dauerreflexion auf Konsummöglichkeiten an. Der Konsum ist also der Realitätstest auf den Zukunftshorizont der Geldwirtschaft. Weil ihm aber, wie gesagt, sehr enge anthropologische Schranken gesetzt sind, geht es beim Konsumgeschehen in der Wirtschaft des Unsichtbaren zunehmend um virtuelle Erfüllungen. Ich könnte über Weihnachten nach San Francisco fliegen; einfach so. Ich kann das Geld aber auch in ein Mountainbike investieren, mit dem ich dann tolle Touren unternehmen könnte. Je moderner ein Produkt, desto unausgeschöpfter sein Potential, desto virtueller die Befriedigung, die es gewährt. Denken Sie nur an Ihren Computer – was man mit dem Grafik-Programm alles machen könnte! Das Funktionieren des Marktes hängt also an Fiktionen – am »Als-ob«.

Das Geld ist gerade deshalb auch das faszinierendste aller Medien, weil es nicht durch reale Konsumchancen gedeckt ist, sondern – durch sich selbst! Anders gesagt: Die Wirtschaft schuldet sich das Geld, das sie zirkulieren läßt, selbst. Das Geld ist viel mehr Wahlmöglichkeit als Konsumwirklichkeit. Die Wirtschaft hat deshalb viel mehr Zukunft, als je Gegenwart werden kann. Weder Profit noch Bedürfnisbefriedigung setzen dem Geld*ausgeben* eine Grenze. Man kann aber auch die Entscheidung des Konsums verschieben und im Geld*haben* abstrakt die Möglichkeiten genießen. Niklas Luhmann hat das so formuliert: »Durch Geld wird die Unsicherheit des Glücks in die Sicherheit der bloßen Möglichkeit des Glücks transformiert.«

Genau wie Macht gibt Geld schon in der Gegenwart die Sicherheit, daß künftige, unvorhersehbare Probleme gelöst werden können. Macht und Geld sind Gewißheitsäquivalente und ersparen uns Information bzw. Voraussicht. Nicht mehr Gott, sondern Geld garantiert Weltsicherheit. Es geht dabei wohlgemerkt nicht um ein sorgenfreies Leben, sondern um die Verwandlung der Zukunftsungewißheit in das Risiko der Geldverwendung. Man kann leicht zeigen, daß Geld das Medium ist, in dem wir am sichersten in eine offene Zukunft steuern können. Geld hat also die Funktion der Zukunftsvorsorge. Umgang mit Geld ist immer »trading in futures«. Und nur im Umgang mit Geld kann man die Zukunft in die eigenen Hände nehmen.

Diese abstrakte Zukunftssicherheit der modernen Geldwirtschaft wird an der Funktion der Preise besonders deutlich. Nach Friedrich von Hayek haben Preise die Funktion, »Anzeichen von Veränderungen zu signalisieren, die das Individuum nicht kennen kann, an die es aber seine Pläne anpassen muß«. Die Indifferenz des Geldes macht Differenzen sichtbar – als Preisunterschiede. So ermöglicht Geld eine spezifisch wirtschaftliche Lernfähigkeit durch die einfache Anweisung: Beobachte die Preise! Die Beobachtung der Preise ermöglicht einen Blindflug durchs Chaos der Wirtschaft.

Geld managt das Chaos der Welt, weil alles seinen Preis hat. Das läßt sich auf die Formel bringen: Geld macht chaosfest. Man kann die unbekannten Gefahren der Zukunft als Risiken des Geldverkehrs modellieren. Geld verdienen ist also konzentrierte Zukunftsvorsorge, und Geld ist »disponible Zukunft«. Was auch immer kommen mag – mit Geld ist es zu managen. Geld ist der General Problem Solver. Wer Geld hat, weiß zwar auch nicht, was kommen wird, aber er kann abwarten. So resümiert der Superspekulant George Soros nüchtern: »Auf Finanzmärkten versuchen Käufer und Verkäufer eine Zukunft in Rechnung zu stellen, die von ihren eigenen Entscheidungen abhängt.« In diesem Handel mit der Zukunft hat die Welt der Wirtschaft eine Komplexität erreicht, die mit der traditionellen Vorstellung Schumpeters, das Geld sei nur der »Satellit der Ware«, einfach nicht mehr zu fassen ist. Das macht schon das Verhältnis von Investition zu Spekulation deutlich – 1:10.

## Softnomics

Die Finanzwelt hat eine Aura kühler Rationalität. Das hat sachliche Gründe. Denn Geldgeschäfte sind in hohem Maße steril, anonym und abstrakt. Prinzipiell produzieren Zahlungen und Preise enorme Informations- und Kontextverluste – es ist ja egal, wer warum zahlt. Das galt schon immer. Heute kommt aber etwas Entscheidendes hinzu: Nichts ist abstrakter als elektronische Finanztransaktionen. Über *electronic cash* hieß es am 26. 11. 1994 im *Economist*, es stelle noch einmal die alte Frage nach dem Wesen des Geldes in unüberbietbarer Klarheit: »Electronic money promises no instrinsic value, and barely even a trace of physical existence. The Internet is about to push to the limit the question of what makes money worth what it is deemed to be worth.« Elektronisches Geld hat keinen eigenen Wert, ja kaum mehr eine Spur physischer Existenz. So konfrontiert uns das Internet am radikalsten mit der Frage, was dem Geld den Wert verleiht, den wir ihm zuschreiben. Hier hilft wohl nur Metaphorik weiter, und wenn wir die naheliegende Metapher von der Gesellschaft als Computer aufgreifen, können wir sagen: Die Unterscheidungen der Codes der einzelnen sozialen Systeme sind die 0/1-Schalter, das Geld ist die durchfließende Energie.

Seit es die elektronische Datenverarbeitung gibt, werden sich Geld und Information immer ähnlicher. Das bedeutet aber, daß die Finanzmärkte der wichtigste Schauplatz für die Kommunikationstechnologien des 21. Jahrhunderts sind: Geldfluß und Datenfluß werden ununterscheidbar. Hinzu kommt: Die schnell expandierenden Industrien und Märkte Asiens und der Dritten Welt machen uns im Westen deutlich, daß wir unsere Zukunft nicht mehr nur auf Arbeit, Grundbesitz und Kapital gründen können. Wenn die westlichen Industrienationen ihre Führungsstellung in der Weltwirtschaft halten wollen, müssen sie begreifen: Die neuen ökonomischen Ressourcen sind Information und Wissen.
Im Klartext heißt das aber, daß alle entscheidenden Prozesse und Sachverhalte der zukünftigen Kultur zugleich immateriell und hochtechnisch vermittelt sein werden. Unsere Welt verliert immer mehr an handfester Greifbarkeit. Die grundsätzliche Abstraktheit von Geldgeschäften wird durch die neuen Technologien der Telekommunikation noch erheblich gesteigert. Man spricht heute in diesem Zusammenhang von »Softnomics« und meint damit die neue Computerwirklichkeit des Welt-Geldes. Das gilt schon für die neuen Standards wie *Electronic Cash, Electronic Banking, Home Banking* und die Kundenselbstbedienung im »Hypertext«. Und wir beobachten heute eine Emanzipation des *Banking* von den Banken. Howard Anderson meint gar: »Banking braucht jeder, aber nicht Banken.«
Geld reguliert den Markt – und müßte nun selbst vom Markt reguliert werden. Friedrich von Hayeks alte Grundidee vom Wettbewerb der Währungen zielt letztlich auf Geld als Markenartikel einer Emissionsbank. Das wäre der paradoxe Wettbewerb, der die Produkte teuer hält; denn nur teures Geld ist attraktiv. Zu überlegen wäre, ob dieses kühne Konzept im Cyberspace nicht viel realistischer klingt als vor gut 20 Jahren – also *choice in currency* statt Euro. Heute haben wir ja die Computer, die den Wert von Markengeld auf der Grundlage jeweils neuester Preisinformationen permanent berechnen könnten.

## Die Kultur des kontrollierten Risikos

Banken helfen dabei, sich auf die Zufälle des Marktes einzustellen und mit seinen Unsicherheiten umzugehen. Und das heißt eben auch: Banken helfen, Grenzen zu überschreiten, die für den einzelnen viel zu gefährlich wären. Insofern sind Banken Kommunikationszentren für das Risikomanagement. Banken helfen dabei zu unterscheiden, welche Risiken akzeptabel sind und welche nicht. Auf eine Formel gebracht: Banken verarbeiten das Risiko der Wirtschaft. Sie machen es möglich, im Risiko einen Produktionsfaktor zu entdecken. Eine selbstbewußte Bank müßte also für die Kultur des kontrollierten Risikos stehen.

Banken sichern, erstens, das Funktionieren und die Selbstkontrolle der Wirtschaft. Nur die Banken ermöglichen es nämlich der Wirtschaft, sich selbst zu beobachten – und zwar aus der Perspektive des Risikos. So ist die Kreditbereitschaft einer Bank für ein Unternehmen ja das lesbarste Zeichen für die Deutung der eigenen Geschäftssituation. Man könnte leicht die enge Verflechtung von Innovation und Kredit deutlich machen. Banken sind, zweitens, die Geburtshelfer des Neuen in der Wirtschaft. Zunächst gilt ja prinzipiell, daß Kredit das Kapital mobilisiert und damit überhaupt erst effizient macht. Und im Blick auf den unternehmerischen Geist eines Landes heißt das: Der Kredit befreit die Funktion des Unternehmers von der Bedingung »Vermögensbesitz«. Wenn dieser Zusammenhang deutlich wird, hat man eine prägnante und offensive »Übersetzung« von Kredit gewonnen: Kredit ist die Voraussetzung von Unternehmensgeist und wirtschaftlicher Entwicklung. Mit anderen Worten, eine Bank führt den Talentierten durchs Medium des Kredits zum Erfolg.

Es ist angesichts der Immaterialität moderner Geldgeschäfte besonders schwierig zu sagen, was Banken eigentlich produzieren. Es lassen sich aber vor dem Hintergrund des gerade Gesagten zwei Produktkerne kenntlich machen:

- Banken produzieren Kaufkraft. Sie stellen Zahlungsfähigkeit sicher. Banken leisten damit eine Optimierung des Mischungsverhältnisses von Eigenmitteln und Krediten. Die Bank befreit den Investor von den Fesseln seiner Eigenmittel. Erst dadurch wird modernes, komplexes Wirtschaften überhaupt möglich.
- Banken produzieren neukombinierte Informationen. Die Bank der Zukunft wird nicht nur für Geld, sondern mehr noch für Informationen bezahlt.

Die Leistungen einer modernen Bank bilden eine Einheit von Informationsverarbeitung, Beratung und Risikomanagement. Der Beratungsbedarf wächst mit der Komplexität der Wirtschaft und sprengt heute den Rahmen der Bankleistungen im engeren Sinne (*consulting banking*). So wie sich Datenströme und Geldströme nicht mehr trennen lassen, so ist der Bankkunde immer auch jemand, der Rat und Orientierung im komplexen Netzwerk der Wirtschaft sucht. Damit wird die kommunikative Kompetenz einer Bank zum entscheidenden Wettbewerbsfaktor. Die Kunden erwarten eine integrale Beratung, die Vermögensbildung, Versicherung und Immobilienerwerb kombiniert. Die postklassische Bank muß deshalb das gesamte Spektrum der Finanzdienstleistungen konsultativ abdecken. Dabei bieten die computergestützten Medien ganz neue Möglichkeiten, um die kommunikative Kompetenz einer Bank technisch zu implementieren. Die Kommunikation mit dem Kunden kann sich heute bis zur Interaktion verdichten.

## Die Benutzeroberfläche der Bank

Paßgenaue Information, integrale Beratung und Risikomanagement – das ist zunächst einmal eine Frage des *Interface Design:* Wie optimiert man die »Benutzeroberfläche« einer Bank? Die meisten Werbekampagnen verfolgen eine Strategie der Dissimulation: Man tut so, als ob es die digitale Welt nicht gäbe – Menschen treffen auf Menschen. Oder man verfolgt die Strategie des *Black Boxing:* »Leben Sie – wir kümmern uns um die Details.« Dagegen müßte das wirklich zukunftsweisende Erscheinungsbild einer Bank das harmonische Zusammenspiel von Menschen und Medien ins Zentrum stellen. Computer sind unschlagbar im Rechnen, Speichern und Suchen – Menschen sind unersetzbar im Bewerten und in der Erkenntnis von Zusammenhängen. Und daraus folgt: Die »Benutzerfreundlichkeit« einer Bank kann glaubwürdig nur in einer Synergie von Menschen und Computern präsentiert werden. Die Message müßte also lauten: Wir setzen die modernsten Kommunikationstechnologien ein, damit Menschen sich wirklich um Menschen kümmern können! Gerade die Digitalisierung (und damit Beschleunigung) des Geldgeschäfts gibt Zeit für »Beratung«. Man muß also deutlich machen, daß das Vordringen der Computer in alle Lebenssphären keine Entmenschlichung der Kommunikationsverhältnisse bedeutet, sondern umgekehrt gerade erst persönliche, individuelle Kundenbetreuung möglich macht.

Das ist die strategische Grundfigur, mit der das Marketing auf alle Herausforderungen der Zukunft reagieren sollte: technische Revolution und humane Kompensation. Mit anderen Worten: Es ist falsch, auf die Megatrends unserer westlichen Kultur, nämlich Digitalisierung und Globalisierung, mit einem Pro, einem Kontra oder mit ängstlichem Zögern zu antworten. Sowohl bei »Multikulturalität« und Globalisierung als auch bei »Multimedia« und Telekommunikation muß man mit einer kompensatorischen Strategie operieren. Das heißt: Man muß diese unwiderstehlichen Entwicklungen auch als Zumutungen begreifen, für die ein Ausgleich erwartet wird.

Um diese kompensatorische Strategie konkreter fassen zu können, ist es nützlich, sich an eine Trivialität zu erinnern: Der Kunde ist der Souverän der Wirtschaft. Daraus folgt aber: Was eine Bank des 21. Jahrhunderts produziert, muß sie vom Kunden lernen. Das hat aber nichts mit dem »Erfragen« von Kundenwün-

schen zu tun. Es gilt vielmehr, die Optik des Kunden einzuüben. Und für den Kunden stehen heute alle Finanzdienstleistungen in einem Ergänzungsverhältnis. Wenn man den Markt vom Kunden aus betrachtet, verwandelt sich das Produkt in eine Problemlösung oder eine Wunscherfüllung. Und daraus folgt eben: Das neue Marketing verkauft Waren als Problemlösungen. Dabei müssen sich vor allem die Werbung und die Öffentlichkeitsarbeit vor Insiderjargon und Amerikanismen hüten. Es ist natürlich klar, daß man mit dem Banken-Englisch Internationalismus und Kompetenz signalisieren will – doch meistens frustriert das den einfachen Kunden, der die Begriffe nicht versteht. Je komplexer die Geldgeschäfte werden, desto entschiedener muß eine Bank die Sprache der Klarheit, Einfachheit und Aufrichtigkeit sprechen. Auch das gehört zur kompensatorischen Strategie: Technisch aufrüsten, sprachlich abrüsten!
Die notwendige Klarheit und Einfachheit in der Darstellung kann heute aber nicht mehr durch ein Programm der »Sachlichkeit« begründet werden. Sachlichkeit hieß ja die Überzeugung, daß man alle Formen (des Designs und der Darstellung) aus den Funktionen ableiten kann. Das ist heute nicht mehr möglich. Hochkomplexe Systeme lassen sich nicht mehr »sachlich« darstellen. Das Funktionieren einer Bank bleibt für die meisten Menschen genauso eine *Black box* wie das Funktionieren eines Computers. Deshalb müssen Marketing und Werbung der Banken von Sachlichkeit auf *Emotional Design* umstellen. Die Ware wird zum Emblem. Die Bank muß als Kultmarke auftreten.

## Aufgeklärter Kapitalismus

Während ich dies schreibe, fällt mein Blick auf die vom Morgenrot erleuchtete Metallfassade der LBS Düsseldorf – eindrucksvoll. Ein Blick durchs andere Fenster: dasselbe Schauspiel, diesmal mit der WestLB. Die Macht des Geldes wird sichtbar in den »Kathedralen des Kapitals«. Und man sieht der Architektur der

Banken immer noch an, daß sie ursprünglich kein Interesse an Kunden mit geringem Einkommen hatten. Es ist deshalb leicht für die Öffentlichkeit der Massenmedien, die Bank als arrogantes Machtmonster zu präsentieren. Vor allem in Deutschland gibt es die Tendenz, Macht mit Machtmißbrauch zu identifizieren. Akzeptiert ist Macht deshalb nur im politischen System. So wird die Macht des Geldes zum Problem. Die Großbank als Machtmonolith eignet sich besonders gut als Sündenbock in der Medienwirklichkeit – das reicht von der Politisierung von Gebührenerhöhungen bis zum dämonischen Bild von den großen deutschen Banken als den heimlichen Herrschern Deutschlands.

Dieses Problem kann man nur offensiv angehen. Es ist sinnlos, die Macht der Banken zu leugnen. Statt dessen muß man offensiv diese Macht als gesellschaftspolitische Verantwortung interpretieren. Große Banken müssen sich heute eben nicht nur am Markt, sondern auch in der Öffentlichkeit profilieren. Das ist eine ganz andere Umwelt, die sich mit wirtschaftlicher Logik nicht bewältigen läßt. Aufgrund der alten Vorurteile gegen Geldgeschäfte haben sich Banken bisher meist defensiv präsentiert. Das widerspricht aber ihrer zentralen Stellung in der Wirtschaft. Diese zentrale Bedeutung der Banken ergibt sich schon ganz einfach daraus, daß heute alle wirtschaftlichen Operationen in Geld codiert sind. Die moderne Wirtschaft ist Kommunikation im Medium Geld – und deshalb stehen die Banken im Zentrum der Wirtschaft.

Diese zentrale Stellung und kommunikative Kraft müßte jede Bank in der Öffentlichkeit, die meist auf Produktion, Konsum oder Handel fixiert ist, deutlich machen. Dabei könnte die Bank an das Selbstbewußtsein eines Siemens anschließen, der 1900 den Bankier als »eine Art Führer des Unternehmungsgeistes der Nation« bezeichnet hat. Natürlich unter veränderten Rahmenbedingungen: Geld ist transnational geworden und kann nicht mehr von Nationalstaaten kontrolliert werden. Um so wichtiger wird dann aber die Funktion: Führung des Unternehmensgeistes. Mit dem Zusammenbruch der kommunistischen Welt haben sich die Chancen für eine Imageverbesserung der Banken entscheidend vergrößert. Nachdem alle Alternativen zerfallen sind, ist der Kapitalismus als Wirtschaftsform konkurrenzlos; er kann erstmals aus seiner ideologischen Verteidigungsstellung heraustreten. Und gerade Großbanken sind berufen, das Selbstbewußtsein eines aufgeklärten Kapitalismus zu artikulieren.

Stärker noch als auf anderen Konsummärkten fällt auf den Finanzmärkten die Kundenmasse mit dem politischen Publikum zusammen. Public Relations, Werbung, Marketing, öffentliche Meinung, Meinungsforschung, Marktforschung – diese Begriffe haben eine große Familienähnlichkeit. Das gemeinsame Thema lautet *People Processing*. Mit anderen Worten: Das Politisch-Soziale wird zum Schauplatz des Marketing und zur Themenwelt der Werbung. Das soziale und politische Profil eines großen Unternehmens wird um so wichtiger, je weniger die Politik in der Lage ist, eine Antwort auf die drängenden Weltprobleme zu geben. Die Werbung nimmt sich also der großen Themen an, die von der Politik nicht angepackt werden: Aids, Welthunger, Migration, Überbevölkerung, Fremdenhaß. Hier muß die fundamentale Botschaft einer großen Bank lauten: »Wir übernehmen als Organisation soziale Verantwortung.« Eine Bank muß also nicht nur ihre Produkte kommunizieren, sondern auch ihre soziale Haltung und kulturelle Identität.

Da die Nachrichten der Massenmedien prinzipiell nur an Überraschungen, Skandalen und Katastrophen interessiert sind, kommt es für ein Unternehmen, das im Rampenlicht der Öffentlichkeit steht, darauf an, ein produktives Verhältnis zu den eigenen Fehlern zu entwickeln. Denn bei »Skandalen« haben wir es – in erweitertem Maßstab – mit demselben Problem zu tun wie bei Reklamationen und Verbesserungsvorschlägen: nämlich ein positives Verhältnis zum negativen Feedback zu gewinnen. Jeder Fehler gibt einem System die Chance, Lernfähigkeit zu demonstrieren. Und in jedem öffentlichen »Skandal« (Dr. Schneider; Brent Spar) steckt eine verpaßte PR-Chance. In solchen Fällen ergibt sich für das Marketing als Kommunikationsdesign eine entscheidend wichtige Aufgabe, nämlich: eine »therapeutische« Kommunikation in Gang zu setzen. Bei großen Unternehmen bilden Marketing, Werbung, Massenmedien und öffentliche Meinung einen komplexen Regelkreis. Man könnte geradezu von einer Kybernetik der Public Relations sprechen. Extreme und deshalb lehrreiche Beispiele sind Sandoz nach der Katastrophe in Basel und Shell nach »Brent Spar«. Fehler, Skandale und »Katastrophen« sind in hochkomplexen Systemen wie modernen Unternehmen unvermeidbar – vermeidbar ist aber die anschließende Kommunikationskatastrophe. Daraus folgt für Marketing und Öffentlichkeitsarbeit der Grundsatz: Nie über die Massenmedien jammern, sondern ihre Logik begreifen und auf ihrer Klaviatur spielen!

## Was der Teufel sieht

Leonardo war der erste Moderne in der Welt des Wissens. Machiavelli war der erste Moderne in der Welt der Entscheidungen, und sein Fürst ist gleichsam der erste »executive«. Wie Leonardo ist Machiavelli ein Wegweiser der Moderne – und Wegweiser stehen bekanntlich nicht da, wohin sie weisen. Es kann deshalb nicht um ein »Zurück zu Machiavelli« gehen (auch nicht für Frauen), sondern nur um die Korrektur von Fehlweisungen – etwa in Richtung Menschenfreundlichkeit, Humanismus, Ethik oder gar Liebe. Ich könnte meine Hauptthese auch so formulieren: Dem Management fehlt der Theodizee-Gedanke: die Zulassung des Bösen. Statt dessen sind die meisten in die Liebe verliebt und wollen dem Gesetz des Herzens folgen. Aber es gibt kein Management by love.

Von den Theologen könnten die menschenfreundlichen Manager lernen, daß der Sündenfall ein Glücksfall war. Mit anderen Worten: Gott hat den Teufel gebraucht, um die Welt so attraktiv und funktionsfähig zu machen, wie sie ist. Gott ist ja der Eine, der alles gut gemacht hat – der Teufel setzt dagegen die Differenz, die Distanz des Beobachters. Advocatus diaboli nennt man deshalb den Fürsprecher dessen, der unterscheidet; er ist der Anwalt des Beobachters, der das System von außen betrachtet. Die Theologen haben den Teufel verteufelt, weil er als guter Theologe Gott beobachtet. Aus dem Theologischen ins Politische und Wirtschaftliche übersetzt, heißt das: Das Denken der Einheit setzt auf Konsens, Verstehen und Solidarität. Das Denken des Unterschieds setzt auf Streit, Mißverständnis und Wettbewerb.

Daß die Umstellung von Liebe auf das »Böse«, von Einheit auf Differenz, von Konsens auf Dissenz möglich ist, läßt sich aus einer Vielzahl von Symptomen erschließen, die sich alle einfügen in einen kulturgeschichtlichen Prozeß, den der Philosoph Odo Marquard als »Entbösung des Bösen« bezeichnet hat; man denke nur an *Bad Taste Movement*, die Karriere des Kitschs, *Trash*-Ästhetik und den massenmedialen Triumphzug der Bösen Mädchen. Das Lob des Bösen ist die neue Form der Kulturkritik – statt zu widersprechen, spielt man mit Übertretungen. Böse ist cool. Man darf deshalb diagnostizieren: Beim Sex ist die Entbösung in den 70er Jahren gelungen. Und nach der Emanzipation der Sexualität arbeitet unsere Kultur jetzt an einer Entübelung der Aggressivität.

Alle reden von Moral – wir nicht. Wer sich nicht an Ethikkommissionen beteiligt oder neue Werte anmahnt, setzt sich aber leicht dem Verdacht aus, unmoralisch oder gar »böse« zu sein. Und das war ja eben schon das Schicksal Machiavellis; sein »Vergehen« war, daß er Politik politisch organisieren wollte – und nicht ethisch oder theologisch. Modern ist ein System nämlich genau dann, wenn es in seiner Selbstorganisation keine Rücksicht mehr auf die Werte und Codes anderer Systeme nimmt. Vor allem die Phantome der Ethik haben Modernisierungsprozesse immer wieder blockiert. Denn Moral verhindert ein funktionalistisches Bewußtsein von Alternativen – u. d. h. letztlich: Moral verhindert Innovationen.

Wenn man nicht weiterweiß, sich aber auch nicht ändern will, ruft man nach Werten. Moralische Sollensforderungen an die

Realität markieren also genau die Stellen, an denen eine Gesellschaft nicht lernbereit ist. Mit Werten macht man dann Probleme unsichtbar. Deshalb führen Business Ethics in eine Sackgasse. Man kann es auch so sagen: Menschenfreundlichkeit schadet den Unternehmen. Denn wenn wir uns alle liebhaben, werden die Probleme unbenennbar, ja unsichtbar. Die Menschenfreundlichkeit lenkt vom zentralen Thema der modernen Gesellschaft ab: Komplexität.

Und für diese Ablenkung, für diese Betäubung durch die Phantome der Ethik, muß man teuer bezahlen. Der Preis ist ein doppelter: Man verliert an Freiheit und wird gestreßt. Streß entsteht nämlich nicht durch Überarbeitung, sondern durch Probleme, die man nicht sehen will. Und Freiheit ist der Wert, der durch Werte gefährdet wird. Der Ruf nach Ethik fordert ja immer Beschränkungen, Verbote und Tabus. Ein nüchterner Beobachter kann hier leicht das »böse« Potential der Gutmenschen erkennen. Gerade auch das ethische Ideal ist ein Inkognito der Aggression. Die Gutmenschen hassen die Freiheit der anderen und verkaufen diesen Haß als Liebe zur Menschheit.

Jede Beobachtung setzt eine Unterscheidung voraus – u. d. h.: geheime Gegnerschaft. Mit welcher Unterscheidung beobachtet ein Wettbewerber den Markt? In aller Deutlichkeit operiert etwa Bill Gates mit der Unterscheidung Freund/Feind. Das hat ihn reich und berühmt, aber auch verhaßt gemacht. Man muß sich nur an den Versuch einer »feindlichen Übernahme« von Thyssen durch Krupp erinnern, um zu sehen, wie empfindlich die deutsche Öffentlichkeit auf diese Unterscheidung reagiert, zumal die Grünen und die linken Sozialdemokraten keine Feinde mehr kennen. Nur der Spielfilm darf hierzulande noch zwischen Freund und Feind unterscheiden.

Für diesen Unwillen, zwischen Freund und Feind zu unterscheiden, gibt es nicht nur historische, sondern auch gute soziologische Gründe. Denn Modernität heißt eben auch, daß sich der Kampf, der dann Herren von Knechten unterschied, sich längst zur Konkurrenz um einen Dritten gewandelt hat, nämlich den

Konsumenten. Oder anders gesagt: In der modernen Welt wird der politische Feind dissoziiert in den ökonomischen Konkurrenten und den ethischen Diskussionsgegner. Den Marktfrieden kann man dann als Erfüllung des christlichen Gebots, den Feind zu lieben, interpretieren. Die letzten identifizierbaren Feinde der Vergangenheit haben sich, endlich besiegt, in Hypotheken verwandelt (die Lehre des Kalten Krieges). Und von der Zukunft läßt sich nur sagen: Man kann den Feind erst erkennen, wenn er angreift. All das verführt heute auch intelligente Köpfe wie Jacques Derrida dazu, von einer Politik der Freundschaft zu träumen.

## Das Management des Bösen

Wenn man Kulturanthropologen glauben darf, war der Gruß ursprünglich eine Drohgebärde. Das ist ein schöner Beleg für Nietzsches These, Kultur sei nur das dünne Apfelhäutchen über glühendem Chaos, und kein zivilisatorisches Raffinement könne den Grundtext löschen: *homo natura*. Wie seine Feinde, die Christen, ging Nietzsche ja davon aus, daß der Mensch von Natur aus böse ist. Nur klang das in seinen Ohren als frohe Botschaft. Das macht schon deutlich, daß man aus ein und derselben Diagnose höchst unterschiedliche Therapievorschläge ableiten kann. Etwa: Weil der Mensch von Natur aus böse ist, soll er aus der Natur austreten, *antiphysis* sein. Oder: Wenn der Mensch von Natur aus böse ist, gibt es gar keine bösen Lüste – nur der Gebrauch bestimmt ihren Wert. Unsere postmodernen Grunderfahrungen wären dann identisch mit den Grundverfehlungen des antiken Gebrauchs der Lüste: Exzeß und Passivität. Das Urteil »böse« markiert demnach ein Managementproblem, das schon Freuds berühmter Vergleich von Ich und Es mit Reiter und Pferd im Auge hatte. Das ist übrigens ein Bild kybernetischer Kontrolle und deutet an, daß es in der Kybernetik um die Entübelung des Teufelskreises geht.

Nicht aus dem Teufelskreis herauszukommen, sondern auf die rechte Weise in ihn hineinzukommen, ist heute das Problem. Die Wirkung ist die Ursache der Ursache, die Katze beißt sich in den Schwanz – und es ist gut so. Wir müssen lernen, mit der Bosheit solcher Paradoxien zu wirtschaften. Doch nicht nur im Selbstverhältnis des Menschen stellt sich die Aufgabe eines Managements des Bösen. Das bis heute unübertroffene Modell für soziale Systeme liefert Mandevilles Bienenfabel mit der Zauberformel: *Private Vices, Public Benefits.* Die Laster des einzelnen schlagen dem Ganzen positiv an. Der Geist, der stets das Böse will und stets das Gute schafft, scheint der ökonomische zu sein. Kurzum: Die Wirtschaft verwandelt böse Absichten in gute Folgen.

Genau umgekehrt liegen die Dinge in einem anderen Teilsystem der Gesellschaft. Die Politik verwandelt gute Absichten in böse Folgen. Der Krieg aller gegen alle entsteht daraus, daß jeder nur das allgemeine Beste will. Dieses Problem hat die moderne Gesellschaft durch eine strikte Formalisierung gelöst: Man behandelt die Mehrheit, *als ob* sie die Wahrheit hätte – *bis auf weiteres.* Das Grundprinzip der modernen Demokratie läßt sich deshalb mit Friedrich von Hayek so formulieren: Die Köpfe zählen, damit man sie nicht einschlagen muß. Mit Diskussion, Verstehen und besseren Argumenten hat das herzlich wenig zu tun. Konsens ist Nonsens. Wem das als kalt und rücksichtslos erscheint, der hat durchaus recht. Denn moderne Systeme sind funktional ausdifferenziert. Und funktional ausdifferenziert heißt immer auch: rücksichtslos gegen andere. Wie jeder Mensch hält sich auch jedes System für den Nabel der Welt.

Gute Menschen und gute Taten sind – sosehr wir sie brauchen und ehren – eigentümlich unattraktiv und langweilig. Wie kommt das? Warum wird das, was unsere Kultur als gut deklariert, nicht begehrt? Als böse bezeichnet man ja das Verbotene – also das, was glücklich macht! Und bis heute fasziniert uns alles, was die Kultur mit einem Bann belegt. Diese Erfahrung mit der Kultur hat Freud so pessimistisch über ihre Zukunft gemacht –

und Nietzsches »Mut zum Verbotenen« provoziert. Seither gibt es einen Kult des Bösen, der das Sakrament durch das Sakrileg ersetzt.
Künstlern und anderen Jugendlichen mag das genügen. Doch welchen Platz räumt unsere erwachsene Kultur den Kräften des Bösen ein? Da ist es hilfreich, sich daran zu erinnern, daß das Mittelalter die Neugier in den Lasterkatalog aufgenommen hat. Das Neue – ein für moderne Menschen selbstverständlich positiver Wert – war also einmal gefährlich, bedrohlich, ja böse. Nietzsche erinnert daran, wo er von der »Infektion des Neuen« spricht. Das Neue ist das Böse, denn es steht im Gegensatz zum Herkömmlichen – genau wie der freie Geist. Wer neue Werte schreibt, erscheint deshalb immer als böse. Kein Wertewandel ohne die Zerstörung alter Tafeln.
Deshalb gleicht es einer Sisyphusarbeit, ein System mit einer neuen Idee zu infizieren, denn sie erscheint jedem Funktionär des Systems als Feind. Dem ängstlichen Blick auf die neue Idee entspricht in genauer Umkehrung der böse Blick auf den blinden Fleck. Es gibt ja Manager, weil sich die Produktion nicht selbst koordinieren kann. Es gibt Aktionäre, weil die Kontrolleure nicht finanzieren können. Und es gibt denUnternehmensberater, weil man diese blinden Flecke als wunde Punkte deuten kann. Seinem bösen Blick zeigt sich: Der Manager stört den Betrieb. Der Unternehmensberater delegitimiert also das Management – und muß damit rechnen, vom Theoretiker als Guru entlarvt zu werden. Dessen bösem Blick zeigt sich dann: Unternehmensberatung ist eine Profession, die ihren Klienten überhaupt erst konstituiert – nämlich die marode Firma! So wie der Arzt den Kranken definiert. Übrigens: Wenn ein Unternehmensberater »die in ihn gesetzten Erwartungen erfüllt«, heißt das: Er hat den Narzißmus des Managements bedient. Jede »richtige« Antwort enttäuscht!

## Blinde Flecke und hilfreiche Fehler

Der böse Blick für den blinden Fleck ersetzt heute das »kritische Bewußtsein«. Wir werden also keineswegs »affirmativ«. Genaues Beobachten ist die höchste Form der Verachtung. Aber auch auf der emotionsfernen Ebene der Erkenntnistheorie tritt an die Stelle von Kritik heute eine Theorie des blinden Flecks. Wenn es erlaubt wäre, eine Metapher durch eine zweite zu erläutern, könnte man sagen: Der blinde Fleck ist die Leiche im Schrank. Blinder Fleck heißt nicht einfach, daß man etwas nicht sehen kann, sondern: daß man nicht sehen kann, daß man nicht sehen kann, was man nicht sehen kann.

Der blinde Fleck lähmt uns, weil wir ihn nicht sehen können, d. h., weil er sich nicht als solcher bemerkbar macht. Wenden wir das auf die Welt der Wirtschaft an, so besagt das: Gerade die Effektivität eines Produktionsprozesses vergrößert den blinden Fleck einer Firma. Je besser es läuft, desto geringer wird die Fähigkeit, sich an das Unvorhergesehene anzupassen. Karl Weick hat das auf die Zauberformel gebracht: *Adaption precludes adaptivity.* Das Gegenteil von Angepaßtheit ist nämlich nicht eitler Nonkonformismus, sondern Anpassungsfähigkeit. Und nur der Unangepaßte kann anpassungsfähig sein.

Schon vor Jahrzehnten hat Friedrich von Hayek gesehen, daß nur der in der Weltwirtschaft bestehen kann, der sich an das Unvorhersehbare anpassen kann. Wenn aber das, was niemand erwarten konnte, geschieht, ist es wahrscheinlich, daß man Fehler macht. Prinzipieller formuliert: Die Begegnung mit der Zukunft ist der Fehler. Und das zwingt zum Umdenken. So wie man im Märchen die häßliche Kröte küssen muß, um einen schönen Prinzen zu bekommen, so muß man in der Wirtschaft den bösen Fehler küssen – dann verwandelt er sich in eine wichtige Informationsquelle über die Zukunft. Um es mit einer Metapher zu sagen: Wenn man zu Fall gebracht wird, muß man versuchen, fallend die Fallgesetze zu studieren.

Das Unternehmen der Zukunft braucht – Stichwort: Unsustainability – eine Kultur der Fehlerfreundlichkeit. Wer nämlich keine Fehler macht, verliert seine Anpassungsfähigkeit und gerät in die Falle der Überspezialisierung. Das ist eine der großen Lektionen der Evolutionstheorie. Mutationen sind ja stabilisierte Reproduktionsfehler – die Evolution macht also durch Fehler Fortschritte. Überhaupt stimmt das *loose coupling* der Ökologie optimistisch: Natur ist viel fehlerfreundlicher als die Technik. Deshalb suchen wir die Modelle für Organisation, an denen wir uns orientieren, nicht mehr nur in der Technik, sondern zunehmend in der Natur.

Zur Kultur der Fehlerfreundlichkeit gehört die Sensibilität für Störungen. Das eigentliche Medium des Managements sind Irritationen und Ungewißheiten. Um es überspitzt auszudrücken: Aufgabe des Managers ist es, die andern bei der Arbeit zu stören – produktiv zu stören. Manager müssen Unruhestifter sein, um nach der Logik der Selbstorganisation *order from noise* zu provozieren. Störung als Beruf – das klingt dem, der erfahren hat, daß alles Produktive anstößig ist, nicht mehr absurd. Jedes System erlebt die Wirklichkeit nur als Störung der »Eigenwelt«. Und das Böse ist nichts anderes als diese Störung des Systems. Die Wirklichkeit »draußen« macht einen parasitären Lärm. Kommunikationstheoretisch formuliert: Der Parasit schafft das produktive Mißverständnis. In diesem Zusammenhang besagt dann die kybernetische Formel *order from noise:* Das Gute ernährt sich vom Bösen. Man kann Fehlerfreundlichkeit und Sensibilität für Irritationen auch als eine Art Schutzimpfung des Systems mit dem Bösen verstehen; und nur wenn das gelingt, kann das System dann auch Anpassung durch Immunreaktionen ersetzen.

Entscheidend ist also die Einsicht: Evolution gibt es nur durch Störer. Es geht dabei wohlgemerkt nur um Irritation und Erregung, nicht aber um inhaltliche Instruktion. So reagiert der Staat auf die Störgeräusche der Bürger, die sich in Bürgerinitiativen und *Non Governmental Organizations* zusammenschließen, schon lange nicht mehr taubstumm oder beleidigt, sondern nutzt sie als Sonden der Wirklichkeitserforschung. Und ganz ähnlich reagiert die Marktsensitivität des Managements auf Störgeräusche der Kunden. Statt den Kunden als König zu verklären, wird er als notwendiges Übel ernst genommen. Der Kunde ist ein Störenfried, ein göttlicher Parasit. Er irritiert das Unternehmen durch sein Kaufverhalten; und das Unternehmen irritiert den Kunden – durch neue Produkte und die Werbung.

Wir sagten gerade, Evolution gibt es nur durch Störer. Aber wir müssen hier noch einen Schritt weitergehen: Es gibt kein evolutionäres Bewußtsein ohne einen positiven Begriff von Zerstörung. Das ist durchaus kein neuer Gedanke. Denn schon Joseph Schumpeters Definition des Kapitalismus als »schöpferische Zerstörung« hat das entscheidende Paradoxon formuliert; es geht um die Kreativität der Destruktivität. Und hier schließt heute nahtlos das Peter-Drucker-Paradoxon an: Selbsterhaltung durch Selbstzerstörung. Was zählt ist, womit man aufhört. Wirf weg, damit du gewinnst. Im Fehler liegt die Chance, im Erfolg liegt die Gefahr. Denn der Erfolg macht uns narzißtisch verliebt ins eigene Produkt. Die große Frage lautet deshalb: Wie befreit man sich aus der Zwangsjacke des vergangenen Erfolgs? Der kluge, böse Bill Gates hat das genau erkannt: »Der Erfolg ist ein schlechter Lehrmeister. Er läßt gescheite Leute glauben, sie könnten nicht verlieren.«

Die Neuzeit nennen wir die Zeit, die das Neue neu bewertet hat. Ganz ähnlich brauchen wir heute einen innovativen Begriff von Innovation. Mein Vorschlag und damit das Fazit meiner Überlegungen lautet: Innovation aus Irritation. Echte Erfahrungen sind ja immer Störfälle auf dem Monitor der Erwartungen. Und jede echte Innovation ist eine Entscheidung gegen den Strich der Erwartungen. Insofern setzt jede Innovation ein gesundes Mißtrauen ins Vertraute voraus. Böse Blicke also und anderes Böses. Das Bessere ist nämlich der Feind des Guten, nicht seine Steigerung.

# LITERATURVERZEICHNIS


Adams, Henry, The Education of Henry Adams, London 1995

Aicher, Otl, Analog und digital, Berlin 1992

–, Die Welt als Entwurf, Berlin 1991

–, Schreiben und Widersprechen, Berlin 1993

Ariès, Philippe, Geschichte des Todes, München 1980

Assmann, Jan, »Der schöne Tag«, in: Das Fest, Poetik und Hermeneutik XIV, hg. v. Haug und Warning, München 1989

Bachofen, Johann Jakob, Der Mythus von Orient und Occident, München 1928

Baecker, Dirk, Die Form des Unternehmens, Ffm 1993

–, Postheroisches Management, Berlin 1994

Barfield, Owen, The Rediscovery of Meaning, Middletown, Conn. 1977

Barrett, E. (Hg.), The Society of Text, Cambridge, MA 1989

Barthes, Roland, Die helle Kammer, Ffm 1985

Bateson, Gregory, Mind and Nature, London 1979

–, Steps to an Ecology of Mind, London 1972

Bauman, Zygmunt, Postmodernity and its Discontents, Cambridge 1997

Baumanns, Leo, »Die vagabundierenden Ängste«, in: gdi-impuls # 4, 1995

Beck, Ulrich, Die Risikogesellschaft, Ffm 1986

Bell, Daniel, The Coming of Post-Industrial Society, NY 1973

Blumenberg, Hans, Wirklichkeiten, in denen wir leben, Stuttgart 1986

–, Die Legitimität der Neuzeit, Ffm 1966

Böhme, Gernot, Atmosphäre, Ffm 1995

Bolz, Norbert, Am Ende der Gutenberg-Galaxis, München 1994

–, »Der Megatrend des Bösen«, in: Top-Trends, Düsseldorf, München 1995

–, Die Sinngesellschaft, Düsseldorf 1997

Bolz, Norbert und David Bosshart, Kult-Marketing, Düsseldorf 1995

Bolz, Norbert/Kittler, Friedrich/Tholen, Christoph (Hg.), Computer als Medium, München 1994

Boom, Holger van den, »Computer und Kreativität«, in: gdi-impuls 2/88

Brown, David, Cybertrends, London 1997

Coulmas, Florian, »Die Träume, die Waren und der Müll«, in: FAZ, 18. 4. 1998

Davis, Murray, »That's interesting«, in: Philosophy of Social Science # 1, 1971

Derrida, Jacques, »Kraft der Trauer«, in: Der Entzug der Bilder, hg. von M. Wetzel, München 1994
Deutsch, Karl, Politische Kybernetik, Freiburg 1969
Domizlaff, Hans, Die Gewinnung öffentlichen Vertrauens, 2. Auflage, Hamburg 1951
Douglas, Mary, Purity and Danger, London 1966
Douglas, Mary, und Baron Isherwood, The World of Goods, NY 1979
Drucker, Peter, Managing for the Future, NY 1993
–, The Post-Capitalist Society, NY 1990
Esslinger, Hartmut, »A Projection of Global Design«, in: rana 2
Foerster, Heinz von, Observing Systems, Seaside, CA 1982
Franck, Georg, »Jenseits von Geld und Information. Zur Ökonomie der Aufmerksamkeit«, in: gdi-impuls 1/1998
Frankfurt, Harry G., »Freedom of the Will and the Concept of a Person«, in: The Journal of Philosophy, # 1, 1971
Friedman, Milton, Price Theory, London 1982
Gehlen, Arnold, Einblicke, Ffm 1984
Girard, René, Das Heilige und die Gewalt, Zürich 1987
Glaser, B. G., und A. L. Strauss, Awareness of Dying, Chicago 1965
Goffman, Erving, Behavior in Public Places, NY 1963
–, The Goffman Reader, hg. v. Ch. Lemert und Ann Branaman, Malden MA 1997
–, The Presentation of Self in Everyday Life, Garden City NY 1957
Habermas, Jürgen, Strukturwandel des Öffentlichkeit, Ffm 1990
Hammer, Michael, Beyond reengineering, NY 1996 Corporate Change, NY 1992
Handke, Peter, Am Felsfenster morgens, Salzburg 1998
Hayek, Friedrich von, Wettbewerb als Entdeckungsverfahren, Kiel 1968
–, Entnationalisierung des Geldes, Tübingen 1977
–, Recht, Gesetzgebung und Freiheit (3 Bde.), München 1986
Hirschman, Albert O., Essays in Trespassing, Cambridge MA 1981
–, The Passions and the Interests, Princeton NJ 1977
–, Rival Views of Market Society, Cambridge MA 1992
–, Shifting Involvements, Oxford 1982
Hofstadter, Douglas, Gödel, Escher, Bach, NY 1979
Horx, Matthias, Das Zukunfts-Manifest, Düsseldorf 1998
Huizinga, Johan, Homo Ludens, Hamburg 1956
Jaspers, Karl, Die geistige Situation der Zeit, Berlin, NY 1979
Karmasin, Helene, Produkte als Botschaften, Wien 1993
Kelly, Kevin, Out of Control, NY 1994
Knoke, William, Bold New World, NY 1996

Koselleck, Reinhart, Vergangene Zukunft, Ffm 1979
Kotler, Philip, »Semiotics of Person and Nation Marketing«, in: Marketing and Semiotics, hg. v. Jean Umiker-Seboek, NY 1987
Krohn, Wolfgang/Küppers, Günter (Hg.), Emergenz, Ffm 1992
Kroll, Arthur M., Career Development, NY 1970
Lacan, Jacques, Die Ethik der Psychoanalyse, Berlin 1996
–, »Das Spiegelstadium als Bildner der Ichfunktion«, in: Schriften I, Olten 1973
Lucas, J. R., »Minds, Machines, and Gödel«, in: Alan Ross Anderson (Hg.), Mindes and Machines, Englewood Cliffs, N. J. 1964
Lübbe, Hermann, Im Zug der Zeit, Berlin 1992
–, »Netzverdichtung«, ZphF Bd. 502
–, Zeit-Erfahrungen, Stuttgart 1996
Luhmann, Niklas, »Anspruchsinflation im Krankheitssystem«, in: Herder-Dorneich/A. Schuller (Hg.), Die Anspruchsspirale, Stuttgart 1983
–, Die Gesellschaft der Gesellschaft, Ffm 1997
–, »Der medizinische Code«, in: Soziologische Aufklärung Bd. 5, Opladen 1995
–, »Medizin und Gesellschaftstheorie«, in: Medizin Mensch Gesellschaft, Bd. 8, Heft 3, September 1983
–, Die Realität der Massenmedien, 2. Auflage, Opladen 1996
–, Die Wirtschaft der Gesellschaft, Ffm 1988
Luhmann, Niklas/Schorr, Reflexionsprobleme im Erziehungssystem, Ffm 1988
Marquard, Odo, Abschied vom Prinzipiellen, Stuttgart 1981
–, Skepsis und Zustimmung, Stuttgart 1995
Marquart, Christian, »Die Freizeitfabrik des modernen Erlebnismenschen«, in: FAZ, 22. 1. 1998
McLuhan, Herbert Marshall, Understanding Media. Die magischen Kanäle, Düsseldorf 1992
Mead, George Herbert, Geist, Identität und Gesellschaft, Ffm 1993
Michels, Robert, Zur Soziologie des Parteiwesens in der modernen Demokratie, 2. Auflage, Stuttgart 1970
Mittelstrass, Jürgen, Die Leonardo-Welt, Ffm 1996
Nadin, Mihai, The Civilization of Illiteracy, Dresden 1997
–, Mind, Stuttgart 1991
Negroponte, Nicholas, Being Digital, London 1995
Nelson, Benjamin, The Idea of Usury, NY 1959
Norgaard, Richard, »The Coevolution of Economic and Environmental Systems and the Emergence of Unsustainability«, in: Evolutionary Concepts in Economics, hg. v. Richard W. England, The University of Michigan Press 1994
Nowotny, Helga, Eigenzeit, Ffm 1993
Ogger, Günter, Nieten in Nadelstreifen, München 1992

Packard, Vance, The Hidden Persuaders, NY 1957
Peters, Tom, Liberation Management, NY 1992
–, The Tom Peters Seminar: Crazy Times Call for Crazy Organizations, NY 1994
Portmann, Adolf, Das Tier als soziales Wesen, Zürich 1953 (2. Aufl.)
Rapp, Stan/Tom Collins, The Great Marketing Turnaround, Prentice-Hall 1991
Schanze, Erich, »Symbiotische Kontrakte«, in: Krohn/Küppers, Emergenz, Ffm 1992
Schirner, Michael, »Alle reden vom Wetter«, in: Anzeigentrends, hg. v. Peter Wippermann, Mainz 1998
Schmitt, Carl, Der Begriff des Politischen, Berlin 1963
Schulze, Gerhard, Die Erlebnisgesellschaft, Ffm 1993
Schumpeter, Joseph, Kapitalismus, Sozialismus und Demokratie, Bern 1946
Sen, Amartya K., »Rational Fools«, in: Philosophy & Public Affairs # 1, Herbst 1976
Serres, Michel, Der Parasit, Ffm 1987
Simon, Fritz B., »Lernen – und wie man es erfolgreich verhindert« , in: gdi-Impuls 2/1997
Simon, Herbert A., Reason in Human Affairs, Osford 1983
–, The Sciences of the Artificial, 3. Aufl., Cambridge MA 1996
Sturm, Hermann (Hg.), Geste & Gewissen im Design, Köln 1998
Talbott, Stephen L., The Future Does Not Compute, Sebastopol, CA 1995
Teubner, Gunther, »Die vielköpfige Hydra«, in: Krohn/Küppers, Emergenz, Ffm 1992
Thorngate, W., »›In general‹ vs. ›it depends‹«, in: Personality and Social Psychology Bulletin # 2, 1976
Ferdinand Tönnies, Gemeinschaft und Gesellschaft, Darmstadt 1963
–, Die Sitte, Ffm 1909
Toffler, Alvin, Powershift, NY 1990
Turing, Alan, Intelligence Service, Berlin 1987
Turkle, Sherry, Life on the Screen, NY 1995
Varela, Francisco/Thompson, Evan, Der Mittlere Weg der Erkenntnis, Bern 1991
Karl E. Weick, Der Prozeß des Organisierens, Ffm 1982
–, Sensemaking in Organizations, Thousand Oaks, CA 1995
–, The Social Psychology of Organizing, 2. Auflage, NY 1979
von Weizsäcker, Carl C., »Alle Macht den Aktionären«, in: FAZ vom 27. 6. 1998
–, »Notes on Endogenous Change of Tastes«, in: Journal of Economic Theory # 3, 1971
Wildavsky, Aaron, Searching for Safety, New Brunswick 1988
Winograd, Terry/Flores, Fernando, Erkenntnis Maschinen Verstehen, Berlin 1989
Wittgenstein, Ludwig, Logische Untersuchungen, Schriften I, Ffm 1980

# REGISTER